普通高等教育"十四五"规划教材

播音与主持艺术专业核心教材

出镜报道与新闻主持
[第二版]

高贵武 ◎ 著

CHUJING BAODAO YU
XINWEN ZHUCHI　[DI-ER BAN]

中国传媒大学 出版社
·
北京

**高贵武**,中国人民大学新闻与社会发展研究中心研究员、新闻学院教授、博士生导师,视听传播系主任。兼任中国新闻史学会视听传播研究会副会长,华东师范大学、浙江传媒学院、四川电影电视学院客座教授,《中国主持传播研究》主编。主持国家社科基金及省部级课题多项,著有《形象制胜:新闻工作者的形象管理》《主持人评价与管理:思维·路径·方法》《出镜报道与新闻主持》《主持传播学概论》《解析主持传播》等。

修订说明

倏忽之间，由本人组织中国人民大新闻学院广播电视传播学几位硕士研究生一起撰写的《出镜报道与新闻主持》已然走过了近十年的光景。十年里，一切都好似仍是原来的样子，但一切也确实都已经变了：学院的广播电视传播学还没等那届学生毕业就改成了广播电视学，广播电视学隶属的广播电视系也已于 2019 年 1 月开始更名为视听传播系，早已毕业的研究生们也都纷纷成为所在单位的业务骨干，或已为人父母。孕育出镜报道和新闻主持报道方式的广播电视媒介更是发生了翻天覆地的变化。在新媒体的不断冲击下，广播电视媒体面临着前所未有的挑战和困境，一些曾在观众和社会中具有广泛影响力的出镜报道记者和新闻节目主持人随着传统媒体一波又一波的"离职潮"淡出了媒体受众的视线，传统媒体则开始纷纷走上融合发展的道路，以求不被时代所淘汰。而来自电视媒体的出镜报道和新闻主持则因为其人格化传播的特征更加契合新媒体社交化传播的特点而在新媒体当中大放异彩。网络主播、自媒体网红、带货主播、手机播主、Vlog 等与出镜报道和新闻主持相关的新形式和新样态层出不穷，不仅出现在新媒体当中，也出现在传统广播电视媒体当中，甚至连报纸这样最为传统的平面媒体也开始涉足音视频内容制作，开始有了专职的出镜报道记者和新闻节目主持。出镜报道和新闻主持的影响和热度不仅没有因为传统电视媒体的"衰落"而减退，反而越来越大，显示出了越来越多的生机和活力。

基于媒体发展的这些变化，也是考虑到在教材中最好能对当下出镜报道与新闻主持新发展给予适当的关注，此次教材修订在继续立足传统电视媒体出镜报道和新闻主持的基础上——这一方面固然有尊重历史、从历史发展脉络中来分析出镜报道与新闻主持的缘起、本质和特征的意旨，另一方面则主要是因为即使是新媒体中的出镜报道与新闻主持也依然与传统电视媒体中的出镜报道与新闻主持有着难以割断的本原关系，需要向传统电视媒体的出镜报道和新闻主持学习、讨教和借鉴，需要继承和发扬传统电视媒体的专业传统和优秀经验——关注了新媒体出镜报道和新闻主持的新样态和新发展,对以《人民日报》、新华社、中央广播电视总台为代表的主流媒体新媒体客户端上的出镜报道和新闻主持案例做了一些分析,对传统电视媒体出镜报道与新闻主持在新媒体平台上的拓展,如《新闻联播》所推出的"主播说联播"等给予了应有的考察;对以B站、抖音、快手为代表的新媒体平台在人格化传播方面的发展变化给予了一定的关注,对这些新媒体平台上涌现出的Vlog、UP主、播客等出镜报道和新闻主持的新形式、新手法做了一定研究,并试图从中发现出镜报道与新闻主持在新旧媒体当中的变与不变,为正在学习新闻传播的在校学生或已经在从事新媒体工作的各类媒体人甚至各类公民记者了解媒体的发展变化、认清未来媒体的发展方向、掌握适应当下和未来媒体发展所需要的包括出镜报道与新闻主持在内的所有人格化传播所需要的知识和技能提供一定的参考。

因此,此次修订,本教材除了对原版教材的内容做了适当的删减,删除了一些现今已不太合时宜的案例,删除了一些不太适合在教材中出现的数据分析和统计方法描述,还在原有的内容上做了适当的扩充,不仅增加了近年来开始在中外电视媒体上表现突出、在社会上产生较大影响,但上一版教材中尚未来得及选入的案例,将教材关注实务发展的视野进一步拓展,如增加了体育报道等更具专业性的业务领域,而且重点关注了新媒体时代的出镜报道与新闻主持的前沿发展,增加了对像央视记者王冰冰、康辉的Vlog、"主播说联播"等新型出镜报道和新闻主持案例的分析,同时也就媒体技术发展给媒体实务所带来的变化影响,如人工智能技术促发的人工智能主播,探讨了以出镜报道和新闻主持为代表的人格化传播未来发展的趋势,对原有教材做了尽可能多、尽可能全的充实。

在新技术的推动之下,媒体的发展日新月异,媒体业务新样态和新形式的变化令人目不暇接,其发展速度更是令任何教材的修订都望尘莫及。因此,此次教材中的所有删减和补充也只是基于当下媒体发展状况的一种研判,只能部分地还原媒体当下的实际发展。未来,媒体,特别是新媒体会出现哪些新的发展和变化,媒体中的出镜报道和新闻主持又会有哪些新的形式和品类,在今天无论如何也无法给出确切的答案。但不管媒体如何发展,不管出镜报道和新闻主持形式如何变迁,媒体通过提供信息帮助人们了解和把握其身处世界周遭情况的使命不会变,传播者将信息以更便捷、更有效的方式传递、分享给受众的的初心不会变,传播者与受众传播关系中心与心之间的交流不会变,而这也意味着,出镜报道与新闻主持所营造和建构的类人际交流的本质亦不会变,而这恰恰是本教材此次修订的初衷和方向所在,也是本教材在修订中的信心和底气所在。

2021年8月28日

前言：在比较中前行

当今世界,随着网络等新媒体的迅速发展,时效似乎已不再是电视媒体最大的传播优势,但电视媒体的新闻传播却越来越倚重于即时新闻节目——24小时的连续播报新闻,而电视直播作为即时新闻节目的最大亮点,更是在某种程度上改变着人们对新闻的定义。传统的新闻定义是,所谓新闻是新近发生的事实的报道,新闻的最高表现形态是TNT模式,即"今日的新闻今日报"(Today News Today),而电视直播则将新闻的报道提升到NNN模式,即"现在的新闻现在报"(Now News Now)。

毫无疑问,在即时新闻和电视直播时代,出镜记者和新闻节目主持人是代表电视媒体发声的两个重要角色。在众多的即时新闻里,记者带来的出镜报道以及其与新闻节目主持人之间的互动,往往构成了即时新闻节目的主体和基本样态。与此同时,出镜记者和新闻节目主持人作为独立个体出现在电视屏幕上,不仅为电视传播建构了更为人格化的人际界面,也以传播者独特的个人魅力和个性化特征为广大电视观众所辨识,大大突显了电视作为人的媒体的特征和优势。从这个角度来说,这两个角色的表现直接代表和决定了电视新闻的传播实力和影响力。因此,对出镜记者和新闻节目主持人的表现进行研究并提出改进意见,应当是评价电视节目质量并推动其发展的必经之路,出镜记者与新闻节目主持人的业务能力提升,也是提高电视新闻报道水平、增加电视媒体传播力和影响力的关键所在。

2003年中央电视台成立新闻频道,使得中国大规模的电视直播和出镜报道成为可能。2008年的"汶川地震"和北京奥运会更是成为国内电视媒体正式亮出出镜报道的重要契机,加上之前地方电视台在民生新闻方面的大量尝试和积累,出镜报道与新闻主持似乎已经越来越成了国内电视新闻报道的必备利器,在电视新闻报道中发挥的作用越来越大。由于看到了出镜报道与新闻主持在当今电视新闻报道中的重要性和独特魅力,包括中央电视台在内的国内电视台开始重视出镜记者与新闻主持的发现和培养,中央电视台在2008年底即组织了"全国电视新闻出镜记者培训暨业务论坛",邀请白岩松、张泉灵等优秀的电视出镜记者和新闻主持传经送宝。这一现象当然也引起了学界的关注和思考,一些学者开始纷纷撰文对此进行研究,一些学校也开始尝试开设出镜报道和新闻主持的专业和方向,面向电视媒体的发展需要制定了新的人才培养计划。

从世界范围看,24小时的电视新闻直播和大规模的出镜报道早已屡见不鲜,高水平的出镜记者和新闻节目主持人对实时新闻的描述和评论越来越多地赢得了观众的欢迎。随着技术的进步和沟通的加强,中外电视节目的形态差距越来越小,但从节目形态、新闻内容和报道方式等方面来看,以央视为代表的中国各电视台距离世界一流新闻媒体的目标尚有距离。尤其在出镜报道领域,尽管这种模式已经被国内电视台大规模使用,但是出镜报道的质量和效果究竟如何,业界和学术界尚没有科学的评价。而对于出镜报道中的两个重要角色——出镜记者和新闻节目主持人在出镜报道中的具体表现,国内目前也尚未有学者进行过专门的相关研究,更没有采用定量分析方法所做的研究。

在目前国内关于出镜报道的为数不多的研究当中,大多数研究仍为经验式地探讨出镜记者的形态和作用,甚至武断地对其提出想当然的改进建议。在已有研究当中,针对中西方出镜报道的代表案例进行比较分析的研究尤其缺乏,甚至尚未真正出现。究其原因,这一方面是中国的电视媒体在2003年美伊战争之前尚不具备可以和西方主流权威的电视媒体相比肩的实力和基础;而另一方面,因为政治制度和新闻体制不同,以及历史上形成的新闻报道习惯的差异,我国的学者较难找到合适的案例素材进行比较分析。但是,综观国际新闻报道中对于新闻传播价值的理解:时新性、重要性、接近性、显著性和趣味性,中外并没有太大不同,中外电视媒体在技术手段和表现形式上也不存在任何差异,这在一些突发事件的新闻报道中表现尤为明显。因此,从学理上来说,选择适合比较分析的案例,对中外电视新闻出镜报道和新闻主持进行比较研究是必要的,也是可行的。

更具体地说,运用中西比较研究方法研究电视新闻出镜报道,其现实原因是:第一,毫无疑问,西方发达国家电视新闻业的发展要远远领先于中国,其节目形态、内容和报道方式在一定程度上引领了世界电视新闻的发展方向。第二,从客观条件来看,西方,尤其是美国的电视新闻报道在时新性和可看性上要高于国内,并且能从最适合观众收看习惯和喜好的角度进行报道,这种报道取向对于长期受国内新闻体制限制的中国电视新闻来说,是亟需学习和借鉴的。第三,对于中国来说,中央电视台作为国家电视台长期一家独大的状况会使得其新闻频道在某些类型的电视新闻报道中表现的较为程式化。长期以来形成的"模式新闻"可能会使报道陷入僵化模式的危机。

这些僵化表现在单纯引进模式而不提高质量,虽然从节目形态上和世界先进报道同步,但对受众来说,在内容上不过是"新瓶装旧酒"。

没有比较就没有借鉴,没有比较也就失去了前进的方向。正是本着在比较中前行,本着这种发现差距、提升自我的原则,本书的研究在视角上主要采取的是一种比较的视角,在内容的构成上则先从理论上厘清相关概念,再在详细梳理中外出镜报道与新闻节目主持人发展路径、密切关注其现状发展的基础上,通过比较来发现问题并有针对性地就这些问题提出我们的思考。具体来说,本书的研究是在比较研究的视角之下,既从宏观方面比较了中外出镜报道与新闻节目主持人在理念和发展路径上的异同,剖析了中国电视媒体和美国、日本等西方发达国家电视媒体之间的差别,也从微观方向,选取中美两国的不同电视媒体、栏目及个人等方面做了细致的案例分析。当然,在着眼中西方差别的时候,我们也有意识地关注和考察了在报道理念和方法运用等方面都更介于二者之间的媒体,即香港的凤凰卫视,将其作为一个重要的案例纳入我们的研究视野,这样做的目的也无非是使我们的比较研究更有可比性,使我们的研究对于国内电视媒体向西媒体的学习和借鉴更有可操作性。

本研究的成果直接来自于我为中国人民大学新闻学院广播电视传播学(现改为广播电视学)专业研究生开设的课程《出镜报道与新闻主持》。在这门课程的学习过程中,我为研究生们所定的研究方向就是要用比较的视角来审视中外出镜报道和新闻主持的发展。在一学期的课程当中,我和选修这门课程的十多位研究生既从理论方面深入考察了中外出镜报道和新闻主持的发展缘起、传播特征及其对电视传播效果的价值,同时也通过解剖案例的方式探讨了中外出镜报道和新闻主持的成败得失,从中总结出了这种电视传播手段的某些规律性的东西,探讨了中国出镜报道和新闻主持落后的原因并为之开出某些可资借鉴的药方。当然,在媒体发展日新月异的新媒体时代,出镜报道和新闻主持也不可避免地会受到新媒体和新形势的影响,面临着新的机遇和挑战。于是,我们也在密切关注新媒体特征及媒体新变化的基础上,对出镜报道和新闻主持的趋向做了一些探索性的思考。

根据上述思路,本书的具体篇章结构为:

第一章,共设四节,其中第一节:出镜报道与新闻主持,主要从理论角度探讨了出镜报道与新闻主持的概念及其传播学特征,以及出镜报道与新闻主持对于电视媒体新闻报道的理论价值。第二节:出镜报道在中国的发展、第三节:新闻主持在中国的发展、第四节:西方媒体出镜报道与新闻主持的发展则主要梳理了出镜报道和新闻主持在中国和西方的历史发展脉络以及其在类型业务等方面的发展演变。

第二章,共设三节,分别采用定性研究和定量分析的方法对中国和西方国家的电视出镜报道和新闻主持的总体现状做出详细分析，重点分析了中外电视出镜报道和新闻主持的异同以及存在的主要问题，并在此基础上对中外电视出镜报道和新闻主持的发展出路做了探讨。

第三章，共设四节，采用比较分析的方法，选择中国电视媒体，主要是中央电视台，将其出镜报道和新闻主持与境外的电视媒体，分别为美国 NBC 电视台、日本 NHK 电视台、香港凤凰卫视的出镜报道和新闻主持做了比较，目的在于发现中国电视媒体与境外电视媒体目前在出镜报道和新闻主持方面异同以及差距。与此同时，本书也就国内媒体，特别是作为国家电视台的中央电视台与地方电视台的出镜报道和新闻主持做了比较，结合不同题材和不同风格的出镜报道和新闻主持，如时政新闻与民生新闻的出镜报道等等做了比较。

第四章，共设八节，分别选取了目前活跃在中外电视荧屏，在出镜报道和新闻主持方面堪称佼佼者的出镜记者和新闻节目主持人，如中央电视台的白岩松、张泉灵、柴静，凤凰卫视的闾丘露薇、陈鲁豫以及美国 NBC 电视台《晚间新闻》主播 Brian Williams 和首席驻外记者 Richard Engel，结合实际案例分析了他们在出镜报道和新闻主持方面的特征，通过总结他们的成长经历剖析了他们成功了原因，并挖掘了他们对提升出镜报道和新闻主持水平方面的启示。除此之外，本书还选择了两档以出镜报道和新闻主持见长的栏目，及中国中央电视台的《新闻调查》与美国 CBS 电视台的《60 分钟》进行了比较分析，探讨了二者之间的异同。

第五章，共设两节，第一节主要探讨了新媒体时代，特别是在网络媒体等新媒体的冲击之下，电视出镜报道所面临的机遇与挑战。第二节则着眼于新形势下主持人的最新发展，即网络视频节目主持人，探讨了网络视频节目主持人与传统节目主持人之间的区别与联系及其发展演变。

第六章，共设两节，第一节在引入胜任素质模型相关理论的基础上，主要运用文献参考、专家访谈以及行为事件访谈法（BEI）探索了出镜记者素质模型的构成要素，并通过综合分析法、统计分析方法构建、检验了出镜记者的胜任素质模型，即优秀出镜记者素质模型由个人发展特征、执行力特征、职业技能特征、控制力特征、个体人格特征与目的导向特征六个模块构成，共涉及快速反应能力、现场观察能力、情绪控制力等 23 项素质。第二节在构建出镜记者胜任素质模型的基础上，尝试着从出镜记者的选拔、培养与考评三个维度出发，就如何有效提高出镜记者的报道能力提出了相应的对策建议。

本书的研究成果是我们师生间共同研究和探讨的结果。在本书的写作中，首先由我对研究的总体框架做了设计，提出了所要研究的重点和专题，然后由研究生根据各自的优势和兴趣认领不同的研究题目。在接下来的过程中,我们又共同就每位同学的阶段性研究成果做了充分的研讨,并在此基础上进行新的更深的研究。最后再由我按照本书的整体架构和要求对研究生们完成的初稿进行修改和润色加工。研究生们的具体分工是:张紫赟负责第一章第一节、第二节、第二章第二节和第六章,柏莹负第一章第二节和第三章第四节,边思玮负责第三章的第一节,丁步亭负责第一章的第四节、第二章的第三节和第四章的第八节,房佳伟负责第二章第一节,徐丽莉负责第三章的第三节,袁也负责第四章的第一节、第二节,高健负责第四章的第五节,姚道磊负责第四章的第三节,黄少华负责第四章的第四节,张格苗负责第四章的第六节、李姝含负责第四章的第七节,永野凉音负责第三章的第二节,刘佳负责第五章的第一节、庄剑峰负责第五章的第二节。

由于出镜报道和新闻主持在中国毕竟还算是个新鲜事物,在电视实践中真正发展的历史不算长,可借鉴的参考资料非常有限,加之大部分同学是第一次接触这方面的研究,并且学习和就业的压力非常之大,本书的研究在很多方面还存在着谬误和不尽如人意的地方,我在愿意承担本书全部文责的同时,也恳请学界同仁和业界精英多多批评指正,以求共同来推动出镜报道和新闻主持在中国的理论研究和实践发展。

高贵武

目录 Contents

第一章　出镜报道与新闻主持基础　/ 1
　　第一节　出镜报道与新闻主持　/ 1
　　第二节　出镜报道在中国的发展　/ 13
　　第三节　新闻主持在中国的发展　/ 25
　　第四节　美国电视出镜报道与新闻主持　/ 37

第二章　出镜报道与新闻主持现状　/ 44
　　第一节　中国媒体出镜报道与新闻主持现状　/ 44
　　第二节　西方媒体出镜报道与新闻主持现状　/ 57

第三章　出镜报道与新闻主持比较　/ 66
　　第一节　中国与美国电视出镜报道和新闻主持比较　/ 66
　　第二节　中国与日本电视出镜报道和新闻主持比较　/ 77
　　第三节　中央电视台与凤凰卫视出镜报道和新闻主持比较　/ 82
　　第四节　中央电视台与地方电视台出镜报道和新闻主持比较　/ 92

第四章　出镜报道与新闻主持个案　/ 105
　　第一节　白岩松：在电视新闻中长跑　/ 105
　　第二节　张泉灵：新闻人 电视人 主持人　/ 118
　　第三节　蒋林：报道从心出发　/ 128
　　第四节　闾丘露薇：专业性至上　/ 139
　　第五节　陈鲁豫：中国的"奥普拉"　/ 147
　　第六节　理查德·英格尔：最了解阿拉伯世界的美国记者　/ 162

第七节 安德森·海斯·库珀:灾难丛林中的"银狐" / 169
第八节 克雷格·萨格尔:NBA赛场边的"彩装先生" / 173
第九节 《新闻调查》与《60分钟》:调查揭示真相 / 177

第五章 出镜记者胜任素质及其培养 / 186
第一节 出镜记者的胜任素质 / 186
第二节 出镜记者胜任素质培养 / 194

第六章 新媒体时代出镜报道与新闻主持发展趋势 / 202
第一节 新媒体时代出镜报道与新闻主持的机遇与挑战 / 202
第二节 新媒体时代出镜报道与新闻主持的发展 / 212

后记 / 223

修订版后记 / 224

第一章
出镜报道与新闻主持基础

第一节　出镜报道与新闻主持

作为大众传播媒介的主力之一,电视媒介虽然借助影像传播技术有着直观、即时的传播优势,但与其他传统媒体一样,电视在传播的过程中因为往往代表的是一个专业机构在与观众进行交流,容易产生一种不对等的信息传递状态。出镜记者与节目主持人在电视传播中的出现,则在一定程度改变了电视媒体与受众之间在传播关系上的这种不对等状态,使得传播在"人(出镜记者、主持人)"与"人(受众)"两个相似而平等的个体之间进行,从而使大众传播活动具有了鲜明的人际传播的特点,也因此更容易为受众所理解和接受,在提升电视媒体的传播效果方面具有不可比拟的优势和意义。

一、出镜报道

(一)出镜报道的概念界定

所谓"出镜报道",在英文中通常被称作 On-Camera Report,译作中文即电视记者出现在电视画面中所进行的报道。关于出镜报道的界定,目前学界、业界的认识尚不统一,也没有相对明确的概念。在已有的相关研究中,学者们大多从对出镜记者的定义入手,如"出镜记者是指在电视采访中出现在镜头里的记者和主持人",[1]"出镜记者是指在新闻现场,在镜头中从事信息传达、人物采访、事件评论的电视记者和新闻节目主持人(新闻主播)的总称"。[2] 按前一种理解,出镜报道应该是由电视采访中出现在镜头里的记者或主持人所进行的报道,而按照后一种对出镜记者的定义,出镜报道则应该是指在新闻现

---

[1] 朱羽君,雷蔚真.电视采访学[M].北京:中国人民大学出版社,1999:33.
[2] 宋晓阳.出镜记者现场报道指南[M].北京:中国广播电视出版社,2008:29.

场,由在镜头中从事信息传达、人物采访、事件评论的电视记者或新闻节目主持人(新闻主播)所做的报道。以上两种定义虽然都把握住了出镜,即"出现在镜头里"或"在镜头中"的实质,明确地提及了这类报道的报道主体,但其在对这类报道的场景和业务范畴的概括上似乎仍有缺陷,前者忽略了出镜记者在采访活动之外的存在,后者则由于强调新闻现场,而模糊了出镜报道与现场报道的界线。

由于出镜是出镜报道的关键词,从出镜记者的定义入手来界定出镜报道的思路无疑是正确的。所谓"出镜",顾名思义,即"出现在镜头里",是指观众在观看电视新闻时可以从电视屏幕上看到该新闻的报道者,一般用来与记者隐藏在镜头后面不出现在报道中,或完全以录像方式报道新闻做区别。根据对出镜的理解,也为了体现出镜报道与其他报道形式的区别,我们认为,出镜报道,简单地说就是包含有记者出镜成分的报道,或凡是报道者有机会出现在报道中,并以记者的个人身份面对镜头、面向观众所做的报道即属出镜报道。这样,出镜报道的主体就不仅限于记者,而是可以覆盖所有以记者身份出现的播音员、主持人及其他采编人员等相关报道者,报道的范畴也不仅限于播报和提问式采访,而是包括现场的观察发现、背景梳理及相关的分析与评论等所有报道活动。报道环境则可以是新闻事件的现场,也可以是与新闻相关的所有场景,甚至可以是演播室。

这样一来,我们就可以比较清晰地对出镜报道和现场报道、新闻主持等加以区分,即如果报道者所处的场景是新闻事件现场,此时的出镜报道便是现场报道;如果报道者的个人身份是报道播出栏(节)目的主持人,此时他(她)的出镜报道则属于新闻主持的范畴。由此也不难看出出镜报道与新闻主持之间的联系,二者实际上都是以一种个体的人格化方式从事电视新闻报道,所不同的只是二者出现在报道中的身份及其在报道中所起的作用。出镜报道强调的是报道者的记者身份,新闻主持强调的是报道者的主持人身份;出镜报道中的报道者主要担负的是报道任务,新闻主持中的报道者则除了担负报道任务外,还必须承担栏目或节目的主持任务(具体情况见表1-1)。

表1-1 出镜报道与新闻主持的区别与联系

报道者身份 \ 报道场景	演播室环境	非演播室环境
主持人	新闻主持(典型)	新闻主持(非典型)+出镜报道
记者	出镜报道(非典型)+分析评论	出镜报道(典型)

从表1-1可以看出,如果一个报道者是以主持人的身份出现在演播室环境当中,那么此时他(她)的行为就是典型的新闻主持,而一个报道者如果是以主持人的身份出现,虽然他(她)不在演播室里,但他(她)完成了一定的报道任务,其所从事的活动仍属新闻主持,只不过这种新闻主持较前一种情况显得不是那么典型,因此可称之为非典型的新闻主持,如美国电视媒体在有重大突发事件发生时,其主持人就常常不像往常一样坐在演

播室里，而是在事件现场主持整档栏目。同样，如果一个报道者是以记者的身份出现（不承担任何串联、统合、把控等任务）在演播室以外的报道场景当中，那么此时他（她）的行为就是典型的出镜报道，而如果报道者是以记者的身份出现，即使他（她）在演播室里，主要承担的是分析评论新闻的任务，其所从事的活动仍属出镜报道，只不过这种出镜报道较前一种情况显得不是那么典型，因此可称之为非典型的出镜报道，如美国电视媒体常常会邀请一些记者进入演播室对某些报道进行解释和评论，或让一些报道者从其他的演播室与主持人连线对某一新闻进行报道。因此，报道者的角色及其承担的任务实际上是区分出镜报道与新闻主持的关键。

因此，出镜报道和新闻主持二者之间既有许多相同之处，也存在显著不同。二者的相同之处在于：他们都是以个体身份面对镜头向观众报道新闻事件等；他们都代表的是媒体组织机构，并需要把握正确的舆论导向；他们都处于新闻工作者发展的某一阶段；他们都通过有声语言进行新闻报道；他们都积极运用新媒体进行传播，成为新媒体报道不可或缺的组成部分。而二者的不同则在于：主持人多在演播室进行主持活动，记者多在室外进行新闻报道；主持人多以新闻事件观察者的身份报道新闻，记者多以新闻亲历者的身份报道新闻；主持人多以有声语言为主要报道载体，记者多以有声语言加非语言符号为报道载体；主持人多报道新闻主要要素，如新闻事件发生的时间、地点、经过和结果等，以及新闻中主要人物等，记者则侧重报道新闻事件的经过和结果。

正是这个原因，出镜报道和新闻主持二者更像是电视新闻报道者成长的不同阶段，出镜记者在经过充分的积累和历练之后，其中的佼佼者会走向新闻主持，真正的新闻主持只能从优秀的出镜记者当中产生，要成为真正的新闻主持，则必须先在出镜报道的岗位上锤炼，这一点可以从欧美等发达国家的电视实践中得到充分证明。

（二）出镜报道的传播学特征

作为"记者面对镜头所做的报道"，出镜报道与一般意义上的电视报道，即"声音+画面"、报道者隐藏在报道背后的报道方式相比，具有独特而鲜明的传播学特征。

1. 人格化的传播主体

有学者在论及主持传播时，曾提出大众传播的人格化"就是以生活中的具体的人同听众、观众说话的形式播节目"[①]。显然，在出镜报道中，出镜记者作为新闻信息的传递者和报道者，他们通过画面镜头与电视机前观众进行交流、说话，创造出了一种人际交流的拟态环境。在新闻信息的传播过程中，出镜记者作为讲故事（讲述新闻事件）的主体，也是人格化的传播主体；既是传递者又是解释者，观众正是通过与他们建立传播关系来接触和接受（收）信息，正如日本放送协会对出镜记者现场报道的概括那样，现场报道，简单

---

① 邓文能.人际传播与主持人节目[J].广电战线，1985(11).

地说,就是通过出镜记者的人格来传达信息情报。①

与所有主持传播相同,出镜报道最突出的特点就是在新闻信息中凸显了人的因素,即在新闻报道中作为有生命有感情的传播主体,不再是隐藏在电视画面背后的抽象物,受众接触到的也不再是无生命的画面、同期声、解说词等传播符号,而是添加了报道者人格特征的富有感情色彩的信息。由此,电视新闻传播因记者的人格化传播特点而变得更有"人味儿",更有吸引力。对于电视新闻传播而言,在只有解说词和画面的时代,信息的传递更多是电视这一机器与观众个体之间的交流,即人机界面,而当出镜记者出现以后,记者在镜头前的报道让电视新闻传播从"机器与人的交流"转向"人与人之间的交流"(见图1-1)。

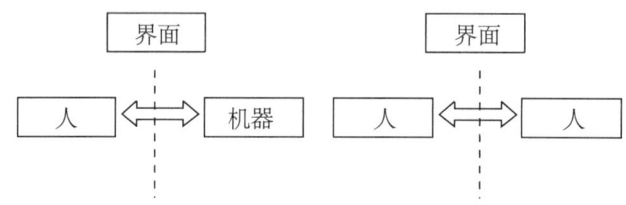

图1-1　传统电视报道的传受界面与出镜报道的传受界面

2. 个体化的传播视角

如同世界上很难找到完全相同的两片叶子,也很难找到完全相同的两个人。每个人都是独特的传播个体,都有着不同的个性特征,即不同的精神面貌和心理特征。就出镜报道而言,每个出镜记者都是作为一个独立的个体而存在的,在新闻信息的传递中必然会呈现出自己的个性化色彩,小到出镜报道语言的组织、记者独特的个人感受,大到报道整体风格的构建,都会因为记者个人的视角而不同。比如同样是地震报道,张泉灵的出镜与柴静和李小萌的出镜就有其鲜明的个人特色。

再比如,央视《新闻30分》节目曾播出过一条关于干旱的出镜报道。② 在报道中,记者说道:

> 这里曾经是东兰县泗孟乡的一块水稻田。大半年不下雨,让这里的土地已经完全地干裂了,到底旱到一个什么程度?(边说边蹲下身,将手伸入裂开的土中)像我的手,就可以完全地伸到干裂的地缝里面。而且被蒸发了水分的土壤就像石头一样坚硬,(边说边拿起手边一块土,狠狠砸向地面)完全可以在地上砸出一个坑来。

报道中,记者完全是以"我"的个人视角,以"我"的行动和体验来描述和验证新闻报

---

① 宋晓阳. 出镜记者现场报道指南[M]. 北京:中国广播电视出版社,2008:36.
② 视频:http://video.sina.com.cn/v/b/29495052-1699397483.html.

道中的事实,如果换成别的出镜记者,则报道的思路、视角和体验可能会完全不同。

综观国内知名的出镜记者,他们无不具有独特的个性化魅力:王利芬干练利落、步步追踪;张羽面对毒贩时分寸得当;长江的锐利提问与厚重的思想;董倩的睿智提问与现场发现力。央视《面对面》主持人董倩在《新闻调查》中曾做过一期节目,报道的是几十年前被日本侵略者抓去做慰安妇的一位大娘,节目名叫《阳泉村的记忆》。镜头中,当老大娘讲至激动之处满含泪水之时,董倩用自己的手握住大娘的手,并轻轻地摩挲着。这一小小的细节,让我们感受到了出镜记者独特的个性魅力及现场情绪的渲染力。[①]

3. 人际化的传播样态

由于面对镜头(实际上是面对观众)是出镜记者的题中应有之义,对于出镜报道而言,其传播的方式在某种程度上便成了一种与人际传播非常相似的传播状态,即出镜记者不再采取传统播音员或录像资料中那种具有距离感的宣读或播讲的大众传播方式参与传播,而是采取了一种更加符合传播情境的一对一的有明确交流对象和更富交流感的人际化传播样态。比如,在面向镜头时,出镜记者除了能够报道最新的信息外,还必须将镜头设想成某位特定的观众,并通过具有交流感的语言将复杂的内容简明扼要地表达清楚,实现拟态的"一对一"交流,这种将信息以人际化交流方式传递给观众的方法,正是出镜报道较之广播、报刊等其他传播方式而体现出的与观众交流的天然优势。

出镜报道的人际化传播主要体现在两个方面:一方面是出镜记者作为报道主体与电视机前观众拟态的"面对面交流",比如白岩松在报道日本靖国神社时在开场出镜中有这样一段话:

> 我现在呢是在位于日本东京的靖国神社的大门外,我想不管对于我还是其他很多来到这里的中国人来说,靖国神社一共有两个,一个是在穿过这个大门外,继续向前走,进入到靖国神社里头,它由正殿,还有游就馆以及其他的一些建筑,包括园林构成的一个实体的靖国神社,但是相对于实体的靖国神社来说,对于中国人还有其他的一些亚洲国家的人来说恐怕一个精神的靖国神社才是格外地让人敏感,那么这个精神的靖国神社也被学者称为靖国史观,今天我们就一起去看看,透过这个实体的靖国神社的背后究竟隐藏着怎样的一种历史观。

且不说白岩松这段话在语词、语序及语调上的交际语言特征,如"让人格外地让人敏感"一句中出现的反复和停顿,单是一句"我们一起去看看"就已然把正在观看报道的观众当作了交流对象。另一方面则体现为记者与采访对象之间的人际交流与互动,通过镜头传递给不同时空下的电视观众,成为一种人际交流意义的延伸。[②] 这种交流在白岩松

[①] 贾艳艳.出镜记者采访策略研究[J].三门峡职业技术学院学报,2010,9(3).
[②] 梁婷婷.面向第三方的人际传播[J].新闻知识,2010(12).

那期《岩松看日本》的片子里同样随处可见。

(三) 出镜记者的作用

有学者从现场直播的角度对出镜记者的重要功能做了概括,即体现媒体能力、在现场及时地传递信息、表达媒介的观点和视点以及体现记者的个性化感受,并进而概括出了出镜记者的三大任务,即引导观众关注现场重要的信息,提供合适的背景信息,协调和演播室主持人的关系。① 我们认为,作为人际化的传播主体,出镜记者的作用既应涵盖出镜报道的业务层面,同时也不应忽视其在构建传播关系上的显著效应,这恰恰是出镜报道发挥其一般性作用的基础,因此出镜记者在节目中的作用可以从两个大的方面加以概括:

1. 结构性作用

与非出镜报道或传统的电视报道相比,在有出镜记者的电视报道中,信息传播的结构由原来的电视媒体或信息源直接传达给观众,变为了电视媒体或信息源先由出镜记者掌握,然后再通过出镜记者传达给观众,即在传播的结构方面,电视媒体机构(或信息)与受众之间多出了一个出镜记者的环节,出镜记者从中起到了桥梁和纽带作用。而作为桥梁和纽带的出镜记者,除了需要将新闻现场的最新消息以最快的速度传达给受众之外,更重要的是作为新闻事实的见证者,应凭借个人魅力来发挥出镜报道类人际传播的优势,重新架构和维系起媒体与受众之间的关系,形成人际化交流氛围,有效地拉近传播者和受众的心理距离。

央视新闻频道曾做过敦煌再发现的直播报道,讲述莫高窟的历史渊源、布局架构以及历史意义等。在开篇报道之中,记者张羽和敦煌研究院考古所所长刘永增把观众领到了 158 洞。洞本身的看点并不多,在有限的画面中,出镜记者利用和所长的一问一答,不经意间讲到卧佛的外貌、建造时间、原型释迦牟尼入佛境界等众多背景信息。在不到 5 分钟的时间里,张羽把观众眼见的实物和历史来源结合起来,为观众奉上了一份丰厚的信息盛宴。② 当然,此时的张羽除了履行记者提问、观察的基本职责外,也以他的人格魅力架起了央视与观众间的传播关系,这是其他记者或主持人所无法替代的。

2. 功能性作用

电视出镜报道的魅力在于它的鲜活性、真实性和贴近性,出镜记者的出场则彰显了电视媒体的迅速直接的特点。作为新闻现场的见证者、观众视线的引导者以及观众与电视媒体和信息源之间的桥梁,出镜记者除了作为人格化的符号出现之外,还作为真实具体的见证人和目击者出现,因此同样需要完成记者所担负的所有报道任务,即作为出现

---

① 周勇.电视新闻编辑教程[M].北京:中国人民大学出版社,2002:134,135.
② 王媛.电视新闻现场报道的语言传播策略[J].新闻采编,2007(5).

在镜头里的报道者,出镜记者必须完成新闻信息的发现、搜集和表达任务,或出镜记者必须要完成采访、报道和分析评论的任务。

具体来说,就是出镜记者在镜头前往往要承担观察者和报道者的角色,用原央视著名出镜记者张泉灵的话说就是"只有一个好的复述者、一个好的观察者,再加一个好的分析者,在电视直播公共信号时代才能最终站得住脚"。① 因而,作为出镜记者,报道者必须要完成采访(提问)、观察(感受)、描述、分析、评论等一系列的报道任务,成为整个出镜报道中不可替代的部分,而不仅仅是作为出镜报道的标志性符号存在。如在中央电视台曾经播出的系列报道《岩松看日本》中,作为出镜记者的白岩松在整个报道中,既通过提问采访对象让国人了解了必要的新闻信息,了解了日本民众的思想感受和个人情况,也通过自己的眼睛,甚至调动了他所有的感官,敏锐地观察到了日本社会中让我们感到新鲜的风物和细节。与此同时,白岩松又站在中国人的立场上,从记者的视角对许多中日民众关注的问题做了自己的分析和讨论,可谓将记者在镜头前的作用发挥得淋漓尽致。

当然,在承担复核者、观察者和分析者角色的同时,出镜记者还必须是一个引领者,要能够把握观众心理,引领观众进入新闻,关注报道中的重要信息,并通过个人报道视线或报道脉络架构起报道的秩序。

二、新闻主持

随着电视节目类型日趋多样,以及新闻受众的几何级数增长,人们已经不再满足新闻机构传统的一对多的单向的传输方式,而更加渴求在新闻事实中进行更富有人性味的互动式交流。新闻传播理念也由"我播你听"的下行式灌输向着关注、研究、尊重受众的平行式转化,新闻节目主持人在电视新闻传播中扮演着越来越重要的角色。

(一)新闻主持的概念界定

新闻主持,或曰新闻节目主持,既可用来指称广播电视新闻报道中特有的工作环节和特定活动,也可用来指称从事此类活动的人,即新闻节目主持人,更简单地可称之为节目主持人,或主持人。主持人,是伴随着广播电视技术的发展,在出现固定播出形式、播出时间的栏目后应运而生的。在英语国家,广播电视节目中与中文所指的主持人对应的称谓通常不止一个。播报或资讯类节目中的主持人通常被称作"anchor",新闻主持活动则对应为"anchoring"。Anchor,原意是指接力比赛中跑最后一棒的运动员,用在主持人身上则是指其在整个新闻传播活动中所负责的信息传递的最后一环,即将记者、编辑搜集到的新闻信息经过整合、以个人身份直接传递给观众的传播活动。Anchor,在中国港台地区常常被译作"主播"。在大陆地区,尽管"主播"一词也频频出现在媒体之中,但其与

---

① 杨华.咱们电视有力量[M].北京:中央民族大学出版社,2009:33.

"anchor"的含义并不完全一致,多数时候还是和播音员混为一谈。① 在英文中,与中文主持人对应的另一个词是"host",其一般不出现在消息播报类的节目中,而是出现在谈话节目或娱乐、益智、真人秀等节目中,他往往以主人的身份充当着调动嘉宾和把控节目的任务。英文中主持人还有一个词叫"moderator",即"调解人"或"仲裁人",通常是指在某些论坛或辩论会现场担任调解或控制话题走向的人。

为了与本书中的出镜记者相对应和区别,我们认为,从宏观上讲,凡是以个人身份出现在某个栏目,面对镜头、平等面对观众,并在其所在栏(节)目报道中整体上起驾驭和主导作用的独立个体,均为电视新闻主持人,其所从事的报道活动即为新闻主持。在此定义之下,新闻主持的范畴则不仅限于播报和串联,而是包括一切与新闻报道相关的背景介绍、采访、分析与评论等报道活动,主持人节目也不仅限于播报和资讯类栏目,而是囊括了诸如访谈、调查、谈话、杂志等所有新闻类栏目,即新闻主持人的概念不仅涵盖了主播(anchor)的概念,而且覆盖了某些 host 和 moderator 的概念。当然,新闻主持也可用作简称来指代从事这类报道活动的新闻节目主持人。

(二)新闻主持的传播学特征

作为"固定栏目主持报道的个体",不同栏目的电视新闻主持人之间虽有很多不同,但因为其实质与前面论及的出镜记者一样,仍属于电视媒体在人际化过程中的产物和体现,因而都具有相同的素质特征及传播效应。

1. 人格化

所谓传播的人格化,"就是以生活中的具体的人同听众、观众说话的形式播节目"。② 因而,新闻主持的人格化特征首先表现为传播主体的人格化。用白岩松的话说,就是"电视传播与其他媒体的传播,最大的区别就在于电视传播中有看得见的主持人的因素,它是一种真正的人际传播"。③ 在新闻主持传播中,传播的主体不再直接表现为制度化或物化的媒介组织或媒介机构,而是真正的人。虽然在主持传播中,受众面对的仍是一台机器或接收设备(即电视机、收音机或电脑等),但受众感受或看到的却不再是无生命的文字符号,不是无表情的声像电流讯息,而是一个个活生生的人,是人作为传播者在向受众传递着信息,宣讲着他(她)的意见和看法,是人以他(她)的个人名义,以"我"和"你"的语气,以一种平等的姿态与受众交流。正如有些学者所说:"新闻节目主持人通过人际交流的系统创造出人际交流的拟态环境,表现出人格化的特征,他既是传达、解释、评议新闻事实的传播者,又以真实可信的个人形象达到了信息共享的朋友般的印象管理"。④

---

① 吴郁. 谁来做主播[J]. 电视研究,2004(9).
② 邓文能. 人际传播与主持人节目[J]. 广电战线,1985(11).
③ 孙玉胜. 十年:从改变电视的语态开始[M]. 北京:生活·读书·新知三联书店,2003:359.
④ 杨乘虎. 试论新闻节目主持人的可信度[J]. 现代传播,1999(1).

综上所述,新闻主持与其他样式的电视传播比较起来,最突出的特点就是在传播中凸显了人的因素。而人与物最大的区别就在于人是有生命、有感情的。这样,当受众面对传播的时候,他们所接触的便不再只是无生命的传播符号,也不再只是没有感情的传播机器。通过感受源自主持人的感情,通过体味主持人的喜、怒、哀、乐,受众不仅能更加深切理解主持人所传递的信息,而且充分感受到了传播中人的存在。有时,由于受众对某些主持人的偏爱甚至崇拜等情感因素,以及主持人个人的信誉、魅力等因素,这种传播的效果甚至会超出一般意义的大众传播,而这正是主持传播最富生命力的地方。

2. 个性化

新闻主持是由主持人直接参与和控制实施的传播行为。每一位主持人,由于他们的长相、气质、经验、志趣、专长、习惯等各自然因素和社会因素的不同,其所实施的主持传播肯定会染上他们各自的个性特征,这决定了个性化既是主持传播与一般大众传播比较而言的特点之一,也是主持传播最显著的魅力所在。主持传播的这种个性化魅力或特征不仅体现在传播主体的千人千面上,更体现在传播者个性化的传播方式(或风格),以及他们个性化的传播角度上。以主持中央电视台《东方时空》而闻名全国的原《东方时空》的四位主持人白岩松、敬一丹、方宏进和水均益为受众留下了完全不同的个性化印象,正所谓"白岩松的言辞犀利、鞭辟入里;敬一丹的用语恳切、舒缓委婉;方宏进的沉静缜密、朴实恳切;水均益的取喻丰富、机辨睿智,可谓各具风采",[①]这些主持人的个性由于与栏目的个性契合,更因为契合了时代特点且更符合人的认知规律,所以具有不可比拟的传播优势。用孙玉胜的话说就是:"主持人的个性化还有一个功能,那就是电视与观众之间的亲近感得以保留。"[②]

3. 对象化

对象,或传播对象是传播学中很重要的一个概念,它通常是指大众传播内容的指向者或接受者,也就是我们常说的受众。新闻主持传播的对象化特点首先表现为传播过程中主持人对受众的直接呼告上,其中最常见的情形就是主持人在传播中会不断说出"听众朋友(或观众朋友),您好""听众朋友(或观众朋友),您说呢""这位朋友的名字叫……""您对这个问题怎么看"等完全对象化的称谓或语气和词汇,让受众感到主持人就像是在和某个传播对象在进行面对面的交流。有时,受众甚至可以从主持人的话语中确确实实地感觉到主持人正是在呼唤自己,在和自己说话,如有的主持人常常会说一些"也许您此时此刻正坐在电视机前……""这位名叫×××的朋友,在微博中写道……""观众朋友,您说呢……"等的话,将传播的对象甚至固定在了某个特定受众上。正因如此,才会出现当丹·拉瑟对着镜头说晚安的时候,很多观众会情不自禁地对着电视屏幕

---

① 杨乘虎.《面对面》:人际传播与大众传播结合的新支点[J].现代传播,1998(4).
② 孙玉胜.十年:从改变电视的语态开始[M].北京:生活·读书·新知三联书店,2003:361.

说"再见,丹"的情景。

新闻主持对象化特征的另外一个明显的表现,就是主持人在传播时所做的对象化联想,即主持人无论处在什么场合从事传播活动,他的心目中总会有一个或几个假设的受众。这种情形用播音主持界的专业语汇来说就是"目中无人,心中有人",即虽然受众可能不在传播者的眼前,但传播者的心中却一直装着受众。中央电视台著名主持人水均益在介绍他主持节目的经验时就曾专门提到,他经常在自己主持的节目中,想象他是在和自己的母亲说话,告诉她波黑又出了什么事。而有同样感受的还不止是水均益,几乎所有的主持人都在面对话筒、摄影机时,不是把话筒、摄像机当成无生命的机器,而是把它们设想成某个确定的观众的经验。这种情况用著名主持人敬一丹的话说就是:"节目主持人的对象感运用强调具体化,他一般不做'一对多'的设想,而把交流设想成'一对一'、'一对几'。这种心理状态是'我'与观众谈话的必然要求,他以个人对个人的形式来适应观众的接受心理,有时是和一位真实存在的观众直接呼唤,有时是把收听、收视对象设想成一位熟悉的朋友。"①从这一点来说,对象化特征正是主持传播与其他传播的不同之处。主持人在从事主持传播时所做的任何努力都应该或明或暗地让那些在家里听广播或看电视的人觉得他们正是主持人正在与之说话的那个"你"。

4. 全息化

传播学在传统上将传播分为人内传播、人际传播、群体传播、组织传播和大众传播等五种形式,其中人际传播由于传递和接收信息的手段多、渠道广、方法灵活而被公认为是一种高质量的传播活动,是真正意义上的多媒体传播,即"人际传播是全息化的"。② 这里的全息化当然仅就人际传播的信息传播渠道或传播方式而言。正如霍克斯所说:"任何言语行为都包含了通过手势、姿势、服饰、发式、香味、口音、社会背景这样的'语言'来完成信息传达,甚至还利用语言的实际含义来达到多种目的。甚至当我们不在对别人说话时,或别人不在对我们说话时,来自其他'语言'的信息也争先恐后地涌向我们:号角齐鸣、灯光闪烁、法律限制、广告宣传、香味或臭气、可口或令人厌恶的滋味,甚至连客体的'感受'也有系统地把某种有意义的东西传达给我们。"③新闻主持作为一种大众传播与人际传播的交叉物,一种类似于人际传播的传播方式,全息化同样是它与其他大众传播的标志性区别,也是其特性之所在。

新闻主持中的全息化特点主要体现在其对类语言和非语言符号的运用上。非语言符号通常是指语言(包括文字)之外的信息传播符号,它既包括主持人的语气语调、体态表情,也包括主持人的服装服饰、情境状态,等等。美国姿势传播学的研究者之一伯德惠斯特尔曾经估计,在有两个人传播的局面中,有65%的"社会含义"是通过非语言传送的。

---

① 俞虹.节目主持人通论[M].杭州:杭州大学出版社,1996:277.
② 郑兴东.受众心理与传媒引导[M].北京:新华出版社,1999:210.
③ 霍克斯.结构主义与符号学[M].瞿铁鹏,译.上海:上海译文出版社,1997:128.

当然，非语言符号在大众传播中的应用还不仅仅停留在传递信息的层面上，在更多的时候，它是对主持人所传递的信息的一种解释、补充、突出和强调，甚至传递着信息之外的超信息，对大众传播效果起着不容忽视的促进作用。

央视新闻频道新闻主播赵普2008年播报汶川地震新闻时，由于在主持节目的几个小时内，遇难人数增加了一万多人，他难以控制自己的情绪，在播报新闻时情不自禁地不止一次哽咽。当时，他哽咽落泪的一幕让很多观众也忍不住热泪盈眶，情感的传递提升了新闻的传播效果，让这一幕自此印在了很多观众的心里，至今记忆犹新，观众由此将其定位成一个有血有肉、有真性情和真情感的主持人。

三、出镜报道与新闻主持的传播效应

正如本章所论述的，出镜报道和新闻主持其实有很大的相似性和相关性，二者之间的差别实际上仅体现为报道者在报道中的角色和分工不同，出镜报道和新闻主持实际上都是在电视报道中融入了鲜明的人格色彩和人际特征。

（一）出镜报道和新闻主持是视觉新闻理念的真正回归

纵观全球电视新闻业发展的路径，指导电视新闻业改革与发展的思想观念，即电视新闻理念一直是电视新闻传播不断焕发生机、推陈出新的源动力。电视媒体的核心理念，或本质要素和属性是什么？孙玉胜在《十年·从改变电视的语态开始》一书中提到，他从television一词中解读出的属于电视本质的要素至少有同步、现场、真实和过程等几个要素。[①] 的确，就电视而言，其最大的传播优势就是视听兼备、同步传播，在第一时间将正在发生的事实通过富有视觉冲击力的影像画面传递给电视机前的观众，而出镜报道与新闻主持凭借"现场感""真实感"和"见证人"及其对新闻专业性的践行，更是充分彰显了电视的理念，成为电视在竞争中制胜的法宝。简而言之，电视媒体属于"人"的媒体，电视媒体的核心是"人"，电视新闻传播本质上是一种拟人际传播，是一种更强调"人"的信息传播，而电视新闻理念中最本质的便是"人在现场"。

孙玉胜也曾明确提出，电视媒体属于家用媒体，"电视媒体的家用属性决定电视是'平民化'的，而不是'贵族化'的"。[②] 然而，在相当长的一段时间内，由于历史原因，我国电视媒体一直具有强烈的工具色彩，家用属性则基本被忽视，致使中国的电视报道呈现出明显的"去人化"色彩，曾经的电视新闻节目主要以图像搭配解说词的宣讲形式出现，很少有真正意义上的新闻主持人与记者出镜的报道。直到改革开放以后，这种情况才有所改变，出镜记者与电视新闻主持人的作用日益受到重视。越来越多的电视新闻节目开始启用主持人，出镜记者也开始出现并活跃在新闻节目之中，电视新闻的传播体现出越

---

① 孙玉胜.十年：从改变电视的语态开始[M].北京：生活·读书·新知三联书店,2003:132.
② 同上,340.

来越多的"人"与"人际传播"的特点,尤其是出镜记者与新闻主持人的现场报道,在真实、客观、及时报道新闻的过程体现出对电视新闻理念的回归。

从中外电视新闻报道发展的实践来看,我们甚至可以说,没有出镜报道的电视新闻不能算是完整和真正的电视新闻,不能胜任出镜报道任务的记者不能算是真正意义上的电视记者。

(二) 出镜报道和新闻主持是媒体实力的集中体现

如今,伴随着电视新闻事业的迅猛发展,出镜报道已经成为电视报道中一种常见的报道形式,越来越多的出镜记者出现在电视荧屏,尤其是在现场报道中。由于出镜报道中出镜记者的存在本身就是纪实和见证,特别是在突发事件发生的时候,出镜记者从新闻现场发出的现场报道更是电视媒体传播优势的集中体现。在这类报道中,无论是信息的时鲜性、可靠性,还是信息的丰富性都是其他媒体,特别是传统纸质媒体所不可企及的,因而也是电视媒体实力和权威性的集中体现。一旦发生重大新闻,有实力的电视媒体必然派记者前往新闻事件发生现场。中央电视台副台长孙玉胜就曾不无感慨地说道:"在重大新闻事件中,是否有记者在现场是衡量一个媒体实力和权威性的重要标志。"①

事实也是如此,如果没有1991年的海湾战争,没有24小时的直播,没有大量的出镜记者冒着炮火在战争前沿出镜报道,恐怕也就没有CNN的辉煌,CNN也就没有其在新闻报道方面的权威性。如果没有伊拉克战争,没有间丘露薇等出镜记者冲在战争第一线,在镜头前将战场上触目惊心的场面展现给国内观众,凤凰卫视恐怕也不会那么快就成为电视新闻报道方面的一面旗帜,国人中间也不会出现"大事看凤凰"的说法,间丘露薇也就不会因此被称为"战地玫瑰",从此名闻天下。因此可以说,在中国电视媒体迈向世界一流媒体、提升国际传播力和国际竞争力的过程中,出镜报道的业务水平是评判电视媒体实力的重要标准之一,拥有多少名出镜记者和名主持人是电视媒体是否具有实力和权威性的最重要指标。

近二十年来,中央电视台的电视新闻业发展迅速,涌现出了白岩松、张泉灵、蒋林等一批优秀出镜记者,他们在各种重大的新闻事件现场以采访者、目击者、参与者身份,直接面对摄像机进行报道,做出了汶川大地震、北京奥运等一批优秀新闻作品。较之而言,地方电视媒体的出镜报道水平发展相对缓慢一些,尽管民生新闻中出镜报道的数量与日俱增,但记者出镜报道的整体水平仍然有待提高。

(三) 出镜记者与新闻主持是电视媒体的核心竞争力

如前文所述,由于电视媒体在本质上是人际性的媒体,电视媒体在新闻报道方面的实力和权威性主要通过出镜报道来体现,从事出镜报道的人,即出镜记者的素质与名望

---

① 孙玉胜.十年:从改变电视的语态开始[M].北京:生活·读书·新知三联书店,2003:274.

是衡量电视媒体传播水平和传播能力的重要指标,出镜记者和新闻主持也就成了未来竞争中电视媒体最核心的竞争力。显然,在媒体传播技术越来越发达,新的传播方式和传播手段层出不穷的新媒体环境,电视媒体与其他媒体或电视媒体与电视媒体之间的竞争不再是对技术与资源这些硬件的竞争,也不再是速度与广度之间的比拼,而是要依靠人、依靠深度、依靠个性、依靠品牌、依靠名望。也正是在这样的背景之下,中央电视台著名主持人和评论员白岩松不止一次地说过,"记者成名的时代开始了"。[①] 在他看来,媒体现在所处的时代是一个"观点开始成为新闻"的时代,新闻媒体之间的竞争不再依靠速度和信息垄断,而是依靠观点和现场记者的出镜报道,即"新闻频道怎么区分于其他的频道?怎么把新闻频道的新闻跟《新闻联播》的模式区别开来,这就需要不断地强调记者在现场的报道,几乎大比例都是记者先出现,我是在哪儿哪儿"。[②]

孙玉胜曾说,"电视就是主持人媒体,电视越发达,对主持人的依赖性也就越强",[③]足见主持人对于电视媒体的价值和意义。作为在电视媒体主持新闻节目的个体,电视新闻主持人以真实的个人身份代表电视机构在电视屏幕上面向镜头主持节目,他在提升电视新闻节目传播效应的过程中起到了积极的主导作用,在节目的生成、播出过程中,不同程度地集策划者、组织者和主持者的角色于一身。[④] 换句话说,节目主持人队伍的素质水平是影响一档电视新闻节目成功与否的关键因素。早在20世纪50年代,美国电视新闻业界便认识到了新闻主持人对于电视新闻节目的核心作用,一批明星主持人的树立带动了各类名牌节目的发展,为各大广播电视网带来了丰厚的广告收入及稳定的收视群体。其中,不乏人们耳熟能详、名声显赫的丹·拉瑟、彼特·詹宁斯等一大批星光灿烂的电视新闻主持人。据美国有关方面调查,美国电视名牌节目主持人对于美国社会的影响仅次于总统、国会议员、企业界巨头、工会领袖,占据第五位。[⑤] 显然,一个电视媒体的地位在于它拥有了多少人力资源及多大的影响力,而明星出镜记者及主持人的品牌效应,以其不可小觑的影响力必然将为电视媒体带来高收视率及轰动效应。

第二节 出镜报道在中国的发展

一、中国出镜报道的变迁

我国电视发展相对较晚,电视记者出镜报道在中国不仅晚于欧美,其发展也经历了

[①] 白岩松2008年10月29日在"全国电视新闻出镜记者培训暨业务论坛"上的发言,参见杨华.咱们电视有力量[M].北京:中央民族大学出版社,2009.
[②] 同上.
[③] 孙玉胜.十年:从改变电视的语态开始[J].北京:生活·读书·新知三联书店,2003:360.
[④] 叶卫玲.浅析电视新闻节目主持人的作用[J].青年记者,2009(2).
[⑤] 陈素珍,邹小雨.浅谈电视主持人明星制[J].新闻实践,2011(2).

与欧美不同的发展阶段。总起来看,我国电视记者的出镜报道在报道角色、报道内容以及报道形式方面大致经历了播音员——记者——主持人——记者,以及"播音体"——"调查体"——"主持人体"——"记者体"——"新媒体体"的五次变迁。

（一）摸索前进的播音体（或旧联播体）

所谓电视出镜报道的播音体,即出镜报道的报道主体是播音员,其报道方式是播音员固定站立、面对镜头播读新闻导语,报道领域则主要为党和国家领导人出访等重要时政新闻,之所以将这种方式的报道归结为出镜报道,原因是报道中播读新闻的播音员不是一般化地坐在演播室,而是出现在演播室之外,如机场、飞机上、领导人下榻地及领导人的其他活动场所。因为这种类型的出镜报道时政性强、经常出现在中央电视台的《新闻联播》节目中,所以我们也可称这种出镜报道方式为旧联播体,当然,称之为"旧"并不表示这种方式现在已被弃之不用,而是为了方便与后面经常出现在《新闻联播》中的另一种出镜报道方式做比较。

采用播音体或旧联播体的出镜报道方式最早出现在中国电视屏幕的时间可以追溯到20世纪70年代末期,最早走出演播室、站在电视镜头前播读新闻导语的是现已退休的《新闻联播》播音员邢质斌。当时,在中央电视台《新闻联播》报道以华国锋为首的党和国家领导人出访朝鲜、欧洲等地的活动时,邢质斌不仅是随团访问的记者成员,而且采取播音体的出镜报道方式向国内发回了不少播音体的出镜报道,在中国电视的出镜报道方面做出了有益的尝试和探索。[①] 即使在今天的《新闻联播》当中,观众仍能经常在一些重要的政治活动和国家领导人出访报道中见到大量这样的出镜报道。

与传统的播音员坐在演播室里播读新闻导语、播放新闻录像的报道方式相比,在播音体的出镜报道中,由于播音员所处的位置大多是领导人政治活动场所或新闻事件的发生地,因而在增进电视新闻的真实性和现场感方面具有明显的优势,观众不仅可以通过聆听播音员的播报了解新闻的内容,而且可以透过播音员身后的背景获取某些场景性的信息,使电视媒体"看"的特性得到进一步的发挥。当然,在这类出镜报道中,报道主体并非擅长采访的新闻记者,报道的形式仅为播读文稿,报道的场景相对固定,这类报道充其量只能算作初级的电视出镜报道,因为它并不能完全发挥电视新闻报道的特点,也没有真正体现"报道"的内涵。

（二）初具形态的调查体（或旧记者体）

到了20世纪80年代,随着中国电视的进一步发展,电视中的出镜报道也有了新的发展。除了已有的播音体,中国电视上开始出现以专职记者为报道主体的出镜报道,由于这类出镜报道的主体是记者,且最早出现在专题调查性的栏目当中,这里姑且称之为调

---

① 据本书作者对中央电视台已退休播音员、主持人赵忠祥的访谈。

查体或旧记者体的出镜报道。同样,之所以称之为旧记者体,也是为了方便和后面的新记者体做比较。

在中国电视发展史上,第一个采取这类报道方式的人当属中央电视台记者庞啸。1980年7月12日,一个具有时新性、政治性的专题栏目《观察与思考》在中央电视台诞生,栏目首播内容是《北京居民为什么吃菜难》。播音员出身的庞啸第一次以记者的身份采访居民,作了评述,他开创了中国记者出镜采访的先例,这次报道被称为"我国第一次真正意义上的记者出镜报道"。与播音体的出镜报道比较起来,调查体出镜报道的报道主体不是播音员而是记者,报道内容不再限于时政类消息,报道的方式则一改单纯地播读消息导语,而是加入了许多记者的采访、发现、观察和评论。

由于这类报道极大地丰富和拓展了电视的报道方式,更多地发挥了电视媒体的报道优势,因此调查体的出镜报道从一出现就较受关注,特别是20世纪90年代中国电视的大发展更是使这一类型的出镜报道有了更大发展。从1993年《东方时空》开播以后,在《焦点时刻》《焦点访谈》等一批备受观众欢迎、创造中国新闻发展新传奇的专题性电视栏目中,调查体的出镜报道随处可见。特别是中央电视台1996年5月17日开播的调查性栏目《新闻调查》,更是将这种报道方式推向了崭新的高度,培养和造就了白岩松、敬一丹、王志、张羽、杨春等一大批电视出镜报道的好手,这些人中的大部分后来转型成为主持人,并由此产生了记者型主持人的说法,而白岩松的《岩松看台湾》《岩松看日本》等系列专题也成了调查体出镜报道的典范之作。由于《焦点访谈》《新闻调查》的明星效益和示范效应,全国各地的电视新闻界都掀起了一股改革浪潮,各地电视台也开始尝试运用这种记者型主持人的出镜报道方式,上海的《新闻透视》、河北的《新闻广角》、成都的《时事20分》等,一时间都受到了地方观众的热力追捧,调查体出镜报道亦成为当时中国电视报道中比较常见的报道方式之一。

(三)焕然一新的直播体(或主持人体)

在电视发展的早期,由于磁带录像技术尚处在起步阶段,因此大部分节目都是现场直播的。直到20世纪60年代磁带录像技术逐渐成熟,录播才逐渐成为新闻制作的一种较为成熟的模式。伴随着科技进步和竞争加剧,电视直播,特别是对一些重大新闻事件的现场直播开始进入观众视野,并显现出极大的魅力。到了1997年,中央电视台更是凭借《漠河日全食——彗星天象奇观》《97'香港回归》《长江三峡大江截流》等一系列大型直播报道造就了中国电视史上的电视直播年。

直播,特别是大型直播在中国电视上的增多必然催生出更多的出镜报道,由此产生对出镜记者的更多需求。由于已经在调查体的出镜报道中有过历练和良好的表现,此时大部分已经成为主持人的记者型主持人成了直播的主要报道主体,因为他们的主持人身份以及他们常常出现在直播报道中的缘故,我们将这类出镜报道称为出镜报道的直播体或主持人体,以区别于已经存在的播音体和旧记者体。

与前述两类出镜报道方式相比,直播体出镜报道的报道主体更多由主持人承担,如前面提及的《97'香港回归》以及中央电视台的大型直播报道《5.12 汶川大地震》等节目中,走近现场、面对电视镜头做报道的大部分都是像白岩松、张泉灵、李小萌等已在主持相关栏目的主持人,这一方面是因为这些主持人大都出身记者,有着良好的采访功底和出镜形象,另一方面是因为其他的普通电视记者仍不具备理想的出镜素养,在非直播的调查体中做出镜报道尚且说得过去,而一旦直播则很难适应直播的考验和要求。播音员虽在形象等方面具备出镜条件,但在采访和观察报道方面尚不能胜任直播的重任。另外,与前述两类出镜报道方式相比,直播体的出镜报道范围虽不像播音体那样限于时政消息,但也不如调查体的应用范围广泛,而是限于一些重大的新闻报道,并不代表电视新闻的常态。直播体的报道方式不再限于播读和调查,而是更多地体现出镜记者作为观察者、报道者、评论者的功能,呈现出更多的个人风格和个人魅力,因而也更契合电视出镜报道的内涵。

(四)渐入常态的记者体(或新记者体、新联播体)

直播体或主持人体的出镜报道固然已更切近电视出镜报道的内涵,但因为报道领域的局限性,这类报道方式仍非电视新闻报道的常态。从国外电视发展的经验来看,只有报道的主体真正回归到职业报道的角色——记者身上,报道领域拓展到日常新闻的时候,出镜报道才能真正迈向成熟。尽管在中国电视发展的各个历史时期,包括电视诞生之初就曾出现过电视记者在日常新闻中做出镜报道,如电视诞生之初的战地报道以及后来央视驻外记者王晓昆、顾玉龙、刘茁野等人的报道等,但真正由电视记者在常态新闻中制作的出镜报道的大量出现还是始于 20 世纪初。

随着中国电视新闻报道的不断发展以及各电视台之间的竞争日趋激烈,从 2002 年开始,以江苏电视台城市频道民生新闻栏目《南京零距离》掀起民生新闻热为标志,中国电视新闻报道开始进入新一轮的革命性发展,也揭开了中国电视新闻改革由地方向中央辐射的篇章。作为常态性的日播节目,民生新闻最显著的特点之一就是直播和记者的出镜报道。目前,很多民生新闻栏目都备有 SNG 直播车,用来保证记者在第一时间发回第一现场的报道。[①] 由于受到民生新闻热的冲击以及来自诸如凤凰卫视等境内外电视的竞争压力,中央电视台也开始在电视报道方式上积极探索,出镜报道并不只在直播重大报道时才出现,像《新闻联播》这样常态化的电视报道中也出现了越来越多由记者面对电视镜头所做的出镜报道。由于这种常态化的报道往往是由记者担任报道主体,因而可以称其为记者体。因为它经常出现在《新闻联播》中,故我们可以称之为出镜报道的新联播体,以便与《新闻联播》中出现的由播音员担任报道主体的旧联播体相区别。因为这类报道的报道主体为专职记者、报道领域涉及日常新闻的所有体裁类别,不仅限于调查类专

---

① 高贵武.民生新闻的价值取向和现实走向[J].新闻与写作,2006(3).

题,故我们又将其称为新记者体,以示与调查体(或旧记者体)的区别。

作为报道主体回归到专业记者、报道领域异常丰富的出镜报道方式,记者体的出镜报道从理论上最能体现出镜报道的内涵,也最能体现出镜报道的特色,最能发挥出电视出镜报道的优势。但从以中央电视台为首的电视媒体的新闻报道实践来看,尽管记者体出镜报道在形式上已完全符合电视出镜报道,但结果似乎并不总能令人满意,大多数记者出镜时仍是站在原地念导语,既没有体现出出镜报道者作为报道者、观察者和评论者的角色功能,也鲜有个性和个人魅力,不能在媒体与观众之间架起有效的人际传播桥梁,可谓有出镜报道之名,无出镜报道之实。

从这一点来看,尽管在历经几次变迁之后,中国的电视出镜报道已经在品类和形态上日臻完备,但要真正体现其实质,发挥其本质优势恐怕还需要更多探索。

(五)日益丰富的新媒体体

当下,随着新媒体时代的到来,新媒体技术发展大大改变了旧有媒体的传播格局。一方面,媒体融合的趋势日益明显,传统媒体业务之间的界线和边界变得越来越模糊,出镜报道,包括其他原本在电视媒体中出现的视觉报道方式也越来越多地出现在传统的通讯社、广播及报纸媒体当中,如新华社、新京报等媒体在重大新闻发生的时刻同样会有出现在现场的记者对着镜头向受众进行报道。另外,由于新媒体发展使得"人人皆记者"成为可能,在一些新媒体平台和自媒体当中,也越来越多地出现了不是由专业记者而是由普通公民面对镜头所做的报道,这类出镜报道由于报道者身份及报道内容和报道方式上具有明显的新媒体特征,因而也可以将其称为出镜报道的"新媒体"体或"公民体"。与传统电视媒体当中的出镜报道相比,"新媒体"体出镜报道的运用更加灵活,报道者也更加亲民,其适用的范围也更加广阔,既可以作为新媒体的报道方式单独使用,也可以作为传统媒体的一种有利的补充,如2019年中央广播电视总台在报道天安门广场的阅兵时,不仅派出了蒋林、何盈等骨干记者通过电视渠道进行出镜报道,同时在其手机客户端上派出了新媒体记者进行连续的出镜报道。从2018年开始,随着Vlog的兴起,一些媒体的记者或主播也开始尝试以这种方式来进行报道,因而也有人把这种适应新媒体发展需求的出镜报道样式称为"Vlog"体的出镜报道,如2019年11月,央视《新闻联播》的播音员康辉在采访习近平总书记出访时便连续在新媒体端发布了几条Vlog,引起了社会的广泛关注。

从现有的发展实践来看,出镜报道的"新媒体"体尽管因为形式灵活、风格亲民而受到了一定的关注,产生了一定的影响,但也因为其报道视角的过于个人化、报道内容的琐细、报道方式呈现得不够专业,仍然存在不少弊病,尚需在实践中继续摸索和提升。

二、出镜报道的范畴

根据目前学界、业界对于电视新闻的分类,电视新闻整体上可以分为录播与直播两大类,其中录播分为消息类、专题类(包括报道型、调查型、访谈型、纪实型)与评论类,直播包括现场直播报道、现场与演播室连线报道。[①] 显然,在这些电视新闻样态中,录播中的消息类、调查类及整个直播类报道,都与出镜记者的报道密切相关。因此,出镜报道几乎覆盖了电视新闻的所有报道领域和方式。从目前电视节目的类别上来看,出镜报道的范畴大体可以分作以下几类。

(一)消息资讯类节目中的出镜报道

在电视新闻的分类中,消息是指运用图像、声音、音响等综合符号体系,迅速及时、简明扼要地报道国内外新近发生的事实的电视新闻体裁,根据内容或表现形式等可划分为不同的类型。被划分成不同类型的电视消息有着一个本质的相同点,即消息类新闻受到时长的限制,一般时长在 1 分钟至 4 分钟之间,出镜记者最重要的任务便是在有限的时间内迅速还原事件。由于消息类体裁是电视新闻报道中最常用的手段,这类节目中的出镜报道在当今欧美发达国家的电视新闻报道中也最为常见。

2011 年 6 月 2 日,由美国 NBC 制作的 *Nightly News* 在关注毒黄瓜事件的进展中播出了这样一条消息,首先是演播室主持人用两句话简要地介绍了事件的概况,然后便是记者在德国的出镜报道。在短短的几分钟内,这位记者出色地完成了出镜任务:在报道内容层面上,记者采用了倒金字塔结构的叙述方式,第一句话便是 about at least 1600 people very sick… 随后紧接病者的症状反应,而这些正是观众最关心的信息。记者面对镜头说的七句话中包括了毒黄瓜事件最新进展、病者的症状反应,其中多次运用时间词汇 today,last night,but still 等。

同样是一则饮食中毒类的短消息报道,笔者以毒黄瓜为关键词在百度视频搜索到 774 个视频,其中没有一条我国记者的出镜报道,在事件发生后的五天时间里,央视《新闻联播》播出了四条与毒黄瓜相关的消息,但没有一条是出镜报道。在四川电视台播放的新闻中,有一条食物中毒《甘肃牛奶中毒事件——记者探访马坊村牛奶厂》的短消息,在这条消息中,出镜记者及时赶赴牛奶厂现场报道最新信息,同时采访附近居民,努力还原事件经过。显然,这位出镜记者的表现在国内同类报道中略胜一筹,但与 *Nightly News* 报道毒黄瓜的记者表现相比,这位记者在语言表达的目的性与逻辑性方面,还可需进一步提高。如前所述,由于中国电视新闻报道水平的不断进步,消息资讯类出镜报道也日渐成为当下电视新闻报道的常态。

(二)专题专访类节目中的出镜报道

电视专题类节目是就某一新闻题材做专门、详尽、有深度的新闻报道的节目,可分为调查类、访谈类等不同类型,时长一般在 20 至 30 分钟之间,因此出镜报道在时间上受到

[①] 饶立华,杨钢元,钟新.电子媒介新闻教程[M].中国人民大学出版社,2003.

的限制相对较小,但需要报道的内容则更多更深入。通常而言,专题类节目在电视新闻中常见的形式有专题性节目、调查性报道、访谈性节目、谈话节目等。

就调查性报道而言,它是一种以调查、揭丑、批判为主要特征的深度新闻报道,美国哥伦比亚广播公司(CBS)的名牌栏目《60分钟》第一次将调查性报道运用在电视媒体上。① 自此,展开独立的调查过程成为调查性新闻节目对于记者,更是出镜记者的基本要求。

目前,在美国电视新闻界,由美国公共电视台(PBS)制作的"前线系列"因直面世界最热点、最尖锐的大事件,具有广泛的社会影响力,被誉为公共事务节目的"旗舰"。而在我国,时长45分钟的《新闻调查》同样也是一档以记者调查采访的形式,探寻事实真相,追求理性的专题节目。

当然,中美电视调查性报道的新闻理念存在着巨大的差异,在美国,调查性新闻的内容一度是权力集团对公众利益构成了损害的事件,而出镜记者则是代表公众进行追问、调查,充满了质疑精神。而在近些年中国的调查性报道中,"中性调查性报道"、"非揭露性调查报道"甚至"正面性调查性报道"开始成为调查性报道的主流,体现在出镜记者身上,便是记者多进行引导性提问,调查性较弱。央视《新闻调查》曾经播出的《追问核电安全》就是一例典型的中国式调查性报道,日本福岛核电站疑似冷却用氢气爆炸,中国核电站的安全性就成了此时我国观众迫切想知道的事情,显然这是个难得的好选题,然而就整个节目及出镜记者的表现来看,则与标题中的"追问"两字不符合。在记者选取的采访对象中有利益相关的公众,也有核电站的相关负责人,但是记者的提问却缺少质疑的声音,甚至带有先验的色彩,总体而言,这一报道缺乏记者独立调查的过程,更多的像是指令性的正面调查。

电视访谈节目是一类以新闻为由头和内容,以访谈为形式的新闻专题类节目,起源于20世纪五六十年代的美国,当时CBS记者的足迹遍及世界各国,他们关注世界热点问题、焦点人物,聚焦于具有世界意义的社会问题、社会现象,其中克朗凯特、丹·拉瑟等在新闻谈话节目中做了出色的新闻报道,在当时引起极大的轰动。随着我国电视新闻事业的发展,一批出色的出镜记者在访谈类节目中脱颖而出,如知性的柴静、伶牙俐齿的陈鲁豫都凭借着深厚的语言表达能力及独特的人格魅力做出了优秀的出镜报道与现场主持,产生了巨大的社会影响力。

(三)直播连线类节目中的出镜报道

电视直播是指将新闻现场发生的新闻事件及新闻人物的图像、声音和记者的报道即时播出的一种报道和播出同步进行的方式,包括现场直播报道、演播室与记者连线等形式。直播节目最大的魅力在于将事件的最新进展以及不断变动的信息及时传递给观众,

---

① 谭天.中美电视调查性报道比较[J].湛江师范学院学报,2007(28):4.

满足了受众亲历、见证新闻事件的心理需求,同时,节目播出时所产生的新鲜感和悬念感始终给观众以强烈的吸引力。因此,面对这一特殊的节目样态,出镜记者的首要任务便是抓住正在发生的事件,将事件现场的最新变动及时传递给屏幕前的观众。

2009年10月1日,中华人民共和国举行新中国成立60周年庆典活动,央视新闻频道国庆60周年特别报道以《盛典》为题,共持续了三天,报道核心主题分别是"期待""盛典"和"复盘"。当我们把目光投向阅兵仪式前的直播报道时,不难发现,记者的出镜报道多限于"预测式报道",出镜报道的语态基本为"我现在站在什么位置""在这里,您将能看见什么""工作人员现在如何"等程序性介绍,而缺少对于现场普通民众情绪反应的表现,出镜记者的语言表达显得"生硬有余,活泼不足"。

同样是媒介事件的现场直播,在2011年威廉王子大婚的现场直播中,BBC出镜记者在情绪表达上更有感染力。在婚礼开始之前,演播室的主持人与散落在现场的记者们连线,记者们充分利用他们的所见所闻,面对镜头神采飞扬,面带微笑,让观众从他们的现场表现就能感觉到这是一次庆典活动的现场直播。在报道中,这些记者出镜的统一特点便是强调他们的现场经历;遇见搭帐篷的群众就询问他是不是守候了一夜,看见推婴儿车的妈妈,就问她孩子的情况,这种体验观察式的报道,很容易就能使观众体验到现场气氛,同时也具有贴近性,能够拉近报道与普通观众的距离。

三、出镜报道的类型

由于电视媒体在技术和理念上的不断进步,出镜报道已作为电视报道的常态方式越来越多地出现在电视报道中,出镜报道的应用范畴也越来越广泛,甚至成了电视新闻报道的必备样式,出现在各种类型的电视新闻报道中。在现有的学术研究中,学者们从电视新闻节目样态、出镜形式等不同角度对出镜报道进行了划分。本书将分别从播出方式、新闻事件类型、现场报道表现形式、新闻叙事角度、事件切入点五个方面将出镜报道划分出不同的类型。

(一)按照报道的播出方式划分

根据新闻报道的播出方式,出镜报道通常可以划分为以下两种大的类别:

1. 录播式出镜报道

即在电视新闻节目中播出的出镜报道是在播出之前提前录制好的,在播出时以成片的方式播出,当观众看到该报道时,在时间上已远落后于事件发生的时刻。由于需要提前录制,这类报道的时效性相对要差一些,因而适合在时效性不是特别强或较为静态的新闻中使用。尽管在这类出镜报道中,记者也可以追随事件进展体现出某些现场感和同步性,但这种现场和同步仅限于播出节目中记者与事件的同步,而不是观众与事件的同步。由于电视制作等方面的原因,这种类型的报道目前仍是出镜报道的主要构成部分,而且大量出现在《新闻联播》这样的常态新闻栏目当中。

2. 直播式出镜报道

根据直播的概念,即新闻采录与新闻播出同步,直播式出镜报道即指记者的出镜报道与电视播出是完全同步的,报道采录与播出之间不再有任何中间环节,记者的出镜报道只能一次性完成,不存在反复和修改的可能。正是由于采录与播出同步,这类报道最能体现新闻的时效性,在第一时间充分展示新闻事态的最新发展。她最能体现电视同步与现场的特点,以及电视新闻的优势和魅力,因而在一些突发新闻事件和重大的新闻事件的报道中,大多采取直播连线的方式。由于电视直播的要求极高,这类报道通常是对出镜记者各项业务能力的全面检验,对记者的现场应变能力要求极高。

(二)按照报道的新闻事件类型划分

根据出镜报道所涉及的新闻事件发生时的状态,出镜报道可以分为可预见性事件出镜报道、突发事件出镜报道和常态事件出镜报道。

1. 可预见性事件出镜报道

可预见性事件出镜报道是指出镜记者在进行真正的出镜报道时,能够预先知道新闻事件的发展,对事件发生的过程基本上可以事先了解清楚,因此在报道前可以预先设计报道计划,准备报道内容,甚至可以对报道进行事先的"彩排"和演练。这类出镜报道方式较多地运用在大型仪式或大型活动等媒介事件的直播报道中,因为这类活动可以预知并事先做大量的准备工作。这类报道通常安排缜密,出镜记者能够随着事件的进展,有条不紊地全面报道事件的过程。如奥运会及世界杯等大型国际赛事的开幕式、大型工程的开工或竣工仪式、大型活动的仪式以及由媒体所策划的自然、历史景观性报道等会经常采用这类报道形式。

2. 突发事件出镜报道

突发事件一般是突如其来且事先毫无征兆,事件发展过程无法预控,事件后果影响重大的新闻事件,根据其发生的原因一般可以分为社会性突发事件和自然性突发事件。不管是哪种突发事件,其最显著的特征都是不可预知性,因而对这类事件的报道不像报道可预见事件那样可以事先做安排和准备。这类事件的报道,往往将出镜记者的实时现场报道、录像报道、出镜记者与演播室连线等手段加以综合运用。由于这类事件的突发性和结果的不可知性,记者在报道这类事件时要经受临场应变的巨大挑战,正是因为这类事件的突发性和结果的不可知性,所以这类事件的出镜报道也是电视新闻报道中最有魅力的一类报道。当然,除了临场应变,对于重大突发事件的成功报道离不开"突发事件紧急报道机制"系统的支持,高质量的现场直播报道同样需要完善的机制运作。

3. 常态事件出镜报道

常态事件,也称为日常新闻报道,或"结果告知型日常新闻报道"。顾名思义,这种类型的出镜报道大多出现在日常或一般性新闻事件的报道中。在这类报道中,出镜记者往往只是作为出镜报道的浅层标志出现,对所报道内容只做简要的引导和分析总结,有时甚至形同虚设,在功能上"抢夺"了播音员的一部分工作,其在新闻现场出现的"形式"意义远远大于新闻信息传达的实质内容。当然,根据前面对于出镜记者功能的分析,这种"虚设"也并非毫无意义,至少在传播关系的建构或大众传播的人格化层面上仍然是有价值的。

(三)按照出镜报道的表现形式划分

根据出镜报道的表现形式或记者在报道中出现的形式以及所起的具体作用,出镜报道又可以划分为独立汇报型、现场采访型、与后方问答型和体验说明型报道。

1. 独立汇报型

是指出镜报道的整个过程基本上由出镜记者一个人利用有声语言独立完成,在这类报道中,不管记者是在事件过程当中进行目击式报道,还是事后进行总结性报道,报道中信息的传达者只有出镜记者自己,记者所采取的信息传达方式也完全是个人的语言和非语言表达,即记者主要是通过个人的叙述、描述以及分析来实现信息传播。由于这种报道完全是由记者一个人来完成的,因而在某种程度上比较强调出镜记者的独立性。

2. 现场采访型

这种类型出镜报道的整个过程是以出镜记者采访相关人员作为信息传达手段来完成的,出镜记者与被采访人之间的对话往往是出镜报道的全部内容。这种出镜报道既可以是一对一的采访,也可以是一对多的采访;既可以是静态的采访,也可以是动态的采访。由于报道的内容主要是记者的采访活动,因而这类出镜报道对记者的采访能力要求很高,记者在采访时对问题的捕捉和把握以及记者与采访对象之间的关系是这类出镜报道成功的关键。

3. 一问一答型

在一些大型的可预见性事件的直播报道中,以及对正在发生或突然发生的新闻事件进行报道时,电视媒体最常见的做法是由坐镇媒体后方的主持人与身处前方的出镜记者通过连线的方式来完成新闻信息的传达,对于记者参与的这类出镜报道,我们称之为一问一答型出镜报道。该类出镜报道基本上是由后方演播室的主持人与身在新闻现场的出镜记者以一问一答的方式来完成的,在这类报道中,提问方往往是演播室的主持人,回答方则是现场的出镜记者。由于报道是通过出镜记者与主持人合作的一问一答来完成,这类报道成功的关键往往取决于主持人与出镜记者间的配合,出镜记者既要准确领会和把握后方主持人的问题,又要充分利用现场提供的信息,既不能答非所问,也不宜喧宾夺主。

4. 体验说明型

顾名思义,这类出镜报道的构成和主要内容是记者的体验活动及其在体验过程中所做的描述和概括。从表现形式来看,这种类型的出镜报道应该是所有出镜报道中最灵活、传播效果最显著的一种出镜报道形式。在这类报道中,记者可以将所有的表现和表达集于一身,充分调动自己的各种感官,充分展示个人的视角和个性。与前几种出镜报道最大的不同就在于这类报道要求出镜记者从说明型报道转变为观察型报道,出镜记者是在边体验、边讲述、边介绍的过程中来完成报道的。由于是作为个体的体验者,记者的报道使受众更能感受现场氛围,更好地理解新闻。当然,作为个体的体验者,从事这类报道的出镜记者需要平衡和把握新闻的客观性与个人的主观感受之间的关系。

(四) 按照出镜记者的叙述方式划分

根据出镜记者在报道中不同的传达信息方式和话语方式,可以将出镜报道划分为新闻导语式、事件陈(描)述式、观点总结式、信息补充式和事件评析式报道。

1. 新闻导语式

这是目前国内电视报道中最为普遍采用的,同时也是出镜记者操作起来最为简单的形式,一般是由播音员和记者在新闻开头对着镜头说几句类似于消息导语的开场白,接下来的报道则完全由录像+画外解说完成,有时其中的解说会由出镜记者完成,有时则完全由另外的播音员来配音完成。由于这类出镜报道操作简单,整个报道短小简练,因而常常出现在日常性的消息类节目中,如《新闻联播》。由于这类报道的出镜只是体现在导语上,这类报道往往是形式大于内容,更强调的是出镜这种方式。

2. 事件陈(描)述式

与新闻导语式的出镜不同,在事件陈(描)述式的出镜报道中,出镜记者的任务及出镜的价值不是体现在开始的导语播报上,而是体现在报道过程中记者对于新闻信息的叙述和新闻现场的描述上。在这类报道中,出镜记者大多以独立汇报的形式完成对新闻事件发展过程的陈述或描述。在整个新闻报道过程中,有关新闻核心事实的报道通常采用的是图像新闻加配音的形式,即在记者的叙(描)述过程中,可以穿插一些之前拍摄或记者报道中提及的景物作为佐证,如张泉灵的地震报道通常就是这种类型。由于这类报道主要体现的是记者的个人表达,因而比之导语式的出镜报道显得更加生动、鲜活,由于这类报道的线索和架构完全依靠记者的讲述,因而对于记者的发现和表达能力都有很高的要求。

3. 观点总结式

即记者出镜的部分和价值主要体现在对于某个新闻事件或话题的概括总结上。在这种类型的出镜报道中,出镜记者常常出现在报道的某个中间位置或结束部分,通常是对前面报道的情况做一番总结性的陈述,或对报道中的某些信息和观点加以归纳、总结、概括和梳理,或就新闻报道本身提出一些自己的判断和分析。在一些直播连线类的节目中,这种报道通常是由记者和演播室主持人之间的问答来完成的,即通常主持人会因为记者对某新闻信息的充分了解而要求他对全部信息进行整理。

4. 信息补充式

新闻报道离不开新闻背景,它既能帮助受众更好地理解新闻,也可以使新闻自身的价值得到进一步凸显。在一般消息类的新闻报道中,由于受到时间的限制,出镜记者并不会大段介绍新闻背景,但是在信息补充式的出镜报道中,新闻背景就起到了不可代替的作用。当然,信息补充的含义也绝非止于背景资料,在一些现场报道或一般性的报道当中,记者同样可以通过出镜的方式对最新了解到或来不及通过画面展现的信息加以补充。

5. 事件评论式

与前面提到的观点总结式的出镜报道类似,在事件评论式的出镜报道中,出镜记者通常会在完成事实信息报道的基础上,对新闻事实进行深层次的挖掘,从而罗列出该事件对社会所产生的各方面影响和意义,从全面掌握信息的角度来对新闻报道进行评论,这种情况下,出镜记者的角色就有点类似于评论员,需要观点鲜明,体现出较强的主观色彩。

(五)按照时间切入点划分

1. 现场目击式

即出镜记者在新闻现场,以目击者的身份将新闻事件发生的阶段性过程实时地报道出来,出镜记者的报道与新闻事件的发展是同步进行的。根据前文从事件性质上对于出镜报道的划分,这种类型的出镜报道又可以分为预见性事件的目击式报道和突发性新闻事件的目击式报道。由于记者的报道与新闻事件的发生同步,记者的视线有时完全是观众视线的替代,现场目击式的出镜报道也因为鲜活、纪实、现场感强而具有极强的吸引力和感染力,其信息传播的效果也最为显著。由于这类报道的价值主要体现在记者的观察与表达上,因而这类报道也是最考验出镜记者业务能力的一种报道形式。

2. 事后回顾式

由于种种原因,当新闻事件发生时,新闻记者不太可能都以见证人的身份在场,并以目击者的身份参与报道,特别是对于一些突发性事件和调查性报道而言,当记者到达现场时,事件的发生已成为过去,而记者的任务就是通过采访和报道来尽可能还原事件,因此记者只能采取事后回顾式的出镜报道方式,即出镜记者在新闻事件发生之后,深入新闻现场,依据自己的细致观察和前期采访,在镜头前将新闻事实信息以回顾的方式传达给受众。目前大多数电视新闻的现场报道都属于该报道类型。有些看起来像目击式报道,但因为出镜记者和新闻事件没有同步,也仍属回顾式报道。由于是事后报道,这类报道通常对于记者的调查寻证能力有着较高的要求。

第三节　新闻主持在中国的发展

一、中国新闻主持的变迁

中国新闻主持的产生是社会政治、经济、文化、思想以及广播电视观念、技术发展到一定阶段的产物。在党的十一届三中全会以后,中国社会思想解放,经济腾飞,社会进步的良好发展态势,为中国主持人以及主持传播的诞生提供了良好的土壤环境。新闻主持有别于传统的新闻播报节目如《新闻联播》中的播音员,他是具有个性和自主话语权的主持人。从我国广播电视媒体开始出现新闻节目主持人之后,新闻主持在我国转眼已走过了四十年历程。四十年来,电视新闻主持人不仅在队伍上壮大了许多,而经历了多次阶段性的突飞猛进,并在各个阶段涌现出了颇具代表性的主持人,具有鲜明的阶段性特色。

(一)中国电视节目主持人的诞生

中国电视屏幕上首次打出"主持人"三个字,是在中央电视台1980年7月12日开播的《观察与思考》中,对应的主持人是在这期节目中出镜采访并直接面对观众进行报道的记者庞啸,这一期节目的名称为《北京居民为什么吃菜难》,节目播出后引起了强烈的反响,后来节目组不得不又做了一期节目回答观众。不过那时候这个节目的播出时间不固定,而且后来并未继续沿用"主持人"称谓,因此还算不上是新闻主持的开端。

之后,1981年7月到11月,中央电视台推出了每周一场、共13场的《北京中学生智力竞赛》节目,编导寿沅君在节目中设计了一位类似老师的人,由他来宣布、评判知识竞赛的问题和答案,让节目既有课堂的严肃性又不至于死板,既有竞争又有趣味。寿沅君挑选了我国第一位电视男播音员赵忠祥担任主持人。节目获得了成功,不仅在全国电视界掀起了长达几年的知识竞赛热潮,赵忠祥也显示了他出色的主持才华。

1981年11月,我国女排在日本大阪首次夺得世界杯冠军,全国一片欢腾。主持这场球赛解说的宋世雄也成为名闻遐迩的"国嘴"。此后,宋世雄跟随女排南征北战,

图1-2　赵忠祥

转播"五连冠",成为他主持生涯的高峰期。

1983年8月7日,中央电视台在长达500分钟的大型系列专题片《话说长江》里,设置了两位在演播室与观众交流的主持人。陈铎、虹云的主持使亿万观众为之倾倒,节目在专题片的主持形式上进行了有益的探索。

1985年6月1日,中央电视台少儿节目《七巧板》改版播出,"鞠萍姐姐"成为千千万万儿童及其家长喜爱的偶像。

图1-3 沈力

以上这些节目,可以说是我国最早的电视节目主持。由于当时资讯不发达,这些节目都是各自为战,它们不约而同地亮出了"主持人"的招牌。这四个节目各有特点:《观察与思考》播出时间不固定,主持人是个体。北京《中学生智力竞赛》是个临时节目,赵忠祥当时是新闻播音员,主持这个节目带有客串性质。直到1983年元旦,中央电视台改版后的《为您服务》才正式推出了我国电视史上第一位固定栏目的专职节目主持人,沈力被任命为栏目负责人(组长)兼主持人,她成了我国第一位电视女主持人。《为您服务》开播一年就收到来信四万多封。沈力也被评为全国优秀专栏节目主持人。沈力成功地塑造了一位"温文尔雅,亲切平易,服务热情周到的老大姐"形象。与此同时,上海电视台也推出了少儿节目主持人陈燕华,她先后主持了《娃娃乐》《燕子信箱》等节目,以鲜明的特点和令人喜爱的"燕子姐姐"形象,受到小朋友们的欢迎。之后,采用主持人形式的节目在全国遍地开花,从服务类节目、文化专题类节目,到综艺节目、少儿节目、体育节目、各种社教类节目,迅速铺开。

(二)中国电视新闻主持的诞生

如前所述,中国电视屏幕上第一次出现"主持人"三个字是在新闻节目中,但中国电视上真正的主持人并非诞生于新闻节目中,而是首先在益智类、服务类、少儿类和体育类等节目中发展起来的。与这些节目中主持人的出现和繁荣相比,电视新闻节目由于受到广播的影响以及电视新闻改革的滞后,不仅数量较少,而且种类单一,基本上仍然采用的是传统的由播音员坐镇演播室,播送由记者采写、经过层层审查的新闻稿件,其典型代表是中央电视台的《新闻联播》。《新闻联播》开播于1978年1月1日,自开播之日起便以庄重、严肃和字正腔圆的风格为新闻栏目定型,直到现在它依然是中国观众了解国内外大事的重要窗口,也是"中国国情的晴雨表"。由于一直采取播音员播报,《新闻联播》的传播方式属于自上而下的传播,基本上是一种工作告知。因此,《新闻联播》播音员的风格也是千篇一律,尽管它在三十年的时间里不断地换着新面孔,但并没有从根本上改变风格。新面孔虽然在亮相阶段为《新闻联播》带来了青春亮色和微笑面庞,但他们的播音从未改变《新闻联播》既有的庄严、严谨、字正腔圆的播音风格,"坐上了新闻联播的平台,这些颇具观众缘的央视青年主播的个人风格也被严肃的新闻联播同化了"。① 初期的中国电视新闻节目受到《新闻联播》的影响,多数以严肃认真的播报形式向受众传达信息。主持人担任的基本是播音员的工作,只进行少量的采编工作,甚至不参与,只负责将稿件进行口语化的加工,传播给受众。

直到1987年,设立节目主持人的电视新闻节目才开始在我国首次出现,其中上海电视台李培红及其主持的《新闻透视》、山西电视台高丽萍及其主持的《记者新观察》、福建电视台程鹤麟及其主持的《新闻半小时》成为观众熟悉并喜爱的主持人和电视新闻栏目。

1988年10月,中央电视台评论组第三次重建后推出《观察与思考》及固定主持人肖晓琳,这个严肃而深刻的节目和其深邃冷峻的主持人一起成为当时我国为数不多的高品位专栏节目之一。

进入90年代以后,随着广播电视事业的蓬勃发展,一批批优秀的主持人脱颖而出。一个群星璀璨的媒介人时代拉开了帷幕。

1991年11月18日,大型电视纪录片《望长城》开播,在社会上引起轰动,创下了纪录片的最高收视率。该片的客串主持人焦建成返璞归真的本色主持,是我国电视主持去粉饰、弃雕琢、走向平民、贴近百姓的前奏,从此,中国的电视主持艺术产生了质的飞跃。

(三)中国电视新闻主持迈向成熟

进入20世纪90年代,随着信息时代的到来,受众已不满足于单纯从媒体获得资讯或娱乐,在接纳电视节目传播时,对主持人也有了新的期待。这种期待特别表现在收看新闻节目时,观众希望主持人或记者能够以独特的新闻洞察与关注角度,为自己提供一个了解社会、解释社会现象的窗口。与此同时,随着广播电视事业的蓬勃发展,一批批优秀的新闻主持人脱颖而出,新闻节目的类型也从原来单一的播报类变为专题类、访谈类、杂志类等多种类型。

1993年5月1日,中央电视台成功地发掘了早间节目时间段,推出了具有开拓意义的《东方时空》。这个杂志性新闻节目成为"影响生活方式"的一个叫好节目,从此改变了我国电视观众早间不看电视的生活习惯。从《东方时空》起,我国新闻评论类电视节目主持人的主持技艺开始进入成熟阶段,主持风格走向质朴和真实,《东方时空》及其节目主持人的出现因此也成了我国主持传播发展中的又一个里程碑,"东方时空"式主持风格的形成,标志着我国新闻节目主持完成了由呆板、造作、高高在上向深刻、平易、贴近生活的转变。

---

① 高贵武.《新闻联播》"新面孔"社会关注分析[J].国际新闻界,2009(7):68-71.

同年 5 月 10 日，我国第一个以主持人命名的电视节目诞生了，《一丹话题》以清新、敏锐、质朴、深刻、富有个性的方式走进了大众生活。虽然这个每周 8 分钟的小栏目仅仅开办了一年，但是 90 年代中国电视彰显个性、追求创新的新思维已经越来越显示出其丰富的内涵。

1994 年 4 月 1 日，《焦点访谈》在开播半个月后即成为全国人民关注的"焦点"，在不到一年的时间里，这个栏目已经跃升为观众最喜欢的栏目之一，并成为中国"第一名牌"节目，收视率可与老牌新闻节目《新闻联播》媲美。伴随节目出现的一批电视记者，如敬一丹、水均益、白岩松、方宏进等也成为中国著名的采访记者和家喻户晓的电视明星，他们共同塑造了诚挚、朴实、深邃、稳健、客观、权威的中国电视新闻主持人的群像。

1996 年 4 月 28 日，中央电视台再次推出了《实话实说》栏目和主持人崔永元。虽然这是一档谈话节目，但由于《实话实说》出身中央电视台新闻评论部，崔永元曾为中央人民广播电台名牌栏目《午间半小时》的记者，这档栏目在选题方面紧贴社会现实，体现出了很强的新闻性。节目中，崔永元的幽默谈吐、灵活应变和至真至善的常人心态，感动、融化了无数观众的心。崔永元用他的全部心智塑造出了"中国第一脱口秀"的主持人形象。他和他的同仁们通过共同努力，将中国电视新闻主持的主持范畴、主持方式、谈话技巧、形象塑造等都向前大大推进了一步，这标志着中国电视新闻主持开始逐渐迈向成熟。

(四) 中国电视新闻主持的新发展

进入 21 世纪后，随着主持人来源的日益多元化，新时期的主持人在风格上也出现了日益多元的特点，各种不同主持风格的主持人竞相闯入受众的视线。一些来自不同行业、有着丰富生活经历的主持人，以及有新闻从业背景的主持人，如央视《半边天》的主持人张越，《夫妻剧场》主持人英达，经常为北京电视台、凤凰卫视策划并主持节目且继和晶之后主持《实话实说》的阿忆，先后在央视《天天饮食》、东方卫视《东方夜谭》做主持人的刘仪伟，央视新闻频道《社会纪录》主持人阿丘，江苏卫视《南京零距离》主持人孟非、山东齐鲁电视台《拉呱》主持人小么哥等，以他们的个性化主持被观众接受。连同比更早得到观众首肯的崔永元在内，这些声音、相貌不符合以往"惯例标准"的主持人，虽然他们的外在条件有某些缺欠，如普通话不甚标准、光头、体胖、歪嘴、坏笑，但这些绝不是他们的"个性"所在，他们靠自己内涵的丰富，生活阅历中个人独特的感悟、语言魅力和别具一格的主持风格，乃至人格魅力赢得了观众的青睐。

在同一时期，凤凰卫视更是领先一步，吸引了曹景行、阮次山、杨锦麟等一批年过半百的资深报人，他们成为十分有分量的"意见领袖"式的主持人、评论员。

出于对以前宣传和刻板传播形式的纠正，电视新闻主持首先在播报方式上开始革新，"讲"新闻与"说"新闻受到追捧。时至今日，除去 CCTV 几档标志性的联播体节目外，国内大部分新闻节目都是以情境和主持人的个性化播报为主。同时，有个性特点的新闻主播们纷纷登上历史的舞台。一个很典型的例子就是方言类新闻节目的出现，其中以浙江杭州西湖明珠频道的《阿六头说新闻》为代表。这个节目2004年1月1日开播之后收视率节节攀升,主持人连说带比画,时而调侃时而评说,语言富有生活气息。

这一时期电视新闻节目主持人的语言风格呈现出多样性。有仍然保持字正腔圆的播报风格,有发扬主持人个性特点的"说"新闻风格,如幽默调侃、发表评论、啰唆唠叨,等等。主持人在庄重大方、真诚朴实、贴近生活、亲切自然的基础上呈现出了求鲜活、快节奏、多变化、有个性的新特点,多样化的表达方式、个性化的主持人满足了人们多方面的需求,给受众提供了广阔的选择空间。一时间,电视新闻节目呈现出百花齐放的壮丽景象。

二、新闻主持的范畴与类型

一般来说,电视新闻类节目主持可以根据其主持节目的不同类型划分为新闻资讯类节目主持、新闻谈话类节目主持、电视新闻杂志类节目主持、新闻专题类节目主持和直播连线类节目主持五大类。

(一)新闻资讯类节目主持

新闻资讯类节目主持,或称新闻播报类节目主持,一般是指新闻资讯类栏目中,在演播室里主要以口头播报、与现场出镜记者进行互动的节目主持方式。由于资讯类栏目通常以迅速及时、简要客观地报道新闻事实为特点,其功能往往是要闻总汇,它是人们获知现实世界各种新闻信息的重要来源,因而这类新闻主持最主要的特点亦是以提供简洁明快的新闻信息为主,如美国三大传统电视网《晚间新闻》的主持方式都属于此类。

自20世纪90年代以来,随着电视技术和观众心理需求的发展,这类新闻主持的话语方式也出现了显著的变化,开始从异质叙述者(外聚焦叙述者)向有限聚焦叙述者,再向同质叙述者逐渐演变。第一类的代表是那些类似《新闻联播》的消息类栏目,与传统新闻传播理论相适应,这类新闻主持往往扮演政府代言人、置身事件之外的记录者和传播者的角色,他们尽可能隐蔽自身存在,不表露个人化的意见和评论,追求的是准确朴实地传播客观信息,严肃庄重告知真实事件。第二类的代表是凤凰卫视的《凤凰早班车》《华闻大直播》等栏目。最早主持《凤凰早班车》的陈鲁豫还开创了电视新闻播报"说新闻"的先河,即用口语陈述播报新闻。用口语陈述播报新闻是一种新的电视新闻叙事形态,主持人突破了传统的隐藏自我、不显露观点的外聚焦叙述者身份,变为介入叙事、发表观点的有限聚焦叙述者,以个人化身份发表个人化评论,拉近与观众的心理距离。第三类的代表是杭州电视新闻《阿六头说新闻》、马斌读报、欧阳夏丹《第一时间》等栏目,虽说仍是以报告新闻为主,但这类新闻主持的表达风格是刻意参与事件,营造生活化氛围,主持人有更加世俗化的角色形象和更为戏剧化的个性特征。

新闻主持的新闻播报叙事形态实际上契合了受众在新时期多元化的新闻需求。

新闻主持形式发展趋势的意义在于,既增加了传播活动的人际化特性,又体现出了节目传播的整体性、灵活性、真实感、权威感。一般而言,新闻资讯类节目主持有四个方面的要求:深度参与节目,对背景进行全面分析,对信息有独到感悟,对叙事角度和方式有个体思考。这四个要求不只是针对新闻播报内容而言,更是突出了主持人的素质和功底。

(二)新闻谈话类节目主持

谈话类节目的主体构成是谈话,电视媒体邀请有关当事人、专家或观众围绕新近发生的事件和公众关注的热点问题,在民主轻松的氛围下对话,因此新闻谈话类节目主持便是对这种谈话进行牵引和把控的人。由于参与谈话的人数和谈话的场景氛围不同,新闻谈话类节目又呈现出专访、访谈、论辩、参与式讨论以及以人物为中心、以事件为中心、以问题或现象为中心等多种形态和类型。

从实践来看,谈话类节目最能全面地反映主持人的核心作用。作为节目的核心和灵魂,或节目的主人(host),新闻谈话类节目主持涵盖了新闻节目主持中最为全面的构成要素,对主持人的要求也最高。不仅要求主持人要有较强的口语表达和归纳总结能力,还要求主持人思维活跃,逻辑清晰,现场调度驾驭能力强,与嘉宾和观众和谐统一。具体表现在,一方面,在话题讨论过程中,主持人要善于营造节目氛围,把握节目轴心,引导节目基调,激发谈话愿望,推进话题深入,控制谈话节奏,实现主题开掘,提炼深度观点。另一方面,在情绪表达和掌控上,主持人时刻要有对理性把控与真情投入的充分认识,既要以理性达成谈话目标,又要以真情引导谈话者的感情流露。此外,主持人还要全面参与节目制作,根据自己的特点不同程度地参与到确定选题、节目构思、物色嘉宾、主题导向、发现细节等策划的各个阶段。

电视新闻谈话类节目时效性强,选题同人们的日常生活密切相关,因此备受人们关注。谈话类节目主持非常挑战主持人的职业素质,主持人除了要具有较高的知识层次和知识结构外,还要善于发掘、理解和表达谈话类节目主题中人文关怀的内涵。

(三)新闻杂志类节目主持

电视新闻杂志类节目的基本形态是把电视新闻节目杂志化,简单说就是以做杂志的方式来做电视,将不同内容和形式的新闻板块化,形成一种多主题、多角度、多层次的综合性结构,它是一种集多种板块特色与多种传播方式为一体的电视节目类型。在这类节目中担任主持任务的新闻主持便是电视新闻杂志节目主持。电视新闻杂志的鼻祖应当是1968年由美国CBS天才制片人唐·休伊特创办的《60分钟》栏目,几十年来,这个栏目一直由三个深度报道板块外加评论构成,三个新闻深度报道由硬新闻与软新闻组合而成,各有特色。1993年,中央电视台开办的《东方时空》便是以《60分钟》为模板而创建的。开办之初的《东方时空》栏目中既有新闻专题节目,也有人物专访和讨论式谈话节目,甚至还有音乐节目。虽然如今的《东方时空》已经与当初的《东方时空》大不相同,逐渐走上了新闻资讯类节目的道路,但之前的几次改版都没有改变《东方时空》节目的杂志特色。

从世界范围内的发展实践来看,此类节目的新闻主持大体上存在两种情况:一种是整个栏目只有一位主持人,即同一个主持人要负责各个板块之间的桥接和整合,以及整个栏目的主持任务;另一种情况是构成整个栏目的各个板块分别由一个分主持人负责,即整个栏目不设总主持人,每位主持人只承担其所在板块的主持任务。前一种情况的代表是 CBS 的《60 分钟》以及创办之初的《东方时空》,后一种情况的代表则是改版之后的《东方时空》。尽管类型不同,主持人在栏目中所起的作用也略有不同,如总主持人是对所有板块进行主持,分主持人只负责主持一个板块,但这两种情况之下的新闻主持实际上都担负着对其所在栏目进行统合和串联的任务,而不仅仅是作为栏目的主人和标志而存在,因而对这类节目的主持人而言,他们不仅要更深入地介入其所主持的新闻内容当中,而且要实现对主持内容的真正的把握和融通。

(四)新闻专题类节目主持

电视新闻专题类节目是电视新闻报道中较为常见的报道形式,通俗地讲,它是一种以专题形式对某个新闻事件、新闻人物或新闻现象进行较深入报道的节目类型。与一般的新闻资讯相比,新闻专题类节目最显著的特点就是围绕一个主题,以更详细、更丰富的方式对其进行较深入的报道,因而新闻专题类节目往往又是电视深度报道中最常用的节目形态,如前面提及的 CBS《60 分钟》,它的三个深度报道版块中的每一个版块其实就是一个专题。在目前中国的电视屏幕上,专题类新闻节目大多以电视调查类节目和电视述评类节目为主体,如中央电视台现存栏目中的《焦点访谈》《新闻调查》《道德观察》等栏目,它们的每期节目其实就是一个完整的电视专题。

电视新闻专题片的基本特征是新闻性较强,反映当前重大新闻事件或社会普遍关注的热点和难点问题。此类节目有明显的纪实风格,同时讲究艺术性。与电视新闻一样,专题片强调报道解说词与画面的有机组合,二者是所谓"双主体"的并重关系。专题片不是纯新闻资讯,它不要求十足的时效性,而是追求历史的、文化的和社会的价值;它兼容某些新闻的特性,但与新闻有着本体的不同。电视新闻具有报道性、纪录性、即兴性,以及定期性,即把作品在时间上分割为连续性的片段,它还有"室内性"等交流特点。专题类节目的重要功能就是"对事实和对真实自然的人、人性的高度尊重与揭示"。

因此,新闻专题类节目的主持人不只是要完成讲解播报,或者只是完成"出头"(说开始语)和"露尾"(说结束语),而是要深入参与到节目制作与完善的过程中。因此,新闻专题节目主持人需要具有较强的策划组织协调能力,他们不仅要主持节目,还要参与确定主题、构思节目、采访和撰写稿件以及编制节目的整个过程,在节目中要始终起主导作用。如在《新闻调查》栏目当中,其主持人充当的角色就更像是一个记者(也是因为这个缘故,这类新闻主持有时又被称作记者型主持人),他以公众利益为出发点,就某一新闻事件或群众关注的社会问题、社会现象进行相对独立的调查采访,深入揭露政府、公共机构以及社会或个人存在的问题,并以寻求解决方法为目标,进行有分析解释、有思辨的电视深度报道。正如有的学者所总结的,记者型主持人区别于其他主持人的特征包括:首先,记者型主持人的语言传播活动是在新闻现场而不是在演播室内完成的;其次,记者型主持人在事先对于所要报道的事件是出于未知的态度,因此才要到现场"了解情况",所以他在报道中获取信息和传播信息的过程是彼此相容的,获取、加工信息的过程同时就是传播信息的过程;而演播室主持人作为广播电视传播的"最后一棒",通常而言是手边或头脑中已经有了比较成形的节目文稿或提纲,其传播的过程是在演播室里对已有的文稿在有声语言方面进行二次创作。作为《新闻调查》的主持人,其角色行使的主要途径便是"调查",调查的起因就是所报道的事件存在着未知因素,要通过调查对这些未知因素进行求解,从而"探寻事实真相"。①

(五)直播连线类节目主持

直播连线类节目主持是指在突发事件或重大事件的现场直播中担任节目主持的新闻主持。由于现场直播具有时效性强、信息量大、参与性强、现场感强等诸多特点,电视新闻现场直播是目前电视媒体区别于其他媒体最大的优势。现场直播目前主要以两种方式出现在电视新闻报道中,一种是出现在某些资讯类节目或临时插播在正播出的其他节目当中,如中央电视台新闻频道的《新闻直播间》常常出现这样的场景,演播室的播音员往往会说一句"本台记者现在已经到了现场,下面就来连线×××记者"之类的话,接下来观众便可以看到一段来自现场的记者报道。由于记者的报道与播出是完全同步的,因而这类出镜报道便可以称之为现场直播。还有一类情况则是电视台专门安排组织的现场直播,如中央电视台新闻频道近些年组织的"香港回归直播报道""国庆六十周年直播""嫦娥三号升空直播"等,这类节目由于时间跨度较长、直播点众多、报道信息丰富,需要由专门的主持人来坐镇中央演播室,协调和组织各路记者的报道,协调演播室与现场的关系以及在演播室与嘉宾展开讨论,等等,而这当中坐镇中央演播室的主持人就是我们所说的现场直播类的节目主持。广义的直播连线类节目主持包括上面两种情况,狭义的直播连线类节目主持则专指专门的现场直播节目中的新闻主持。

电视新闻直播是一个团队联合作战的过程,其中的关键是出镜记者和主持人的临场表现。由于出镜记者是引导受众去观察了解事件的主要人员,受众需要依靠出镜记者传送信息来知晓情况,因此不同出镜记者的表现,往往会引起受众的不同感受,进而影响新闻的传播效果。而现场直播报道中的新闻主持则因为是节目的总协调和总把关,往往需

---

① 张龙.论记者型主持人的角色行为:以 CCTV《新闻调查》栏目主持人为例[J].现代传播,2008(6):69-70.

要更大的协调和控制能力,既要能调动前方出镜记者,通过和前方记者的连线互动来展现新闻事实,同时又要能把控节目进程,平衡和应对现场及演播室的突发情况,还要能充当观众的向导,引领观众接近新闻事实,因而这类新闻主持所面临的压力和所承载的职能都要远远高于前面各类节目的新闻主持,属于新闻主持中的最高端主持,只有那些真正经历过新闻实践洗礼、具备一流新闻主持才能的人才能担当。

三、新闻主持的实质

通过对以上不同新闻节目形态的特点、主持人的地位角色以及新闻传播作用的分析归纳,不难得出这样的结论:新闻主持实际上乃是大众传播人际化,或者人际传播的大众化过程中的产物,处于人际传播与大众传播之间的结合状态。作为大众传播人际化的产物,新闻主持最主要的贡献就是将人际传播的某些优势(如信息量大、手段多样、地位平等等)嫁接到了大众传播之上,克服了大众传播在这些方面的相对劣势,使之与大众传播的某些优势(如覆盖面广、受众量大)紧密结合,借助大众传播的传播媒介实现了人际传播的大众化效应,真正实现了"人的延伸",并通过人际传播的优势,使大众传播重又找回了某些因技术发展和制度而使人类在传播革命中失去的人际性,进而提升了大众传播的传播效果。在这种传播方式里,大众传播者"在提供信息满足受众信息的要求同时,给予受众一种人情味和亲近感,造成一个人与人相交往、相交流的虚幻的传播环境",并以此"弥补了大众媒介传播所造成的受众的情感断流,从而使大众传播更加充满了生机和活力"。① 因此,新闻主持对于电视等大众传播更深层、更具革命性的意义其实是它在大众传播活动中革命性地注入了人际传播的因素,创造了一种独特的大众传播形态,成功实现了大众传播与人际传播的有效结合,实现了大众传播的人际化和人际传播的大众化,从而使大众传播的特性和功能皆发生了革命性的变化。

(一)新闻主持在新闻节目中的位置

从以上五大新闻节目主持类型的定义描述、特点分析和主持要求等方面出发,我们可以对新闻节目主持的综合要素做两个方面的分类:一类是新闻节目主持现场实物要素,包括主持人、受众、嘉宾、设备等方面;另一类是新闻节目主持现场非实物要素,包括新闻素材、节目形态、现场氛围、主持风格范式、交流形式等方面。然而,电视传播的功能最终是要将不同节目叙事形态的新闻播报内容,以声音和画面符号融合的方式,生动直接地传达给电视机前的受众,新闻节目主持人处于新闻节目所有要素的联结点,其地位不言而喻。

新闻主持在新闻节目中的主导地位,或主播的"主"既表现为新闻主持必须在自己的

---

① 东亚.主持人:在文化超越的背后[J].现代传播,1996(2).

节目中做主,也意味着新闻主持首先是所在节目的主人,表现出与所在节目的高度融合。不管是在介绍自己报道团队的其他成员,如记者、编辑、其他主播,引出他们的报道,还是对记者、嘉宾及新闻当事人进行采访以及对新闻事件进行分析评论时都不能游离于新闻和新闻报道者之外,反主为客,而是应该体现出鲜明的主人化色彩,就像人们所描述的美国 ABC 前著名主播彼得·詹宁斯一样,他"是电视直播的主人,他把摄像机视作朋友。当你对着摄像机讲话时,就好像你是在讲述一个故事,是在向你的姨妈、你的姐妹或是你的邻居讲述着什么"。①

新闻主持的"主"同样也意味着新闻主持必须是其所在节目的主编,从节目的选材、排布到节目的风格都要打上鲜明的主持印记,体现主持人的思想水平和编辑旨趣,这也意味着主持人必须深度参与其所主持的节目,就像彼得·詹宁斯一样参与到节目中非常细微的地方。用詹宁斯同事的话说,"彼得不仅参与选择我们要播出的报道,而且在记者连线时还要参与文字稿的编辑,如果有机会,他还会在片子播出前进行审看,提出修改意见,他总会逐字逐句、一幅画面一幅画面地参与到节目中非常细微的地方"。② 而实际上,像詹宁斯这样的主播在其栏目团队中本身也承担着主编(Managing Editor)的任务及头衔。

新闻主持的"主"还意味着新闻主持必须成为其所在节目的主导,成为把握节目方向舵手,具有娴熟的驾驭节目的能力。最简单的,新闻主持必须能够掌控节目的长短与进展,特别是在某些充满未知的直播报道当中,节目的把控更是几乎全部依赖主播完成,就如孙玉胜所说,"如果把前方记者视作放出去的风筝,主持人与前方记者就要建立一种交互关系,前方记者报道过长的段落,应该用主持人提问和演播室交流来分解"。③

(二)新闻主持在新闻节目中的职责

有学者曾指出:"做一个主播,需要如下业务能力:上乘的新闻播报水准(包括多样化风格);对经过记者编辑之手的新闻成品(文字的、图像的)有敏锐、透彻的理解,对信息的新闻价值有更准确、更深入的把握;谙熟观众接受心理,有方便和吸引观众收视的信息'导航能力',即为了传播的有效性做背景补充、勾连消息的编辑能力;演播室访谈及议论能力;新闻现场的采访报道能力;直播过程中果断成熟地应对各种突发事件或突发情况的现场处置能力,再加上端庄大方、成熟可信的形象气质,及质朴自然、专注投入的镜头前传播状态,这些共同构成了'主播'这个职业称谓的实质内涵。"④可以说这是从新闻主持的业务层面对主播在新闻节目中的职责做了较为全面的分析。当然,这里所总结的新闻主持的业务范畴更多指的是主播在其新闻节目中的功能性职责,即作为新闻信息的传

---

① DARNTON K,JENNINGS K F,SHERR L. Peter Jennings:a reporter's life[M]. Publicaffairs New York. 2007:72.
② 同上,102.
③ 孙玉胜. 十年:从改变电视的语态开始[M]. 北京:生活·读书·新知三联书店,2003:275.
④ 吴郁. 谁来做主播[J]. 电视研究,2004(9).

播者,主播必须要在节目中实现其采访、写作、评论及播报的任务。如果从主播作为电视媒体与观众建构传受关系的人格化界面来看,主播在新闻节目中的职责,即"主播"一词中"播"的含义恐怕不止于此,它还有另一项重要的结构性功能,即主播还必须依靠其个人的魅力吸引住电视机前的观众,使观众能与之建立起真正的传播关系。否则,如果主播在节目中仅仅起到的是宣告新闻信息的功能性职责,那么主播的存在与一般的播音员也就没了区别,不能体现出主播的价值和意义,也背离了主播的实质。

因此,为了体现主播的这两大职责,主播必须通过不断的交流(尽管这种交流常常必须在实际场景和虚拟场景中切换)来营造谈话的气氛和对话的场景,将观众纳入现实的传受网络当中。这种交流既包括主播与电视机前观众的外向性交流(即主播必须通过富有对象感和交流感的语气、语汇、表情、体态等手段来报道新闻信息、分析评论新闻内容,即通常所谓的拟态人际交流)和内向性交流(即主播必须与前方记者、新闻当事人和演播室嘉宾进行实际交流)。由于前一种交流往往是通过主播自身的语言把握来实现的,这就要求主播必须会写作,必须掌握能够体现个人话语(包括播报和评论)特色的写作技巧。而后一种交流由于往往是通过实际的对话来实现的,这就决定了主播必须具有较强的采访能力。由于新闻信息类节目的时效性(一般为直播)以及新闻事件本身的突变性,主播的这两种交流常常是在即兴的状态下来进行的。总之,主播在新闻节目中的职责既是由新闻节目本身的特性所决定的,也是新闻主播自身魅力、发现能力和表达能力及其形象敏感、新闻敏感、文字敏感的集中体现。也正因为如此,绝不是人人都能成为或被称为主播的,只有"少数几个真正能在工作中起主导作用、以个人魅力将电视新闻制作的各个环节整合起来的主持人才配得上唐·休伊特当初发明这个词的本意"[①]。

(三)正确处理新闻节目主持中的几对关系

探究新闻节目主持的实质对于指导和规范不同形态新闻节目的发展方向以及明确主持人定位有十分重要的意义,它集中体现在正确处理好新闻节目主持活动的以下几对关系上。

1.要处理好提高主持人专业素质与平民化定位的关系

对比西方,我国电视新闻节目主持人大多缺乏新闻工作的知识和技巧,缺乏职业记者的新闻敏感和新闻采访报道、点评能力,而不同的节目形态都对主持人提出了较高的要求,因此新闻节目主持人需要不断提高素质,既要提高语言表达能力,又要努力朝"采编播合一"方向发展,还要提高新闻敏感性,以便利用深厚的新闻功底,敏锐、透彻地观察和分析问题,对公众普遍关注的重大社会问题进行评论,并提出独到的、有预见性的见解。另外,由于平民化的定位、人际化的传播方式是主持人得以生存和可持续发展的前

---

① 高贵武.世界电视新闻报道的奠基人与先行者[J].国际新闻界,2009(11).

提,主持人只有在传播中体现更加人性的一面,淡化大众传播的制度化色彩,才能缩短其与受众之间的距离,最终凭借真实、真诚、自然、人性等维系人际传播关系的社会性因素赢得受众的认同。在处理提高主持人素质与平民化定位的关系方面,要把握好"度",既要防止"曲高和寡"难以引起观众共鸣,又要警惕泛平民化带来的削弱节目权威的影响。

2. 要处理好发挥个人风格与节目性质间的关系

电视节目主持人的风格个性越来越深刻地影响着节目的品牌。节目中的主持人是个人,是有脾气有感情,能同观众一起悲欢,又能影响观众悲欢的人,主持人要养成自己独特的风格,就要量体裁衣,充实自身,在正确定位个人风格的基础上选择适合的节目。另外,个人风格的发挥要契合节目的性质特点,例如王志在主持《面对面》之前也主持过《新闻调查》等栏目很长时间,但并没有充分展示其风采和水平,而他在《面对面》中的不断质疑的提问方式却使其迅速成名,其中一个重要原因就是他的主持风格与《面对面》的节目性质达到了高度契合。

3. 要处理好人际化要求与主持人主权间的关系

主持传播最大的优势就在于其丰富的人性或人际性。然而,主持传播毕竟属于大众传播,不能等同于人际传播,绝不可能也绝不应该完全照搬人际传播的全套做法。"将人际化进行到底"只是大众传播发展中的一种精神或理念,归根结底是要通过淡化大众传播的工具性而实现传受双方在传播关系中的对等。因此,在努力践行"将人际化进行到底"理念的同时,仍须警惕主持传播的泛人际化倾向,警惕将主持传播简单而机械地人际化。这就需要主持人在新闻节目主持中保有"主持人主权",灵活掌握,树立权威。有魅力的主持和表达不是建立在一味迎合观众口味的基础上的,而是来源于敏锐的捕捉和机智的发现,主持人在采访主持时提什么问题、从什么角度提问题、追问什么问题,都需要掌握一定的主动权和控制权。

4. 要处理好改变节目形态与维护新闻基本功能的关系

如何避免电视新闻播报节目媚俗化,更好地引导受众,提升节目的文化品位,这是所有新闻从业者必须思考的问题。尽管叙事化趋向使电视新闻播报向着文学艺术领域不断延伸,带来了一些新鲜的、更为生动活泼的新闻叙事形态,但这绝不是以取消新闻的基本功能为代价,也不意味着传统新闻核心概念的消解。人们需要娱乐性节目放松身心、舒缓压力,更需要通过新闻节目了解身处的现实世界的各种动态,新闻的"告知"功能在现代社会中仍然极其重要,传媒"监测环境"的职责对于人类的发展进步也是不可或缺的。电视新闻播报节目在改进表达形式、创新节目形态的同时,不能忽略了自身所承担的社会职责和新闻的根本价值。

第四节　美国电视出镜报道与新闻主持

一、美国电视出镜报道的诞生与发展

科学技术的发展使电视新闻的节目形态日新月异,同时也改变着电视新闻的报道形态。伴随着电视技术的成熟,出镜报道与新闻主持的诞生成为可能。西方媒体出镜报道和新闻主持的发展,离不开政治、经济、社会、媒介、技术等因素的影响,而出镜记者与新闻主持自身的个性特征,也是其中重要的因素之一。

(一)深受广播现场报道的影响(20世纪60年代以前)

同世界范围内的媒介发展道路相同,美国的电视诞生晚于广播。电视在诞生之初深受广播影响,在许多节目的形态和理念上都脱胎于广播,经历了从模仿广播新闻和新闻纪录电影到发挥自身优势的过程。[1] 美国新闻广播始于20世纪20年代,在诞生伊始,广播的内容主要以娱乐消遣性节目为主,所谓的新闻广播不过是播报新闻提要而已,广播员在广播结束时总会提一句,"详情请参阅你们的地方报纸"。直到1937年,广播在新闻界仍然没有什么地位可言。说到电视新闻中的出镜报道,则很容易让人联想到以报道战地实况而著称的美国广播记者爱德华·默罗以及他创办的现场广播《这里是伦敦》。

> 我是爱德华·默罗,此刻正从维也纳报道。现在是凌晨2点30分……年轻的纳粹冲锋队员乘车在街道上闲荡着。他们乘着军用卡车、各种型号的装甲车,唱着歌,不时地向人群扔橘子皮。所有的重要大楼都设有武装警察,整个城市有一种注定要发生某种事情的迹象……[2]

1940年8月24日,星期六,3000万美国家庭坐在收音机旁收听默罗的现场广播——《这里是伦敦》。节目一开始,美国人起居室内的收音机里传出的是震耳的空袭警报与隆隆的炮声。接着,默罗以一种慎重、准确而有节奏的声音广播道:

> 你们此刻听到的噪声是空袭警报发出的声音,在不远的地方,探照灯突然亮了,一道强烈的灯光正在我的上空划过。人们在静静地向前走。我现在正在一个防空洞的门口,我得把电缆线挪动一点,这样可以给人们腾出进入防空洞的通道。

空袭最猛烈的时候,默罗请求站在BBC广播大楼的楼顶上做现场报道。由于这是德

---

[1] 饶立华,杨钢元,钟新.电子媒介新闻教程——广播与电视[M].中国人民大学出版社,2000:31.
[2] 王银桩,赵淑萍.荧屏巨星——美国三大电视网新闻节目主持人画像[M].中国人民大学出版社,1998:27-28.

军轰炸的主要目标,英国空军拒绝了他的要求。最后,丘吉尔首相受到这个年轻的美国记者的感染,出面批准了他的请求。就这样,默罗夜复一夜地走上BBC广播大楼的楼顶,把世界名胜圣保罗大教堂、威斯敏斯特大教堂、特拉法加广场的劫后灾情报道出去。于是,无论是美国还是英国,都听到了默罗在最危险的地方与事件同步进行的现场报道。

虽说我们无法证明后来诞生的电视出镜报道与默罗的广播现场报道之间到底有着怎样的联系,也无法断定后来的电视出镜报道是否直接脱胎于广播的现场报道,但从默罗报道的内容以及他在报道中所使用的语言和方法上我们能发现其与电视出镜报道间的巨大相似性,即报道者已不再躲在报道背后,而是作为报道主体出现在了报道当中。根据广播电视发展的规律,以及电视在发展初期对于广播不断借鉴和模仿的事实,可以肯定的是,电视新闻中的出镜报道既是默罗这种人格化现场报道的延续,也深受广播现场报道的影响,甚至可以说是广播现场报道在电视中的再现。

(二)媒体竞争催生电视出镜报道(20世纪60年代)

20世纪60年代之后,通信卫星的发射成功以及电子新闻采集系统(ENG)的研制成功及投入使用,极大地提高了电视新闻的采制速度,使电视记者在技术上开始有能力同步报道突发事件。由于美国电视体制属于商业化运作,美国的电视业并不存在完整的垄断,而是始终处于竞争格局中。为了在竞争中取胜,美国的电视从业者往往想尽一切办法,除了在时效上抢得报道的先机外,他们也会通过对报道方式和节目样态的不断创新来战胜对手。如CBS的报道团队在50年代便发明了"新闻主持"一词,通过由主持人整合前方记者报道的新方式来报道美国两党总统大选。出镜报道的真正诞生正是这种竞争背景下的产物。

1963年11月25日,肯尼迪总统遇刺,职业刺客奥斯瓦尔德在由达拉斯警察局移至监狱的途中,被达拉斯夜总会老板杰克·卢比近距离击毙,当时正在报道总统遇刺的CBS年轻记者丹·拉瑟为了抢时效,在毫无准备的情况下直接对着镜头向电视观众报道了事件的经过,并通过卫星做了实况转播。由于把握住了机会,拉瑟成为第一个从达拉斯报道此事的记者,并且一役成名。由此,美国的电视出镜报道开始被电视新闻工作者认同和青睐,这也标志着电视出镜报道的正式诞生与确立。第二年,拉瑟被指派为CBS驻白宫记者。拉瑟一向以现场即席报道著称,在长达40多年的广播电视记者生涯中,他的足迹遍布世界各地,为了写有关毒品的报道,他曾经亲自体验吸毒;为了弄清楚阿富汗的局势,他曾身着当地农民的服装,与《60分钟》节目制片人唐·休伊特等人一起深入阿富汗山区采访,甚至在2003年伊拉克战争和2004年印度尼西亚海啸发生后,拉瑟依然不顾年迈亲临现场进行报道。

(三)《60分钟》带动调查性出镜报道(20世纪60年代至今)

如果说拉瑟的出镜报道是在一次偶然的和没有自觉的状态下产生的,那么,几年之后 CBS 另一档著名的电视栏目《60 分钟》的诞生则是主动地采用了出镜记者的报道形式,而且自觉地发挥了这种报道方式的优势。

从 20 世纪 40 代开始,面对广播电视的传播优势,美国的报纸开始了以深度报道求胜的尝试,以提供背景、展示过程、分析原因为特征的调查性、解释性报道应运而生。媒体开始新一轮的竞争,电视也开始在深度报道方面积极努力。1968 年 9 月 24 日晚,CBS 播出了一档具有全新理念的新闻节目《60 分钟》,按照制片人休伊特的设想,《60 分钟》就是要开创一种与传统的一本正经的问题探讨和一板一眼的新闻播报不同的节目形式,要用讲故事取代探讨问题。《60 分钟》播出的第一期包括总统竞选进展、迈克·华莱士所做的人物专访、介绍了正在上演的一部电影和一位幽默专栏作家的短文。在此后播出的《60 分钟》节目里,这种节目样态几乎几十年不变。而在其每一个板块当中,都由一个记者型的主持人出镜来作为向导,展开新闻报道。在有些报道当中,出镜记者就像一个侦探带领观众进入对新闻事件真相的揭露中,其中不乏情节、冲突和悬念。《60 分钟》的报道不仅带动了调查报道的发展这之后美国开办了《48 小时》《日界线》《20/20》《夜线》等一批以深度调查为主要特征的电视栏目,同时也造就了迈克·华莱士、莫利·塞弗、丹·拉瑟等一批在美国乃至全球享有盛誉的调查型出镜记者,不仅拓展了出镜记者的业务范畴,也在更大程度上发挥了电视出镜报道的优势。

1993 年 5 月,由我国中央电视台创办的新闻杂志栏目《东方时空》借鉴了《60 分钟》播出模式,在当初《东方时空》的子栏目《焦点时刻》和后来由此分出的《焦点访谈》节目,以及 1996 年开办的《新闻调查》栏目中,都采取了记者出镜的报道方式,特别是《新闻调查》栏目中的记者更是承担起了调查者的角色,以自己在镜头前的言行架构起节目调查的脉络。这些栏目的成功为中国的电视新闻媒体培养了一批如白岩松、柴静、王志、敬一丹等为观众喜爱的优秀电视出镜记者。

(四) CNN 崛起将出镜报道推向电视新闻主战场(20 世纪 80 年代至今)

20 世纪 80 年代之后,卫星直播电视和大型电缆电视的发展,使 24 小时播发新闻成为可能。1980 年 6 月 1 日,美国有线电视新闻网(CNN)创立,这是全世界第一个 24 小时全新闻频道,继 CNN 之后,创办 24 小时全新闻频道成为世界性的传播方式,改写了世界电视新闻史。随后,全球范围内掀起了 24 小时新闻频道的热潮,"CNN 开创了电视新闻的新时代,被称为'世界新闻领袖'"。[①] "电视直播"和"现场报道"正式成为电视新闻的关键词,凭着遍布全球各个角落的记者,CNN 可以在任何时候、任何地方报道任何事件,换句话说,哪里有新闻哪里就有 CNN 出镜记者现场报道的身影。在任何时候、任何地方,只要发生重大新闻事件,全世界的观众都可以在 CNN 的电视新闻中看到其记者在镜头前做现场报道。

---

① 饶立华,杨钢元,钟新.电子媒介新闻教程——广播与电视[M].北京:中国人民大学出版社,2000:35.

CNN 开创的电视新闻节目样态使人们注意到,活跃在新闻频道荧屏上的除了光鲜的新闻主持人之外,还有奋战在新闻现场的出镜记者们。1991 年,在 CNN 对海湾战争的直播报道中,优秀的出镜记者和新闻主持隔空对话,史无前例地让世人在同一时间目睹了战争的进程,同时也将出镜报道及出镜记者推向了电视新闻的主战场,使出镜报道成为当今西方媒体电视新闻报道的常态。从此,观众在收看电视新闻时,不仅能够收看来自新闻现场的真实画面,更能通过出镜记者的描述体会到身临其境的感受,而新闻主播和出镜记者之间的互动和评论,则将受众对新闻事件的认识提升到更高层次。

二、美国电视新闻主持的诞生与发展

新闻主持的产生绝非偶然,其中既有外因也有内因,它的诞生既以人类社会的整体发展为背景,又与新闻传播和广播电视媒体的业务发展紧密相关,是电子传播媒介发展到一定阶段的产物。与广播电视中的出镜记者一样,新闻主持的发展同样走过了一条从无到有,从最初的稚嫩萌芽到长成参天大树的过程。

(一) 前新闻主持及默罗时代(20 世纪 50 年代)

以 1952 年 CBS 主持人克朗凯特报道两党大选为分界,在此之前从事的类似工作可称为前新闻主持阶段,从 1952 年开始,美国电视新闻报道进入真正意义上的新闻主持时期。事实上,在 1952 年之前,前文提及的美国著名记者爱德华·默罗就已经开始从广播转战电视,并承担起了某些新闻主持的工作。1951 年 11 月 18 日,默罗迎来了他继《这里是伦敦》之后从事新闻报道的第二个高峰。他创办的电视纪录片节目《现在请看》(*See it now*)正式播出,由默罗和另一名记者担任主持。节目所采取的以连续运动变化的屏幕形象来传达事实的新形式,给观众带来了更强烈的真实感。经过默罗的不懈努力,《现在请看》成为美国电视史上最轰动的节目,特别是默罗那深沉悦耳的声音、大方的举止,更增加了节目的吸引力。

1953 年,默罗又开始主持他的第二个电视节目《面对面》(*Person to Person*)。这是一个人物专访节目,每期节目默罗都邀请到几位名人,一起坐在演播室里谈论一些轻松愉快的话题。从开办到 1959 年停播,默罗先后采访了 93 位知名人士,其中既有美国前总统杜鲁门,也有苏联前领导人赫鲁晓夫,甚至还有以性感著称的电视明星梦露,《面对面》成为当时收视率最高的十大节目之一。1965 年 4 月,默罗在过完自己 57 岁生日的两天后,因患癌症去世。

虽然爱德华·默罗并未被正式命名为节目主持人,但从他极具人性化的传播方式,以及他对传播内容的深度参与和把握来看,足见其传播活动已经具有了强烈的人格化色彩,默罗所从事的传播活动无疑已具备了主持传播的某些雏形。

(二)新闻主持的诞生及克朗凯特时代(20世纪50—80年代)

在美国的大众传播发展史中,第一次正式与"主持人"这三个字结缘的是沃尔特·克朗凯特。1952年,正值美国第34届总统大选。美国的总统大选既是美国民众政治生活中的一件大事,也是美国新闻媒体所要面对的大事,能否在关于总统大选的报道中居于领先地位直接影响着美国广播电视媒体的经济收入和在美国民众中的声誉。为了在总统大选报道中获得竞争优势,美国各大广播网想方设法出奇制胜,为了和其他广播网竞争,为了改变两党代表大会报道的传统模式,当时的美国哥伦比亚广播公司(CBS)新闻部制片人唐·休伊特想出了一个办法,即在整个报道中设立一个专门的角色,由其负责将前方记者的报道整合在一起播出,要"让最有力的记者在最后把所有的报道串联在一起,高度概括起来",并选中当时已很有名气的美国资深电视记者克朗凯特来担任这一角色,由他出面组织串联其他记者,从不同角度、不同地点、不同侧面进行报道。为了给这一角色一个合适的名称,休伊特想到了体育界的一个术语:"Anchorman"。

"Anchorman"原本是指体育接力赛中跑最后一棒的运动员。由于克朗凯特在工作上实际是从其他记者手中接过接力棒,并由他跑完最后一棒,于是,"Anchorman"一词便成了主持人的固定称谓,克朗凯特也就成了"主持人"名称正式出现之后的第一位主持人,而克朗凯特随后所从事的传播活动便也宣告了主持传播的诞生。由于克朗凯特在此方面做出的成功尝试和巨大贡献,他的名字甚至成了主持人的代名词,在瑞典、希腊等国家,节目主持人就被称作"克朗凯特"。

克朗凯特继默罗之后,在60年代末成为哥伦比亚广播公司的超级电视明星,70年代又被推举为全国最受信赖的人物。在《美国新闻与世界报道》杂志举办的一年一度美国决策人物民意调查中,他曾连续在1975年至1978年以及1980年被评为美国十大最有影响的决策人物之一。

在克朗凯特主持CBS《晚间新闻》的近二十年中,自1966年CBS《晚间新闻》第一次超过NBC的《晚间新闻》跃居首位,一直到克朗凯特1981年退休,《晚间新闻》一直占据着收视率宝座。因而,尽管与克朗凯特同时代的主持人还有不少,例如曾经一度战胜克朗凯特的NBC《晚间新闻》主持人、黄金组合切特·亨特利和戴维·布林克利,以及在克朗凯特之前就已经具有一定影响力和知名度的播音员主持人约翰·斯韦兹和道格拉斯·爱德华兹等,但他们不是被克朗凯特击败,就是被克朗凯特取代,无论是在新闻报道还是在影响受众方面,他们都无法达到克朗凯特所取得的高度,克朗凯特当之无愧是其所在时代的新闻主持的代名词。

(三)新闻主持发展及三大主播时代(20世纪80年代至21世纪初)

1981年,克朗凯特在主持人岗位上整整工作了近20年后光荣退休,其手中的接力棒传给了CBS另一位优秀的电视新闻记者丹·拉瑟。克朗凯特的退休既宣告了美国新闻主持传播史上克朗凯特时代的结束,也开启了美国广播电视新闻史上三足鼎立的新局面,美国的新闻主持从此进入了以 CBS 的丹·拉瑟、BNC 的汤姆·布罗考和 ABC 的彼得·詹宁斯三分天下的三大明星主播时代。

丹·拉瑟1931年出生在得克萨斯州靠近休斯敦的一个小城沃顿。1953年,拉瑟从萨姆·休斯敦州立师范学院新闻系毕业。毕业时,他已经在为美联社、合众国际社和几家电台担任自由撰稿人。1963年肯尼迪总统遇刺,拉瑟抓住机会,成为第一个从达拉斯报道此事的记者,一役成名。第二年,拉瑟被指派为 CBS 驻白宫记者。拉瑟一向以现场即席报道著称,在长达40多年的广播电视记者生涯中,他的足迹遍布世界各地。1981年11月3日,在克朗凯特确定退休的那一天,丹·拉瑟终于击败了同是 CBS 著名记者的罗杰·马德,以年薪250万美元的身价,出任《晚间新闻》主持人,并成了美国公众公认的口才最好、风度最佳的一流电视节目主持人。2005年3月9日,在主持完最后一天的《晚间新闻》之后,拉瑟从他整整服役24年的主播岗位上宣布退休,离开了这个曾经让人向往也让他辉煌的位子。

汤姆·布罗考1940年生于美国南达科他州一个中产阶级家庭,自幼富于独立精神和自强意识。1973年,年仅33岁的布罗考赴白宫任首席记者,于是观众在电视屏幕上看到了一个意气风发、口才出众的年轻记者。两年后,布罗考便与拉瑟并驾齐驱,成了当时驻白宫的两个优秀电视记者。1982年,42岁的布罗考经过20年风风雨雨终于得到了他一生追求的职位——《晚间新闻》主持人。几十年来,布罗考足迹遍布五大洲。在美国,从总统到各界人士大都称布罗考为不可多得的人才,在一般美国人的眼里,他是一个富有同情心、有权威、有魅力的一流记者。2004年12月1号,汤姆·布罗考宣布离开已经工作了22年的《晚间新闻》栏目,光荣退休。

彼得·詹宁斯1938年出生于加拿大多伦多的一个新闻世家,二十多岁时在加拿大安大略省一家小电台做记者。1965年,美国广播公司(ABC)破格提拔詹宁斯担任晚间新闻节目主持,引起一片争议,而后迫于压力,詹宁斯被派到意大利罗马,担任驻外记者。1978年,美国广播公司(ABC)重新命名的《今晚世界新闻》开播,詹宁斯重回主持人岗位。1983年,詹宁斯正式成为《今晚世界新闻》主播,这标志着三大电视网新闻节目主持人三足鼎立局面的形成。美国当地时间2005年8月7日,詹宁斯因患肺癌在纽约家中离世,享年67岁。随着詹宁斯的过世,美国三大无线新闻老牌主播的辉煌时代成为永远的过去时。

(四)新新闻主持时代(21世纪初至今)

美国三大主播的纷纷离去虽然宣告了老牌主播当道的新闻主持时代的结束,但并未宣告美国新闻主持传播的结束,而是随即掀起了美国新新闻主持时代的开始。与三大主播时代相比,美国当下的新闻主持传播更具多样性,也更精彩纷呈,老主持人的当仁不让,如奥帕拉·温芙瑞以及在 CBS《60分钟》节目纵横几十年的斯克特·佩里、莱斯利·

斯达等老牌主持人依然在美国主持人队伍中占据重要地位;年轻一代主持人人才辈出,如最受欢迎的新闻节目主持人之一的乔·斯图尔特以及 CNN 的著名新闻主持人爱德森·库珀等。总的来看,美国新新闻主持传播时代在特点上与国内当前的主持传播发展非常相似。一方面主持人的来源日益多样化,除了传统的新闻记者和演员两大阵营之外,越来越多拥有其他背景和职业的人加入了主持人的行列;另一方面则是个性化主持人日益受欢迎,如以亲和、大方的邻居形象受到欢迎的奥普拉,以轻松、幽默播报新闻引人关注的斯图尔特等。值得注意的是,美国主持传播现在也越来越出现了娱乐化和庸俗化的倾向,如以杰里·斯普林格、大卫·莱特曼、珍尼·琼斯等为代表的垃圾脱口秀节目,常常在节目中以性、政治为主要话题,以恶作剧、恶搞为主要手段,这些节目在美国颇有市场,这一点应该引起国内主持传播的注意和警觉。

第二章
出镜报道与新闻主持现状

第一节 中国媒体出镜报道与新闻主持现状

在中国电视新闻节目中,《新闻联播》是一个高地,有着特殊的象征意义和示范效应,其内容的改革、形式的创新,乃至于新闻播音员的一个呵欠、一个口误,都会引来众多社会关注。透过央视《新闻联播》的出镜报道,可以了解中国电视出镜报道的整体现状。

一、中国电视出镜报道现状

一般而言,一条出镜报道包括新闻内容、主播引导和记者出镜三个要件;因此,我们也将以"新闻报道整体""出镜记者报道"即新闻整体指标、出镜记者指标两部分来分析中国电视出镜报道在内容方面所具有的特征。①

1. 新闻整体指标

在我们随机考察的七天七集、总计时长为 13496 秒的《新闻联播》中,出镜报道类新闻共计 23 条、累计时长 4448 秒,占总时长比重约 32.96%。这表明目前中国出镜报道类新闻的比重仍然略偏低,尚不足总体构成的三成。

在累计 4448 秒的含有出镜报道的新闻中,记者出镜时长占到约 28.73%。

就《新闻联播》节目整体而言,记者出镜报道的时长比重仅仅占到约 9.47%,而其他时长占到了约 93.53%。

---

① 为了确保对中国出镜报道描述的客观和公正,我们随机从 2019 年 1~6 月中选择了不连续的星期一、星期二、星期三、星期四、星期五、星期六和星期日各一日,构造成一个星期;然后挑选出每天《新闻联播》中的出镜报道,依照既定的指标进行分析。在这七天的新闻联播中,累计有 23 条新闻、84 次出镜报道(个别新闻中有多人多次、一人多次等出境情况)。

表 2-1 《新闻联播》不同栏目出镜报道比重

		新闻重要性			
		频率	百分比	有效百分比	累积百分比
有效	国内要闻	20	86.96	86.96	86.96
	国际要闻	3	13.04	13.04	100.00
	国内快讯	0	0	0	
	国际快讯	0	0	0	
	合计	23	100.00	100.00	

依据新闻内容的差异和重要性的不同,《新闻联播》将新闻分为"国内要闻""国内简讯""国际要闻"和"国际简讯"四类。据此,本书将含有出镜报道的新闻进行归类后发现:国内要闻的出镜报道最多,占到约86.96%;国际要闻紧随其后,占到13.04%;而国内简讯和国际简讯的比重为零。

通过上述分析可见,出镜报道类新闻在《新闻联播》中的比重相对较低,在单期新闻节目中,平均每期的出镜报道时间约为182.57秒,占到单期《新闻联播》的9.47%(所选样本中有两期超过30分钟),这与记者出镜时间占新闻总时间的比重相吻合。出镜报道时间不足的问题比较明显。与此同时,新闻重要性的不同也会影响新闻中出镜报道的有无,越重要的新闻越可能有记者进行出镜报道;而平均时长为15秒/条的国内简讯和国际简讯出现出镜报道的概率最小。

2. 出镜记者指标

通过统计发现,从出镜记者的单位归属看,他们都是中央电视台自己频道的记者,比例达100%。这一方面表明中央电视台记者的遍及率高,能够出现在新闻事件现场;另一方面也表明央视与地方台在新闻报道合作中的极大强势以及对地方台资源利用的不足。

出镜报道中记者的运动状态会对传播效果产生影响。通过分析发现,有高达80%的出镜记者在进行报道时采取的是静止地站在镜头前的方式进行口头陈述,这种方式过度僵硬且缺乏灵活性,不能将受众与新闻现场的情景很好结合在一起;有4.3%的记者在进行报道时自始至终处于运动状态,不断引导受众接受新的信息,这种出镜报道在进行突发事件报道或场景细节介绍的时候容易被采用(如关于"长征出发地"的记者报道),给受众以强烈的现场冲击;相比之下,仅有2.8%的记者在进行出镜报道时候会采取动静结合的报道方式,既通过运动以实现对受众注意力的有效牵引,也通过静止以保证受众能够稳定情绪,进行信息接受和反馈。

在出镜报道中结合情景、适度借助道具,能够实现以小见大、吸引受众注意的作用。通过分析发现,仅有23.1%的出镜记者在进行报道时会将现场的相关物件、情景等作为报道的道具利用起来,而作为新闻报道的切入点和引子的就更少了,这表明,记者的现场观察能力和记者的报道手段的丰富性有待提升。

出镜记者究竟在说些什么内容呢?通过分析我们发现,有47.83%会在出镜时介绍自己在现场观察到的细节,这表明相对多数的出镜记者会用心思考受众的兴趣点,努力结合现场做出具有特色和价值的新闻;而紧随其后的 26.1% 的记者进行新闻背景的介绍,如时间、地点、情况,让人有一种"为证明'我在现场'而刻意言'我在现场'"的生涩感,同时还占用了宝贵的新闻报道时间;进行记者评论的占到了 14.35%,这类内容有点类似于新闻述评,结合自己对新闻背景的掌握向受众进行具体事件的价值、影响、效果的平息,评论最能体现媒介立场,也是最吸引受众的新闻点,但是这种方式显然还没有得到充分的利用和推广;在出镜报道时介绍的内容会与新闻导语相似或者充当新闻导语功能的记者数量为零,此部分功能多被配音解说替代。

通过分析我们发现,有 63.1% 的出镜报道时间都不到 15 秒,约 28.6% 的出镜报道时间介于 16 秒~30 秒之间,超过 30 秒的出镜报道仅仅占到 8.3%。这表明,《新闻联播》中出境报道的时间多偏短。

表 2-2 《新闻联播》样本出镜报道镜头运用情况

	镜头运用				
		频率	百分比	有效百分比	累积百分比
有效	固定镜头	1	4.3	4.3	4.3
	动态镜头	2	8.7	8.7	13.0
	动定结合	20	87.0	87.0	100.0
	合计	23	100.0	100.0	

通过镜头运用分析(表 2-2)可以发现,在《新闻联播》的出镜报道中,镜头采取单一动态或者静态的比重较小,持续静态容易使观众疲劳,而连续动态又不能使观众充分吸收新闻信息,因此,动静结合、既有动态画面,又有静态画面是最优选择。

通过对出镜报道中镜头和画面数量的统计可以发现,在 30.4% 的出镜报道中,只有一个画面,而且基本都是对象正面、静态、中景的拍摄;有 65.2% 的出镜报道使用 2~4 个不等的镜头;只有一个出镜报道使用了 7 个镜头,即,仅有 4.4% 的出镜报道使用了 4 个以上的镜头。出镜报道镜头画面不够丰富的问题由此可见。

出镜报道体现了"我在现场"的真实感,而现场连线报道则更加体现了对新闻现场的真实性和时效性。通过分析我们发现,《新闻联播》的出镜报道节目,几乎百分百采取了录播的方式,而与现场进行即时连线报道的几乎没有,这表明一方面《新闻联播》对新闻话语的把关依然严格,另一方面也表明《新闻联播》对出镜连线报道的重视程度有待加强。相比之下,观察国外的具有重要影响力的新闻节目可以发现,它们无不把出镜报道和现场连线作为提高时效性和接近性的重要手段。

二、中国电视新闻主持现状

经过三十余年的发展,伴随着电视新闻节目样态的日益丰富与成熟,中国电视新闻节目的主持也呈现日益繁荣、多元化的趋势。说其繁荣,乃是因为新闻主持人的数量与日俱增,已发展成了成千上万的壮大队伍;说其日益多元,乃是除了传统类型的主持人之外,还出现了白岩松、李小萌、孟非、窦文涛等一系列风格迥异的主持人,这些来自不同专业背景,有着不同从业经历的主持人大大提升了中国新闻主持的水平。与此同时,广大观众对于新闻主持人的期待和要求也在水涨船高,已由最初的"形象好、普通话标准",开始逐渐趋向强调主持人的新闻专业素质、随机应变等能力和综合人文素养。

当主持人越来越成为电视媒体的核心竞争力,主持人的影响力在社会上日渐突出的时候,我们不得不面对的问题是,在电视新闻主持人综合素质不断提高的同时,仍然存在不尽如人意的地方。就主持人队伍的宏观层面而言,呈现出的主要问题如下:

(一)播音员、主持人常常混为一谈,鲜见真正有实力的新闻主持

回顾我国电视新闻发展史,电视新闻节目发展初期的大多数节目主持人都是由播音员转型而来的,最早在电视屏幕上以主持人名称出现的主持人,像庞啸、赵忠祥、沈力等之前都是新闻播音员。由于这个原因,长期以来,无论是在业界还是在社会大众之中,都存在着不能区分播音员与主持人之间的异同,于是将播音员与主持人混为一谈的局面。

尽管从传播结构上来说,播音员与主持人都处在电视媒体传播的最前端,充当着电视媒体与观众之间的中介与纽带,并且人们对其声音和读音都有着较高的要求。但是,真正的电视新闻主持人并不仅仅停留于"发声",而是要求更高一级的说话交流,能够串联、掌控节目,在角色、功能、工作方式上与播音员还是存在较大差别的。

中央电视台已故著名播音员罗京曾说过:"从严格意义上讲,播音和主持是两个不同的概念。播音实际上反映的是一种专业的性质:可以简单理解为你是用声音去播送内容,所以叫播音;而主持是指你在一个事件中所处的位置,并不是对其专业性质的描述。因此,主持人可以是播音员、记者、演员,也可以是专家、学者,没有很严格、具体、统一的专业要求,而更强调个人魅力的彰显,学识、机智的充分发挥。"[①]

从这一层面上而言,虽然包括国内《新闻联播》在内的许多电视新闻节目的播音员都自称主播或主持人,但他们实际上仍然只是起到了播音员的作用,并未真正起到新闻主持的作用,因而不算上真正的新闻节目主持人。由于这个原因,国内现在虽然有一支数量不小的新闻主持队伍,但仍然缺少真正的新闻主持人,或者说真正的新闻主持并不多见。大多数所谓的主持人仍然主要从事的是用声音去播送内容,即主要还是在节目的后期,将记者、编辑已经写好、串好的节目内容用自己的声音播出去而已,充当的仍是播音员的角色。即使是像《新闻联播》等一批栏目虽然将播音员的称谓换成了"主播",但也仍然是有其名而无其实。而国内真正称得上新闻主持人的至今也仍是如白岩松、董倩等寥寥几人。

---

① 孙小莉.播音员与主持人之区别[J].新闻前哨,2009(5).

(二) 主要由新闻播音员构成, 但优秀者大多并非出自播音员

中国电视事业诞生于1958年。中国电视的节目主持人最早出现在电视新闻节目当中, 但真正诞生却在社教服务节目当中 (1983年, 中央电视台《为您服务》栏目固定播出时间, 沈力成为我国第一位专职节目主持人), 真正的电视新闻节目主持人则诞生得更晚。在沈力成为主持人之后的二十几年里, 我国电视节目, 特别是电视新闻一直沿用的仍是电视播音员的播报形式, 直到1993年《东方时空》的出现, 才使中国电视逐渐多了真正的新闻主持人的身影。如今, 虽然电视新闻节目的样态异彩纷呈, 新闻节目主持人的来源相当广泛, 但由于播音员与主持人之间割舍不断的联系, 以及业内、业外对播音员与主持人在认识上的混为一谈, 在当今的电视新闻节目当中, 凡是有着新闻节目主持人称谓的大多数都是播音员出身, 现在主要从事的仍是播音工作。换句话说, 中国当下所谓的新闻主持仍主要是由新闻播音员构成, 与国外的新闻主持来自新闻记者的情况截然不同。也是由于这样的原因, 电视媒体机构在进行主持人岗位选拔时, 依然是强调科班出身, 强调播音员式的发音, 而不是强调主持人的综合素质。于是, 电视新闻主持人的播音技巧虽愈加熟练, 可知识结构等综合素质却仍然有待提高, 而综合素质对于日渐专业化、分众化的栏目而言恰恰是最重要的。

中国当今的新闻主持队伍还有一个有意思的现象就是, 虽然播音员是构成新闻主持的主要人群, 但在新闻主持这一行业或职位上真正有起色, 在观众当中、在学界和业界引起关注和赞誉的优秀新闻主持大多并非出自播音主持专业或播音员岗位, 有些甚至来自电视之外的其他媒体, 如央视的几个著名新闻主持白岩松、张泉灵、柴静, 地方电视台的孟非以及凤凰卫视的陈鲁豫、吴小莉、胡一虎等都不是来自播音专业和播音岗位, 特别是白岩松、柴静等一批优秀的新闻主持, 在成为新闻节目主持人之前都从事过相当长时间的记者工作, 有着丰富的新闻采访报道经历, 这仿佛验证了西方媒体新闻主持皆来自新闻记者的铁律, 不能不引起人们的深思。

(三) 主持人队伍两极分化严重

就国内电视新闻主持人现状而言, 有一个非常普遍的现象, 那就是主持人的队伍在构成上一直呈现典型的纺锤形结构, 特别拔尖的优秀主持人和特别不称职的主持人都只是少数, 大多数新闻主持人都处在一种不温不火的中间状态, 真正有影响的新闻主持仿佛只有那些数得过来的面孔, 大多数主持人, 特别是地方电视台的新闻主持多数仍处在似曾相识但不知其谁的境地, 整体实力不强。当然, 电视新闻主持人队伍的两极分化不仅体现在整体队伍的素质上, 还体现在中央与地方主持人队伍水平的差距上。从全国范围来看, 家喻户晓的电视新闻主持就仅限于白岩松、张泉灵等为数不多的几位, 而且主要集中在中央媒体。由于中央级媒体在电视新闻节目制作上有着天然的优势, 因此, 地方台更喜欢打造娱乐主持人, 而在地方台电视新闻主持人中做得出色的人也是屈指可数,

能够在全国范围内具有影响力的则更少。

另一个值得深思的现象是,与西方成熟的电视新闻业相比,我国电视新闻主持人队伍的平均年龄要年轻得多。在主持人的选用上,很多人都是由高校毕业直接走进演播室,便开始播报新闻。国际电视新闻主持队伍的整体情况则是,那些真正誉响全球的新闻主持人,如丹·拉瑟、彼得·詹宁斯等恰恰是阅历丰富、年纪颇长。国内亦是如此,白岩松、张泉灵等明星主持人也都是经过岁月的磨砺,才逐渐在电视新闻节目的舞台上绽放光彩的。根据美国传播学者对美国三大商业电视网 CBS、NBC、ABC 历任晚间新闻节目主持人进行考察后得出的结论,43 岁才是新闻主持人的"黄金年龄",因为这个年龄段的人成熟、稳重、有权威性和性别魅力,更容易赢得人们的好感和信任。[①] 总起来看,我国电视新闻主持人队伍的来源构成主要呈现出科班出身、年轻化的特点。

伴随着媒介技术的飞跃发展,各种新媒体应用以各种方式与电视抢夺用户,电视新闻传播正遭遇前所未有的挑战。如今,电视新闻的人格化已经成为不可阻挡的发展趋势,明星主持人愈发珍贵,未来电视新闻业需要的是一支不同类型、不同风格的全明星队伍,这样才能适应各个层面的观众群。

(四)培养体系尚待完善

电视新闻主持人的出现不仅是大众传播领域的一次深刻变革,而且促进了广播电视系统人才培养机制的改进。目前国内新闻主持人培养主要有两种路径:一种是针对学校科班学生的系统培养,即学校培养;另一种是针对主持人从业者的再培养,即职业培养。

正如前文中所提及的,目前我国电视新闻主持人多来自播音与主持专业,在这个技术性很强的专业培养体系中,播音技能的培养成了主要的培养目标,而真正多专业背景的文化培养却仍然薄弱。这种重技能轻整体文化水平的培养模式,直接影响的是主持人队伍的知识结构。事实上也是如此,目前我国电视新闻主持人新闻播报的技能水平非常优秀,但却经常出现常识性错误这样的问题,所谓"上手快但后劲不足"显然是主持人知识结构匮乏的集中表现。更令人担忧的是,一旦新闻主持人的文化底蕴不够,那么举手投足间也无法做到高品位、高素质了。

从国内播音主持院校发展的路径来看,自从 20 世纪 90 年代中期北京广播学院(现中国传媒大学)将原有的播音系拓展为播音主持艺术学院之后,全国各大高校也掀起了一股播音主持专业开办、扩招的热潮,有的是在固有专业基础上补充主持能力的培养,有的是摸索着开设主持专业,当然,这种敢于尝试的态度值得肯定,但不容回避的是,盲目的开办专业让主持人院校的人才培养出现两大问题:一是将主持人培养等同于播音员培养,重播音技巧,轻新闻素质培养。需要强调的是,电视新闻主持人不等于播音员,而对于新闻主持人来说,具备基本的播音技巧就可以了,则是对其深层次的要求。二是院校

---

① 杨道.美国,谁在当主持人[N].环球时报,2005-05-05.

中电视新闻主持的培养缺乏实践训练。尽管各大院校已经开始强调毕业实习的环节,但都限于主持实践且多流于形式,而且对于主持人这种实践性强的职业来说,实践训练应该越多越好,越广越好。

关于前面提及的针对主持人从业者的再培养路径,主要有两种情况,一是脱产学习。但是因为工作时间紧、投入成本高等原因,电视新闻主持人专门抽出时间来进行脱产学习在实践中并不可能,即使可能也有重新陷入学校培养弊端的情况;二是短期的培训班、培训讲座。与前一种"走出去"的培训方式相比,这种由媒体单位定期举行"请进来"的培训既不影响主持人的正常工作,也可以节省成本,还可以扩大培训对象范围,而且具有一定的针对性和指向性。但这种培养却并非所有电视机构都有能力举办,且无法形成体系,针对主持人从业者往往只是听听,解决不了太多实际的问题。

三、中国电视新闻主持目前存在的问题

作为一个年轻的职业群体,中国电视新闻节目主持人已然成了备受瞩目的明星,在社会生活,特别是大众文化生活中显现出其巨大的影响力。正是因为经常处在聚光灯下,主持人的职业似乎也格外光鲜、风光,成了无数青年学子心中的职业梦想。然而尽管风光,但与西方发达国家相比,中国的新闻主持队伍还存在许多问题。

(一) 大多缺乏新闻实践经验

根据相关研究,美国三大新闻网的明星主持人从进入新闻界到担任主持人期间,平均有20年以上的工作经历。西方电视机构普遍认为,只有经过记者生涯磨练的主持人,才能具有高超的采访技巧,才能在各种复杂的现场随机应变。[①] 因此,播音员出身的爱德华兹虽然声音美妙动听,却敌不过记者出身的亨特利的新闻主持水平。对于同样的新闻事件,亨特利总是能准确地进行全面报道,甚至能做出深刻到位的分析。正因为如此,CBS才不惜忍痛割爱,于1962年用克朗凯特取代了爱德华兹,这种人才选拔的标准也一直在西方电视新闻界延续。

伴随着电视新闻业的全球化发展,总结以往经验,国内电视新闻从业人员也逐渐认识到新闻实践对于电视新闻主持的重要性。目前,国内的一些明星主持人,如白岩松、柴静、张泉灵等无一不是在记者做得出色后转入主持人行业的,即使是康辉等播音员出身的主持人也在积极参与新闻实践,丰富经验。

然而,不可否认的是,综观国内电视新闻节目主持人队伍,多数主持人的新闻实践经验仍不够丰富,没有基本的新闻敏感性与判断力。对于那些刚走出校门就迈进演播室的主持人而言,他们不仅缺乏新闻一线的实践经验,而且生活阅历也尚浅。因为他们没有

---

① 刘云丹. 主持艺术概论[M]. 中国电影出版社,2009:95.

深厚的新闻专业素养,又对中国社会的现状缺乏认识,所以新闻节目主持的效果必然会受到影响,甚至还会在节目主持中出现各种情况的失误。

总之,电视新闻节目的主持人必须具备基本的新闻素质,拥有丰富的新闻实践经验,只有这样才有条件和资格主持电视新闻节目,也只有与新闻一线保持"亲密接触",才能保有对新闻事业的持久热爱。

(二)普遍缺乏新闻专业素质

对于中国独特的广播电视事业而言,宣传党和政府的方针、政策永远是其第一要务,加之长期以来国人对主持人理解上的误差,一直以来,对主持人的选拔和要求往往存在"重形象、轻素质"、"重外在、轻内在"的倾向,往往只要求主持人能够字正腔圆、会读稿件即可,并不太要求他们在采访、写作、编辑、评论等方面的新闻专业素质,换句话说,人们在潜意识中仍认为主持人只要念好别人写好的稿子就行了。众所周知,作为一种大众传播,电视传播的意义最终是要服务于公众,因此必须生产出能吸引观众的产品。于是,伴随着广播电视业的发展,无论是电视机构还是电视主持人都开始重视观众的需求,显然,一味地播读稿件无法满足受众对于电视传播的期望。

在新闻主持的真正内涵之下,新闻主持不仅是栏目的主持,而且是栏目的主编和主导,是其所在栏目的核心,因而,电视新闻节目的主持人不但要会采访,会自己写作串联词,能够驾驭所主持的节目,还要能够对自己所主持的节目内容有敏锐的判断和把握,只有这样,主持人才是节目最后面向观众的信息传达者,才能按照自己的个性化表达写作,才能最大限度地昭显自己的独特个性。然而,实际情况是,在我们当前的新闻主持人队伍中,有较高新闻专业素养者并不多见,大多数主持人仍然离了稿子不会说话,不会采访,不会在各种场合之下发现新闻,不知道该如何以更有效的方式来表达和传播新闻信息。只有个别的主持人才会自己动手修改串联词,更多的主持人仍然处在一种读新闻的状态。正因为如此,本来人情味儿浓厚的新闻,在以播音腔报道之后,倒像是披了层冷冰冰的外衣。

以最简单的"说新闻"为例。在媒体多元化的大形势下,电视新闻节目从传统的播报方式走向了播说结合的主持风格,甚至一些电视媒体对主持人的要求也由"播新闻"走向了"说新闻"。简单看起来,"说"与"播"似乎仅仅是话语方式上的改变,但实际上由"播"到"说"体现的却是"对新闻进行解释、说明、补充和稍加分析的信息加工",[①]体现的是主持人对新闻信息把握的专业素养。将徐俐主持《中国新闻》的风格与个别主持人在《晚间新闻》的主持风格相比,就不难发现,同样是新闻资讯节目,徐俐的主持少了许多播音腔,而更加口语化、生动化、人性化。就算是在《晚间新闻》这同一档节目之中,主持人贺红梅的主持风格就更多体现出"说"的特点,更加贴近地气,具有吸引力,这体现的其实是主持

---

① 吴郁.我看"说新闻"[M]//主持人语言表达技巧.北京:中国广播电视出版社,2002:190.

人的新闻专业素养。

当然,这里所说的新闻素质也绝不仅仅指成为一名记者应具有的新闻发现、采访与写作能力,也不仅仅指成为一名播音员应具有的播音、发声能力,或是仅仅指成为一名评论员应具有的分析、判断能力,而是在这些能力基础之上的综合新闻能力,即不仅包括对新闻业务知识的梳理和更新,同时也包括对经济、军事、文化等社会生活不同领域发生的新闻事件、新闻话题的最新进展的了解和发展趋势的判断。

(三)权威性与可信度不足

在西方社会,新闻主持,特别是名新闻主持人常常是备受人们尊敬的人群,在社会上具有相当高的地位,这种地位不仅表现在他们所拥有的巨额身价,以及他们所拥有的职位、权力上,更表现在他们的权威性和可信度上。由于这种权威性和可信度,克朗凯特不仅被观众亲切地称为"沃尔特大叔",就连当时的美国总统都不得不承认,"如果失去了克朗凯特,我将失去整个美国"。在克朗凯特1981年离开主播台正式退休的14年之后,他仍然被民意推选为美国最受尊敬的人,足见其权威性和可信度之高。而在中国却很难发现这样的新闻主持人。那些坐在主播台上的新闻主持人们,似乎也并没有这样的意识。

近年来,地方台的方言新闻节目风起云涌,但对于具有大众传播性传的新闻节目来说,运用标准的普通话进行新闻节目主持当是主流。电视新闻主持人不仅要能讲出标准流利的普通话,还要恰当使用合乎规范的词汇,更高的要求是能够将术语名词形象化、个性化,这样才能帮助观众更深入地了解信息,提升主持人的影响力。

伴随着近年民生新闻的浪潮,一大批地方民生新闻主持人借势而起,赢得了地方群众的一片叫好。当我们赞叹民生新闻主持的生动形象、贴近生活之时,却也发现民生新闻主持很容易走向极端,"评论语言过于随意,过于通俗肤浅,而陷入庸俗化的怪圈"①。

还有一个普遍的现象,不仅存在于地方民生新闻主持中,也存在于全国电视新闻主持中。例如在灾害新闻的主持中,有的新闻主持人为了追求感人的效果,在电话连线中对受害者家属步步紧逼,让其遭受二次创伤,显然这种电视新闻主持只是一味想通过煽情来追求高收视率,而忽略了对受害者的人文关怀。事实上,对于民生新闻的主持人而言,真正贴近生活、贴近实际、贴近百姓,并不等于主持语言上的情绪化,而应该是发自内心的心系人民,关心民生,站在民众的角度报道新闻、主持节目。

(四)缺乏具有国际影响力的新闻主持

作为电视大国,美国的广播电视发展不仅在世界上首屈一指,还造就了一批具有国际影响力的主持大腕,曾经的克朗凯特、丹·拉瑟、拉里·金、奥普拉,以及当今的许多主持人在全世界各地可谓无人不晓,他们不仅在世界各国的政治经济界名声响亮,而且对

---

① 刘薇.民生新闻主持人存在的问题[J].记者摇篮,2008(11).

全球,特别是美国的社会生活具有不可估量的影响,他们是电视媒体的显著标志,也是电视媒体社会影响力、社会公信力乃至巨额经济来源的主要保障。当然,除了主持人自身的素质之外,他们的影响也与美国实行的主持人明星制分不开。主持人明星制起源于20世纪50年代的美国,是电视新闻商业化运营的产物。他们把选中的电视新闻主播包装成为明星,用主播的名字为节目命名,多用近景甚至特写镜头让主播与观众接近,创造出了丹·拉瑟、汤姆·布罗考、彼特·詹宁斯等一大批国际范围内有影响力的大牌新闻主持人,同时为美国各大广播电视网带来了丰厚的广告收入。①

反观我国电视新闻节目,长久以来,国内电视新闻主持人往往吃"青春饭",在荧屏上出现三五年头就退居幕后或者改行,如昙花一现,更鲜有用主持人名字命名的节目。随着国内电视新闻业的飞跃发展以及国外电视新闻业的影响,人们的认识水平逐渐向国际成熟体系靠拢,认识到电视新闻主持人应该是"越老越吃香",一些节目也开始尝试主持人明星化的培养,希望打造具有栏目特色的新闻主持人,如《小崔说事》《小丫跑两会》《岩松看台湾》等一系列个性化的节目,但整体而言,这种带有主持人个性化特色的节目仍占少数,多数新闻节目仍然是一种传播模式,千篇一律,不具有高辨识性,更不要说具有国际影响力了。像白岩松、张泉灵等知名主持人,在国际上的号召力仍然很小,甚至说根本没有,而这显然与中国这样一个电视大国的地位不相称。国际意识不够,国际地位不足,这也是我国电视新闻主持乃至中国电视整体发展所面临的一个窘境。

在信息爆炸的多屏幕传播时代,电视新闻主持人只有拥有独特鲜明的主持风格,才有可能被观众选择、记住与追随。这种主持风格由主持人的性格与阅历所决定,渗透在节目主持之中,散发着特别的个人魅力。实践证明,白岩松、水均益等一批风格鲜明的主持人不仅树立了自己的品牌形象,而且大大提高了新闻节目的传播效果。日本著名新闻主持人久米宏这样谈及自己的主持风格:"我与同行中的任何人都有不同,我有我的主持方法……说到底,我既不是记者,又不是新闻报道员,说到底我是新闻节目的主持者,是控制新闻节目程序的专家。"

四、中国电视新闻主持的发展思路

美国电视界的权威人士认为:如果一个新闻节目成功的所有因素加起来等于10,那么主持人的因素则占到8。② 在如今竞争激烈的媒体环境之中,各档节目若想稳住收视率,树立社会影响,就必须推出有吸引力、品牌化的主持人。可以说,未来中国电视的竞争将主要是围绕主持人的人才竞争。根据国内新闻主持的发展现状及所存在的问题,本书认为,国内电视新闻主持队伍未来的发展方向有如下几点:

---

① 郭琳.从凤凰卫视看中国电视节目主持人明星制的发展[J].湖北教育学院学报,2006(23):12.
② 蔡帼芬.明星主持与名牌节目[M].北京:北京广播学院出版社,2004:224.

(一)走品牌化发展道路,发挥主持人的品牌效应

实践证明,新闻主持人的影响力正在与日俱增,尤其是明星新闻主持,他们的优势通过大众传媒通道得到放大,如同其他明星一样,他们拥有自己特定的观众群,在大幅提升新闻节目传播效果的同时,他们也为商业利益的获得带来了可能性,具有显著的明星效应,甚至已经成为电视新闻节目的标志。比如一提到《焦点访谈》,我们就会想到水均益、敬一丹;一提及《东方时空》,观众脑中就会浮现白岩松、张泉灵等人的形象。用孙玉胜的话说,即"主持人是节目的品牌,品牌意味着产品质量的稳定性。只要牌子在,产品的质量就被观众信任着"。① 尽管到目前为止,我国电视新闻业已经出现了一批实力强、素质高的明星主持人,但数量还很有限。即使是在这些明星主持人中间,真正形成品牌,能发挥出品牌优势的主持人更是少之又少。

正如孙玉胜所说,品牌意味着产品质量的稳定性。主持人品牌效应的建立,首要条件亦是主持人节目的高品质,而这同样需要通过主持人扎实的新闻报道与主持技巧来加以体现。CBS新闻部副经理戈登·曼宁曾这样评价新闻节目主持人:绝大多数主持人是通过展示报道技巧而不是靠化妆来得到观众的信任感,从而树立明星地位的。② 的确如此,作为一名电视新闻主持人,他的首要任务是全面、准确、客观地报道新闻,将自己从记者编辑那里获得的材料二次传播给观看节目的观众。正是因为电视主持人是电视新闻输出的最后一道加工者,因此主持人需要具有独特的人格魅力。所谓人格魅力是指主持人的个性通过电视传播媒介对观众产生的吸引力。这种人格吸引力不仅仅体现在形象这些外在条件上,更重要的是在与群众"同呼吸、共命运"的基础上形成自己的风格特点,或者如柴静的知性,或者如白岩松的深邃。尽管不同的人有不同的风格,但真诚、善良、热心这些基本的性格特点是相通的。

作为电视媒体的一种独特品牌,名主持或品牌主持与好的节目之间是一种相互促进、协同进步的关系。也就是说,主持人的成功需要依托一个有影响力的新闻栏目,而主持人的成功同样可以以其品牌效应进一步反哺新闻栏目,促使节目获得更多的忠实观众,甚至带动其他的栏目。由于意识到了主持人品牌的巨大价值和潜力,凤凰卫视在建台之初就提出明确的"三名战略",有效地利用一些名主持人的品牌效应打造和拓展新的栏目。

品牌的形成需要以一定的质量和信誉作为保证,因此品牌需要管理、需要规划、需要延伸、需要传播,需要提供配套的管理机制和管理措施。新闻主持的品牌化发展道路显然需要从品牌管理的角度出发,在新闻主持的风格定位、新闻主持的品牌宣传、品牌评估等方面遵循品牌发展的规律,体现品牌管理的价值。

---

① 孙玉胜.十年:从改变电视的语态开始[M].北京:生活·读书·新知三联书店,2003:362.
② 转引自赵淑萍.电视新闻节目主持艺术[M].北京:北京广播学院出版社,1997:29.

(二) 加强实践，丰富新闻主持的实践经验

不管是美国三大电视网新闻主持的从业经历，还是白岩松、柴静作为记者型主持人的成功经验，中外电视发展的实践一次次证明，"电视新闻节目主持人的主要来源是新闻记者"，"新闻节目主持人必须来自优秀的新闻记者"。[①] 因而，在未来中国新闻主持的发展战略和发展思路当中，加强实践、丰富新闻主持人的实践经验都是不可回避的问题，也是中国新闻主持发展的必然之路。中央电视台名主持人当年从《东方时空·时空连线》的主持人位置上走下来，投入到《新闻调查》的采访实践中去，为的就是能接地气。可喜的是，2011年8月，为推动新闻工作者切实将群众观点、群众路线体现在新闻宣传实践中，中宣部、中央外宣办、国家广电总局、新闻出版总署、中国记协五部门召开视频会议，在全国新闻战线组织开展"走基层、转作风、改文风"活动，全国各个媒体及媒体从业人员都积极开展走基层活动，一直端坐在主播台上的新闻主持人也开始走出演播室，走进群众中间，积极参与新闻实践，报道新闻。

2011年10月份，中央电视台将新疆喀什皮里村作为青年编辑记者的基层联系点，定期组织一批播音员主持人来到塔县给孩子们公益助学、对接帮扶。在周年10月3日播出的《爱与关切 皮里村孩子们的礼物》走基层系列报道中，崔志刚等主持人给皮里村的孩子们带来了学习用品，还走上校园讲台。虽然这不是传统意义上的新闻主持活动，但却丰富了新闻主持人的实践活动与生活阅历，而且立体化提升了主持人的个人形象与品牌影响力。

同样的例子还有很多。在2011年11月9日《新闻联播》"关注119：全民消防 生命至上"的新闻中，紫凝、郭志坚等新闻主持人分赴广州、江苏、四川等地报道消防日演练，形式丰富，现场感非常强；10月2日《新闻联播》"库尔班：我的命运跟着坎儿井转"走基层系列报道同样引人注目，一直端坐在演播室内的权威主持人李瑞英身着工作服，跟随当地村民库尔班走进了坎儿井现场进行报道。显然，走转改活动为电视新闻主持界带来了一股清新的风气，让主持人的工作更加丰富多彩，实践性也更强。这对主持人来说，不仅能提升业务水平，还能进行品牌传播。

（三）鼓励主持人参与新闻节目制作，拓展主持人新闻业务能力

电视新闻业强调集体合作，每档节目的文稿都会有专门的一班人马撰写，特别是在电视新闻发展初期，电视台的分工更是精细到文字、摄像、播音等细枝末，而且往往"井水不犯河水"。但即使是这样，主持人仍然应该具有新闻写作的功底，至少要保证能按照自己的风格修改文稿与解说词，因为只有这样的个性化写作，才能让电视新闻节目的讲解不会千篇一律，才更容易突出主持人的个人风格。

[①] 孙玉胜.十年：从改变电视的语态开始[M].北京：生活·读书·新知三联书店，2003：371.

历史上,美国三大电视网著名的三位晚间新闻主持都是身兼数职。丹·拉瑟不仅是CBS的固定主持人,还是首席记者和编辑部主任;BNC的布罗考不仅是主持人,还是高级编辑与编辑部主任;ABC的詹宁斯也是身兼首席外交记者和高级编辑。①

从我国电视新闻主持队伍的现状来看,多数主持人在新闻节目中发挥的功能仍然仅限于演播室的串联功能,是一种被动的主持状态,这显然不利于主持人个性的发挥。对于这样一种现象,除去前文所提及的历史原因之外,主要原因在于目前主持人队伍的管理状况,根据我们对江苏电视台等电视机构的调研,成为明星主持之前,大部分的主持人依然被看作是播音的技术工。电视新闻从业人员甚至认为,过多地参与新闻制作过程,会分散主持人的精力。但事实并非如此,如果电视新闻主持人能够参与到节目的策划、编辑、撰稿过程之中,只会加深主持人对新闻节目的认识理解,帮助其在新闻主持中更加挥洒自如,也更有利于其个人魅力的彰显。孙玉胜就曾直言,"人物采访和事件报道才是新闻主持人的最重要的良田沃土。甚至可以这样说,采访是新闻主持人的生命之源,失去采访,就是明星陨落的开始"。②

当然,实际情况是复杂的,国内电视界也不能生搬硬套西方的做法,盲目地追求全能型主持人制度,毕竟主持人的个人素质千差万别,栏目的运作也各自不同。但至少可以肯定的是,电视新闻主持人应该意识到新闻业务能力对提升自身的重要性,充分发挥个体的积极能动性,主动地参与到节目的策划、采访、写作、编辑等制作环节中去。电视媒体则应当充分意识到主持人与播音员之间的区别,给予主持人一定的节目制作压力,赋予主持人一定的节目主权,即表达的主动权和控制权。有了这种主权,新闻主持就不只是对着提示器将别人写好的稿子念出来,或从事简单的串场和串片工作,而是可以根据前后节目和突发情况进行主动的表达,掌握对嘉宾的现场采访权,从而发挥出新闻主持应有的魅力。从这个意义上说,表达的主动权和控制权才是名主持人之所以成功的重要因素。③

(四)完善电视新闻主持人的培养体系与发展路径

不知从何时起,中国电视业界出现了一句流传甚广的话,即优秀的主持人不是学校培养出来的。这句话一方面对我国当前的院校主持人培养提出了质疑,另一方面则隐含着优秀的主持人只能通过工作实践来培养的意思。由于媒体间的竞争日趋激烈,作为社会的瞭望者,电视新闻从业人员的工作强度也大于其他行业,唯有时刻跟进最新的报道,才能满足公众的信息需求。于是,一方面是高密度的工作量,另一方面是缺乏继续学习充电的时间,电视新闻从业人员面临着知识不够用的困境,这也是电视新闻主持人所普遍面临的困境。可喜的是,21世纪以来,伴随着电视媒体机构的全方位改革,主持人的培

---

① 蔡帼芬.明星主持与名牌节目[M].北京:北京广播学院出版社,2004:225.
② 孙玉胜.十年:从改变电视的语态开始[M].北京:生活·读书·新知三联书店,2003:371.
③ 同上,365.

养体系也开始纳入了主持人的管理办法之中,如江苏广电为主持人设置了入职前培训及任职期间的业务培训、出外深造等多种培养方法。但是,需要认识到的是,个体的学习仅仅有外部的支撑是不够的,对于电视新闻主持人而言,更重要的是提高自己对于学习知识的重视程度,加强平时的自我学习,增强在实践中增长才干的意识,自我充电,唯有这样,才能保持主持人的知识架构牢不可摧,并及时创造新的血液,就像央视撒贝宁所说,主持人要永远将自己插在充电器上。

从目前全球电视新闻业发展的走势来看,电视新闻节目的专业化、分众化是不可阻挡的潮流,作为媒体和节目窗口的主持人,必须具有栏目定位所需的专业化知识。这就要求每一个主持人建立自己的专业方向,并且不断地积累,学习学科的前沿知识,将其创造性地应用于电视新闻节目之中,正可谓"术业有专攻"。具体而言,从学校层面上,主持专业的培养应该扩大专业课授课范围,培养专业型主持人;与此同时,与行业需求相挂钩,加大新闻实践的数量与质量。从电视媒体机构层面,应重视电视新闻主持队伍,建立系统完善的主持人培养体系,有效平衡入职前培训与在职期间培训、国内培训与海外学习等多个方面。

第二节 西方媒体出镜报道与新闻主持现状

一、出镜报道是电视新闻报道的常态与重头戏

由于出镜报道的独特魅力,特别是出镜报道纪实性的现场报道和人格化的传播界面,在当今西方电视媒体报道当中,出镜报道已是一种常态,成为电视新闻报道中最常见,也是比重最大的报道方式,除非有特殊情况或时间短等不便采用出镜报道的情况,只要是正常的电视新闻报道,就能够看到记者出现在镜头前从事新闻报道。为了考察出镜报道在西方电视媒体日常电视报道中的情况,我们以美国NBC《晚间新闻》曾经播出的一期节目(节目具体编排见表2-3),为材料,通过分析这期节目的构成,看看美国电视新闻报道的常态。

表2-3 NBC Nightly News 串联单

序号	主题	体裁	报道形式	记者	报道地点	总时长	节目时长
0	提要	——	——	——	——	45″	45′
1	伊朗核危机	消息	记者出镜	ali arouzi	德黑兰	2′30	1′15
				Andrea Mitchell	华盛顿	4′10	1′40
2	叙利亚局势	简讯	口播画面	——	——	4′25	15″
3	美总统候选人角逐	消息	记者出镜	Ron Mott	俄亥俄	7′05	2′40
				John Harwood	华盛顿	8′20	1′15

续表

序号	主题	体裁	报道形式	记者	报道地点	总时长	节目时长
4	雪场雪崩	简讯	口播画面	—	—	8'40	20"
5	暴风雪灾难	消息	记者出镜	Mike Seidel	弗吉尼亚	10'05	1'25
6	纽约股市上扬	消息	记者出镜	Brian Shactman	纽约	12'12	2'02
7	惠特尼下葬	简讯	口播画面	—	—	12'32	20"
	节目预告1	—	—	—	—	13'05	33"
8	膝关节手术有新成就	特稿	记者出镜	Nancy Snyderman	加利福尼亚	15'32	2'27
	节目预告2	—	—	—	—	15'56	24"
9	纪念水星登陆50年	特稿	口播画面	—	—	18'11	2'44
10	火焰瀑布奇观	简讯	口播画面	—	—	18'35	24"
11	名人展览鞋送修	简讯	口播画面	—	—	19'05	30"
	节目预告3	—	—	—	—	19'27	22"
12	救助小企鹅	特写	记者出镜	Kristen Dahlgren	加利福尼亚	21'32	2'05
	报尾	—	—	—	—	22'03	29"

由表2-3可见，NBC当天播出的这期新闻节目总共由12条新闻构成，时长总计22分03秒，除去开头的提要部分、结束时的报尾部分以及节目中间穿插的几段节目预告，实际播出新闻总计为19分33秒。在总共播出的12条新闻中，采用出镜报道方式的有6条，总共14分49秒，虽然在条数上与非出镜报道内容平分秋色，但在时间上却占全部播出新闻的76%，占有绝对优势。而在节目播出的12条新闻中，每条采用出镜报道方式播出的新闻的平均时长为2分28秒，最长是一条时长3分55秒，最短的一条1分25秒。没有采用出镜报道方式播出的6条新闻平均时长为46秒，分别由5条简讯和一条特稿构成，其中时长最长的一条，即其中的特稿为2分44秒，时长最短的一条简讯只有15秒，足见出镜报道在当天全部播出新闻内容中的分量。

再仔细分析没有采用出镜报道方式的6条新闻则可以进一步发现，其中的5条因为是简讯，每条时长平均不到30秒，没有办法也没有必要采取出镜报道，而另一条特稿，即《纪念水星登陆50年》那条，实际上也没有具体的新闻事件，而是一条历史影像资料的汇编，多少有些预告新闻的意思，因为情况比较特殊才没有采用出镜报道的方式。虽然没有采用出镜报道的方式，但观众仍然在片子中看到了其节目主播作为记者出现的身影，其中隐含的意思是主播Brian Williams在以后的时间肯定要重点报道这件事情，想必届时又会是个较充分的出镜报道。

进一步分析6条采用出镜报道的新闻还可以发现，在这6条新闻当中，出现在镜头前的记者总共有8位之多，其中两条新闻中出现了两个分别从不同地方进行报道的记者，这些记者在镜头前或描述、或体验、或评论，从不同层次和不同方位对新闻做了全面的报道，从中也可以看出出镜报道和出镜记者在美国电视新闻报道中的地位和意义。

而在同一天播出的中央电视台《新闻联播》节目当中,在播出的总共17条新闻中,采用记者出镜报道方式的只有3条,在数量上占17.6%,而时间比重方面,当天节目播出的新闻内容时长总共是29分51秒,其中采用出镜报道方式的3条新闻加起来片长为7分15秒,占全部播出时间的24.3%,其中最长的一条新闻《曹妃甸港:乐在其中的"高空司机"》(4分05秒)还是出现在特别专栏《走基层·在岗位》中,它既非严格意义上的新闻,也不属于常态性内容。由此不难看出,出镜报道在当下中国的电视新闻报道中,无论是在构成比例上还是在着力程度上,还远远没有成为电视新闻报道的一种常态。

二、西方电视新闻主持的现状

凡看过西方电视媒体的新闻报道或者对西方电视行业有所了解的人,都会对西方电视新闻主持人"老生当道"的局面印象深刻,除了年龄普遍偏大之外,西方新闻主持还存在着"阳盛阴衰"的情况。而他们中的绝大多数,往往具有丰富的新闻报道经历以及人生阅历,而这正是西方电视中新闻主持的主要特点。

(一)年龄普遍较大

在美国电视新闻界,特别是新闻主持界一直有句话叫作"越老越吃香",这反映出以美国为代表的西方新闻主持的一个很重要的特征,那便是主持人的年龄普遍较大。以美国三大传统新闻网的晚间新闻的主播为例,NBC《晚间新闻》的主播Lester Holt已60多岁,三大主播中唯一的女性;CBS《晚间新闻》的主播Norah O'Donnell 2020年已经45岁,继任ABC《晚间新闻》主播的David Muir也已经40多岁。而在美国CBS著名的《60分钟》栏目里,那些常常出现在镜头前的记者型新闻主持的平均年龄也都超过60岁,像华莱士、鲁尼,一直工作到80多岁,即使在他们离世前也几乎没有停止工作。

笔者曾经选取美国国内当时最著名的十个栏目的主持人,通过统计调查的方法,对比了中美电视主持人群体在年龄上的差异,结果发现,美国电视节目主持人的平均年龄为59.1,接近60岁,比中国电视节目主持人的平均年龄38.6岁,大了将近20岁。[1] 在进一步对中美电视节目主持人的不同年龄段加以比较后发现,美国主持人"老人当道"的局面似乎更加明显。中国电视节目主持人中,年龄在60岁以上的比例为"0",而美国同行在这一年龄段的比例竟然高达"50%"。中国电视节目主持人的年龄主要集中在"30—39岁"(57.7%)和"40—49岁"(26.9%)两个年龄段,而美国同行在这两个年龄段的主持人则只有20%。美国电视节目主持人的年龄主要集中在"50—59岁"(30%)和"60岁以上"两个年龄段,而中国同行在这两个年龄段中所占的比例只有7.7%。另一个不能忽视的数据是中国主持人在"20—29岁"年龄段所占的比例为7.7%,而美国同行在这个年龄

---

[1] 高贵武.中美电视主持人群体特征比较[J].国际新闻界,2007(12).

段上的比例为 0。

就笔者调查取样最多的新闻节目来看,中美电视新闻节目主持人的年龄差距似乎没有那么悬殊,中国主要集中在"30—39 岁"(47.1%)和"40—49 岁"(35.3%)这两个年龄段,美国则主要集中在"50—59 岁"(33.3%)和"60 岁以上"(46.7%)这两个年龄段,但这些数据仍雄辩地说明,与中国新闻主持人群体相比,西方新闻主持人群体普遍年龄偏大。

(二)男性新闻主持居多

在美国电视新闻主持界,尤其在一些特别重要和严肃的新闻节目当中,男性似乎一直处在主导位置,多数电视台的新闻节目主持人都是上了年纪的男性,如前面提及的美国三大新闻网晚间新闻的三位继任主播当中,便只有 Diane Sawyer 一位女性,尽管在 Katie Couric 退休之前,三大新闻网的晚间新闻主播曾经出现过女多于男的情况,但这种情况在她退休之后便再度消失了。又比如《60 分钟》节目,在总共十多位出镜记者型主持人当中,只有两三位女性,其比例远远低于男性。

在笔者所做的研究当中,同样可以发现,中国电视节目主持人的性别构成总体上是女高男低(分别占 53.8%和 46.2%),特别是在谈话类和综艺娱乐类栏目中,女性主持人不是独占鳌头,就是占了半壁江山,只有在真人秀节目当中,男性主持人才勉强有某些优势。即使在新闻节目当中,女性主持人依然占有一定的优势。

与之相反,美国电视节目主持人中男性的比例(65%)显然具有较大优势,这一点同时体现在其新闻、综艺娱乐、真人秀等节目当中。综艺娱乐、真人秀栏目甚至出现了男性主持人一统天下的局面,只有在谈话节目中,男女主持人在比例上才达到平衡。

(三)新闻报道经验丰富

只要稍加留意美国当今新闻主持人们的履历,不难发现他们都有着一个共同的特点,那就是在这些新闻主持人坐上主播台之前,他们都有异常丰富的新闻报道经历。比如原 ABC《晚间新闻》的主播 David Muir 在担任晚间新闻的主播之前一直从事记者工作,他不仅当过 ABC 的驻白宫首席记者,而且是第一个报道难民危机的记者,其采访足迹遍布全球,在中国四川汶川地震现场同样有他的身影。由于在记者岗位上的出色表现,David Muir 先后 11 次获得爱德华·默罗奖,其对卡特琳娜飓风的报道则被美国《纽约时报》称为飓风报道的"标杆之作",他也被《名利场》杂志称为危机时刻国家的主持人。ABC 的 Diane Sawyer 同样从 1967 年便开始在地方电视台从事记者工作。在成为 ABC《世界新闻》的主播之前,她不仅是著名的 CBS《60 分钟》的第一位女记者,而且足迹遍布世界各地,几乎采访报道过当今世界所有的重大新闻。由于工作出色,Sawyer 不仅获得过包括"艾美奖"在内的无数奖项,而且在 1997 年成功入选美国电视学会名人堂。继 Katie Couric 接任 CBS《晚间新闻》主播的 Scott Pelley 更是从 15 岁起便开始介入媒体工作,并在地方电视台当了几十年的记者。在1989年进入CBS以后,他不仅当过CBS驻白宫的首席记者,报道过政治、战争等各类新闻,而且是《60分钟》栏目的主力记者,《60分钟》全部获奖作品几乎一半都是出自Pelley之手,而他个人则先后获得过14次艾美奖和5次爱德华·默罗奖。①

而在中国电视节目主持人中,在现有岗位上工作1—2年的主持人相对最多,其比例为34.6%,其次是在现有岗位上工作3—5年者,占19.2%,二者之和为53.8%,这说明中国超过一半的主持人在现有岗位上干了不到5年。能在一个岗位上工作超过5年,如持续工作20年以上、11—20年和6—10年的主持人均不到1/6,各为15.4%。即使是在中国发展历史相对较长的新闻节目中,人数最多的仍是只干了1—2年的人,约比例为29.4%,而真正在一个岗位上连续工作20年以上的人仅为23.5%。

而在美国,在一个岗位上连续工作十几年甚至二十几年则属平常。美国电视节目主持人中,人数最多的是在一个岗位上连续工作10年以上的人,比例占到30%,其次是在一个岗位上连续工作20年以上的人,所占比例为20%,二者相加达到50%,即在美国有一半的主持人已在现岗位上连续工作超过10年。如果再加上已在一个岗位上工作6—10年的人数,则美国大部分主持人都已在各自的岗位上干了5年以上,这与中国大部分电视节目主持人工作不到5年者超过一半的局面形成了鲜明的对比。在美国电视节目主持人中人数最少的是那些在一个岗位上工作了1—2年的人,只占15%,这意味着在美国电视节目主持人岗位上的确新手不多,也说明美国电视节目主持人生命力之顽强。

(四)人生阅历丰富

西方媒体的新闻主持一方面有着丰富的新闻报道经历,在成为真正的新闻主持之前已干过多年记者,并且在采访报道领域成绩非凡;另一方面则是人生阅历异常丰富,在成为真正的主持人之前不仅当过记者,而且在不止一家媒体工作过,甚至也有着其他行业的工作经验,可谓人生阅历丰富。例如前面提到的Diane Sawye早年曾经在总统选举办公室担任过秘书工作,Scott Pelley更是从15岁起便开始接触媒体工作,并在地方电视台当了几十年的记者。

通过统计比较,在中国新闻节目主持人中,"有过三种(含)以上从业经历""有过两种从业经历""有过一种从业经历"者的比例分别是35.3%、23.5%和29.4%,另有11.8%的人"无从业经历",具有两种以上工作经历者共计58.8%,超过一半。美国新闻节目主持人中,"有过三种(含)以上从业经历""有过两种从业经历""有过一种从业经历"者的比例分别是46.7%、46.7%和6.7%,没有"无从业经历"者,而具有两种以上工作经历者共计93.4%,远远大于中国主持人的同类指标,说明美国的新闻节目主持人在阅历上要远比中国同行丰富得多。

---

① 三人资料分别来自三大电视网网站。

统计同时发现，中国电视节目主持人大部分原来已经是主持人或是有过主持经历的，其比例高达65.4%，紧随其后的则分别是记者、编辑（导）和播音员（包括主播），所占比例为30.8%、26.9%和26.9%，另外还有超过1/5的人（23.1%）有过其他职业经历，如教师、军人、职员等，而没有从事过任何职业和有过制片人（监制）经历的主持人则分别只有11.5%。由此可以看出，在中国，曾经当过主持人、播音员或记者、编辑的人更有可能成为主持人。在美国，现任主持人曾经从事的职业排在第一位的是记者，比例高达65%，而中国排名第一的主持人职业在美国则退居第二，所占比例为55%。排在第三、第四位的是主播（包括播音员）和其他职业，所占比例分别为40%和35%，显然都高于中国同行的同类指标。排在其后的职业是编辑（导）和制片人，各为15%，编辑一项明显低于国内同行，而制片人一项则略高于国内同行，这可能与两国电视编辑职业与制片人职业的业务重点不同有关。资料同时验证了前文结论，即一毕业就直接从事主持人工作的现象在美国是不存在的。

值得关注的是，美国新闻节目主持人的曾经职业经历中，有过记者经历的比例高达86.7%，充分说明美国媒体在选择新闻节目主持人时更看重其当记者的经历。

（五）属于所在栏目的核心与灵魂

如果说当今中国的新闻主持还多少有些名不符实，无法体现其中"主"的角色及任务的话，美国的新闻主持则可以称得上是真正的名副其实。按照当初发明Anchor（新闻主持）一词的唐·休伊特的意思，这个词是对记者或专家等报道团队中居于主导地位成员的称谓。由此不难看出，新闻主持实际上是在新闻节目中处于主导地位，参与新闻的采访、编排并出镜播报新闻的人，与传统意义上只履行有声播报任务的"播音员"（在英文中通常被称为Announcer或Reader）或"主要的播音员"相差甚远。换句话说，新闻主持应该是其所在栏目的核心与灵魂，而这恰恰是美国新闻主持的一大特征。

在美国，一个栏目的主持人绝对是一个栏目的核心和灵魂，栏目内所有的人员配置和工作安排基本上都是围绕主持人展开。主持人不仅在栏目中具有较高地位，而且往往头顶着执行总编辑的头衔，而且具有较大的权力，掌握着节目内容的绝对控制权，有权对节目的内容做出选择、对节目的内容进行编排，有权左右节目的表达方式。所在栏目内的编辑和工作人员则完全听由主持人调遣和指挥，随时处在准备协助和服务于主持人的状态。这一切当然都是为了充分保障和体现主持人的个人风格，使整个节目具有主持人的鲜明个性色彩。与新闻主持的高职位和高权力相比，美国的新闻主持同时也有着高收入的特点。作为所在栏目的核心和灵魂，以及节目最鲜明的品牌符号，新闻主持们同样是所在栏目收视率和社会影响力的保障，因而他们的收入也普遍高于其他工作人员，如当年CBS是用百万年薪留住丹·拉瑟，拉瑟退休后，CBS又用1500万美金的年薪从ABC挖来了Katie Couric。因此，绝不是人人都能成为或被称为新闻主持的，只有"少数几个真正能在工作中起主导作用、以个人魅力将电视新闻制作的各个环节整合起来的主持人才配得上唐·休伊特当初发明这个词的本意"。①

三、西方出镜报道与新闻主持的发展趋向

进入新世纪以来,随着电视新闻媒体间的竞争和技术进步,以及受到网络新媒体的影响和冲击,以美国为代表的西方电视媒体的出镜报道和新闻主持也出现了不少新的变化,也预示着世界范围内的出镜报道和新闻主持的某些发展趋向。

(一)记者人数逐渐减少,一人多任现象明显

当新媒体日益分流传统媒体的用户群时,传统记者的工作环境也在发生着微妙的变化,其中的变化之一便是传统记者,特别是驻外记者人数减少。对此,CNN 前五角大楼记者 Jamie McIntyre 有着深刻的体会。1991 年,在对巴格达进行现场报道时,他们需要 5 个人操作 24 台设备。但 2008 年 2 月,Jamie McIntyre 借助网络视频及 MacBook 等,一个人便从伊拉克首都为互联网发回最后现场报道。在美国传统媒体工作者的眼中,由于经费紧张和技术的进步减少了对大量工作人员的需要,广播电视机构的驻外部越来越依赖于一至两人的运作方式。NBC 新闻频道高级副总监在谈及 NBC 运作方式的改变时,也承认:"当我们想要开设新的办事处时,我认为越小越好。"这一面是商业压力的增大,另一面则是由于公民记者分享和发布新闻行为的增多。驻外记者需求锐减的现象不仅仅出现在美国,据路透社最新研究显示,驻外记者"可能将不再是我们了解世界的主要渠道"。2011 年,越来越多的新闻机构将严重依赖普通公民上传的社交内容。②

由于记者人数减少,美国电视媒体的记者,特别是出镜记者在角色上一人多任的现象逐渐明显。一方面,出镜记者一个人要承担过去由文字记者、摄像记者等其他人分担的工作,体现一专多能;另一方面,出镜记者的报道范围与报道领域也在不断拓展,比如 NBC 驻中东首席记者 Richard Eagle,因为常驻中东,熟悉阿拉伯世界并精通阿拉伯语,只要涉及中东局势报道,不管是埃及、利比亚,还是叙利亚、伊朗、伊拉克,但凡有这方面的报道,人们总能在电视上看到 Richard Eagle 的报道或是评论,他似乎成了一个全能

图 2-1　外国出镜记者在做报道

---

① 高贵武.世界电视新闻报道的奠基人与先行者[J].国际新闻界,2009(11).
② 2011 年新闻媒体业十大预测:驻外记者可能消失[EB/OL].(2010-12-21)[2020-05-06]. http://it.sohu.com/20101221/n278431342.shtml.

的超级记者。

(二) 出镜记者专家化趋势明显

分析美国的新闻报道不难发现,与中国的情况大体相似,活跃在美国电视报道中的记者大都有着各自负责的领域,用中国的话说就是都有对应的口,都属于跑口记者。如负责白宫报道和国会报道的始终负责白宫报道和国会报道,负责气象报道和环境报道的始终负责气象报道或环境报道,负责财经报道和健康报道的则始终负责财经报道或健康报道。但与中国情况不同的是,美国的出镜记者除了常常在自己对应和负责的新闻领域出镜报道之外,还是其报道领域的专家,他们既有着首席记者的称谓,而且在其负责的报道领域内享有较权威的话语权,往往承担着其所报道领域的观察家和评论员的角色。电视媒体一旦要对某些新闻发表评论,首先出现的便是负责这一报道领域的记者。拿 NBC 的《晚间新闻》来说,负责报道国际新闻,特别是中东局势新闻的是其常驻中东的首席记者 Richard Eagle,每当《晚间新闻》里有关于中东局势的报道时,观众总能看到 Richard Eagle 身穿防弹背心、站在中东某地,面对镜头所做的出镜报道,而每当《晚间新闻》报道需要对中东的局势做出分析和评论时,观众也总能看见 Richard Eagle 身着西装坐在演播室里就中东及世界局势侃侃而谈的情形,甚至不光在《晚间新闻》里有他的评论,在其他的栏目中也总能看到他的身影。

Richard Eagle 是这样,负责其他领域新闻报道的记者也都是这样。例如一旦有食品、药品方面的新闻发生,出镜来做报道和进行评论的肯定是负责这方面报道的记者,一旦有股市、证券方面的新闻发生,出镜来做报道和进行评论的肯定也是负责这方面报道的记者。这些记者由于长期负责某方面的报道,不仅对其负责领域的情况了如指掌,拥有大量独家的信息,而且堪称其报道领域内的专家,对其报道的新闻具有专业而深刻的见解,而这是中国的记者所无法比拟的。随着传统电视机构的精减,出镜记者尽管在负责的领域上出现了某些拓展或整合的趋势,但成为专家的趋势并没有削减,而是更为突出。

(三) 新闻主持风格日益多样

美国当地时间 2005 年 8 月 7 日,詹宁斯因患肺癌在纽约家中离世,享年 67 岁。随着詹宁斯的去世和布罗考、拉瑟相继离开主播台,美国三大无线新闻老牌主播的辉煌时代已成为永远的过去时。而在此之前,美国新闻界一直保持着 CBS、NBC 和 ABC 三足鼎立的局面。

与最早的新闻节目主持人克朗凯特以及后来《晚间新闻》的三大主播明星一统天下的正统、严肃的主持风格相比,当下美国新闻主持的风格也出现了日益多元的趋势。在美国当红的新闻节目主持人群中,既有以 NBC《晚间新闻》主播布莱恩·威廉姆斯为代表的传统的严肃型的主持人,也有以《每日新闻秀》主持人乔·斯图尔特为代表的娱乐化的新闻节目主持人。尽管按照传统的观念,斯图尔特算不上真正意义上的新闻节目主持人,而更应该算是娱乐或谈话节目类的主持人,但在新闻节目中加入娱乐的元素,或者以更多区别于以往新闻节目主持人风格的方式来主持新闻节目的情况却越来越常见,这也反映出了以美国为代表的西方国家新闻主持发展的某种趋势。

(四)新闻主持的影响力与号召力已不如前

美国三大明星主播时代的结束既有主持人本身的原因,也与传媒新科技的发展不无关系。新科技的出现,已经大大改变了新闻主持界竞争的格局。在当今美国,已很难找出像当年的克朗凯特与三大主播那样有着巨大影响力和感召力的主持人。现今美国电视新闻节目的竞争,已不再是无线电视网之间单纯的竞争,而转变为无线电视网与有线电视、传统媒体与新媒体、博客及其他电子传媒之间多角的竞争关系。正如佛罗里达大学新闻系主任威廉·麦基恩指出的那样,像沃尔特·克朗凯特这种观众可以完全信任的主播再也不会有了,像过去那种单一的竞争环境也不复存在。

第三章
出镜报道与新闻主持比较

第一节　中国与美国电视出镜报道和新闻主持比较

鉴于美国的电视媒体常常代表了西方电视媒体的较高水平,通过对美国电视新闻节目的出镜记者和新闻主持情况进行梳理,从不同方面对中美电视新闻的出镜报道和新闻主持进行比较,就能够发现中美电视媒体在出镜报道和新闻主持方面的不同以及中国电视媒体与外国同行存在的差距。

一、中美电视新闻出镜报道基本模式比较

关于出镜报道(On-camera Report),按照我们的定义,凡是报道中出现报道者以记者身份面对镜头、面对观众进行报道的电视新闻报道均属出镜报道。从此定义来说,中美在电视新闻节目中的表现几乎没有差别。只是在出镜报道的构成要素上,中国和美国电视台在处理新闻时稍有不同。

(一)"出镜记者"单一元素模式——中国电视新闻的主要模式

对于出镜报道来说,其最基本的构成要素为出镜记者。只要在单条新闻或直播中出现出镜记者,就可以被看作出镜报道。在美国的即时电视新闻节目中,出镜记者不和主持人互动,单独完成出镜报道的新闻非常少见,除非在纪录片中,或大型的直播节目中才零星出现。但是在中国的新闻节目中,尤其是在新闻联播式的节目中,单独由记者完成出镜报道,即以出镜报道单一元素模式完成却是出镜报道的主要类型。如2011年10月2日《新闻联播》中"本台记者亲历的黎波里激战",就是目前国内电视出镜报道中最常见,同时也是最主要的报道模式。

记者徐圣益：我现在距离执政当局武装人员和卡扎菲支持者交火的一个地方不到一公里的距离，也是我们能到达这个交火地点最近的一个检查站。那么这边执政当局的武装人员告诉记者呢，现在交火已经持续两个小时了，我们依然能听到枪声，而且这样的战斗也会继续，还有不断的执政当局武装人员来涌入这个地方，来增援这个战场。

图3-1 "出镜记者"单一元素模式

（二）"出镜记者＋新闻主持＋技术手段"复合元素模式——出镜报道的高级模式

所谓"出镜记者＋新闻主持＋技术手段"复合元素模式，即在"出镜记者"这一基本要素的基础上，根据新闻内容和节目时长的要求，增加主持人和技术表现手段，配合出镜记者完成报道，使出镜报道更加完整和出彩。

目前在出镜报道要素的组合模式中，美国出镜报道要比中国电视新闻更加多样化。CNN晚间新闻节目的代表《时事直播室》（*THE SITUATION ROOM*）中，主持人在演播室中站立出镜，让新闻节目"动"了起来，同时辅助以特色的八块电子屏报道新闻，这八块电子屏不仅可以实现和出镜记者的对话，还能同时插入不同画面和评论员，让新闻报道更加立体。而这样的模式在国内目前电视新闻报道中则主要存在于一些直播连线类的节目当中，

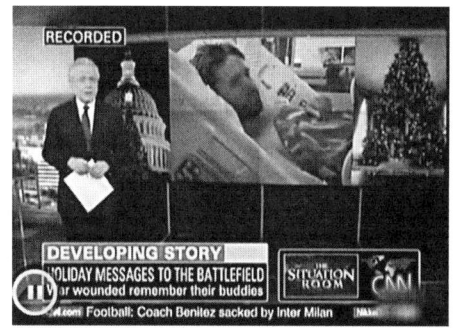

图3-2 "出镜记者＋新闻主持＋技术手段"复合元素模式

虽然也较为常见，但似乎并没有成为主体，而且在其元素复合的多样性上也不及美国。

二、中美电视新闻出镜记者角色比较

美国电视新闻发展较早，尤其是电视直播新闻的发展一直领先于世界，中国的电视新闻在其发展过程中，无论是节目形态还是表达方式，主要是在不断借鉴和改良国外模式基础上发展起来的。对于出镜报道来说，在国际范围内已经基本形成了部分表达方式的认同。表3-1展示了目前出镜记者的身份以及在报道中所起到的作用。

表 3-1　出镜记者的身份和作用

出镜记者身份	记者在报道中所起的作用
记者	介绍现场
	调查、分析和探索
主持人	介绍报道者
	介绍现场
	调查、分析和探索
	播音员式出镜（中国）

记者直接面对镜头,对新闻现场进行介绍、对新闻事件予以描述,甚至配发评论,是出镜报道的基本表现方式。按照出镜记者在报道中所起到的不同作用,可以将其分为两类：

（一）介绍现场,实时出镜

即记者在突发新闻和一般新闻中进行的出镜报道,这是最能表现电视报道优点,也是最为成熟的出镜报道形态。

自 24 小时新闻频道成为电视新闻主流之后,大规模受过专业训练并且全职参与新闻报道的出镜记者不断涌现,他们通过实地采访对新闻事件进行描述、分析和评价,并且和演播室的主持人进行互动,让新闻事实更加深刻地展现在观众眼前。

应该说,从目前来看,美国和中国的电视新闻都非常重视记者在重大新闻中的实时出镜。在形式上两国基本没有差距,而在内容和质量上,中国的实时出镜记者和美国知名电视网的差距还比较大,尤其体现在国际突发事件的新闻报道上。能够流利使用英语并且有较高新闻专业素养的出镜记者依然是凤毛麟角。

美国各大电视网的出镜记者能在国际新闻的实时出镜中表现良好,除了归功于各大电视台的严格选拔、记者本身的优秀素质之外,各大电视台在国际上的影响力、英语的广泛传播力的贡献也不可忽略。

在我国,此类"记者"的出镜报道的繁荣和发展始于本世纪。在央视的新闻实践中,出现了不少"我在现场"的节目,也成就了诸如何润峰、王晓昆、刘苗野等知名记者。在地方电视台民生新闻节目中,日常新闻的出镜报道也逐渐成为主流,赢得了观众的肯定。

（二）调查、分析和探索：记者成为推动事件发展的因素,在调查和走访中承担向受众呈现事实的角色

出镜记者的这类作用除了在消息类节目中得以体现之外,更多、更典型地体现在调查类等专题节目的出镜记者身上。在美国,电视新闻记录片（Documentary）和新闻杂志（News Magazine）是这类出镜报道的主要承载节目。从 20 世纪 70 年代起,CBS《60 分钟》就开始在节目中引入出镜记者,他们在节目中充当"侦探"、分析者和"游客",介绍犯罪

新闻、政治经济文化新闻和部分软性新闻。自《60分钟》后,此类的出镜记者模式很快被其他电视台模仿和引用,也极大促成了此类电视节目在中国的产生。

对中央电视台来说,《焦点访谈》和《新闻调查》等节目的新闻记者也扮演此类角色。王利芬、白岩松、董倩都曾经在相关节目中承担调查、分析和探索的任务。基本上,中国高质量的出镜记者正是从新闻杂志类节目中起步和发展起来的。

值得指出的是,此类记者出镜报道往往采取录播的形式,作为表现电视新闻的深度和观点的手段出现,并且出镜记者不和主持人互动。

从整体来看,央视出镜记者的综合素质与美国的出镜记者相比还有待提高,尤其体现在国际报道上。近些年央视为了推进自身国际报道的影响力,在选拔出镜记者时常侧重语言能力,对记者的专业素质有所忽视。从国外电视发展的经验来看,只有报道的主体真正回归到职业报道的角色——记者身上,报道领域拓展到日常新闻的时候,出镜报道的发展才能真正迈向成熟。

除了记者之外,站在镜头前从事出镜报道的还有主持人。承担出镜任务的主持人大多数出身记者,有着良好的采访功底和出镜功底,他们在出镜报道中以记者身份面对观众。从理论上讲,只有记者出身的主持人才能够应对"主持人体"的出镜报道。作为出镜记者的主持人和一般的出镜记者没有差别,他们都需要承担调查、分析和探索任务,以及呈现现场,进行实时报道的任务。

严格说来,美国电视新闻节目主持的概念和记者的概念区分并不明显,因为大多数新闻主持都是从优秀新闻记者培养和转型而来,因此其头衔只是根据其所从事的具体新闻报道而定的,对于新闻主持来说,他可以完成甚至更高质量地完成出镜记者的任务。

在主持人作为出镜记者的概念下,中国和美国的实践有共性,也有差异。

在中国的电视节目尤其是央视的节目中,一些在调查性报道中积累了丰富出镜经验的记者成为"主持人出镜"的报道主力。这些主持人重新回到记者岗位,担任重要直播节目的出镜记者,这是中国"主持人出镜"的主要模式。如白岩松在1997年参与报道香港回归,张泉灵在"5·12汶川地震"中参与直播报道。但是,在常态新闻的出镜报道中,央视一般不会使用主持人作为出镜记者。

同样的情况也出现在美国。美国诸多电视新闻节目也使用主持人进行现场报道,因为几乎所有美国电视新闻节目的主持人都是记者出身。但是由于主持人的特殊地位,若非重大新闻或重要直播,使用主持人做现场报道的情况较少。

与美国不同的是,中国的出镜报道还包括"播音员体","播音员体"出镜报道的主体是播音员,基本形式是播音员固定站立,面对镜头播读新闻导语。从央视的实践来看,"播音员体"主要存在于党和国家领导人出访等重要时政新闻当中。如央视2019年6月21日《朝闻天下》播出的《习近平抵达平壤开始对朝鲜民主主义人民共和国进行国事访问》,康辉担任出镜记者。

在目前央视的节目实践中,记者进行出镜报道的趋势逐渐减少,呈现出从"露脸"直播到"露话筒"直播的"逆向发展"。如 2019 年 4 月 18 日《新闻联播》"一季度经济观察制造业转型升级加速"中的吴昊;11 月 9 日《新闻 1+1》"种的西瓜被砍,'小黑小恶'"如何除?"中的李志。从这两条报道本身的质量来看,出镜记者的播报时长和质量不尽如人意。这也从侧面印证了"主播"一词创始人唐·休伊特的话:"要想成为一个好主播,你必须先是一名好记者。"

正因为出镜报道的主体是记者,所以未从事过记者工作的播音员和"播音员体"出镜报道必然会随着电视新闻实践的进步而逐渐减少。

三、中美电视新闻主持比较

(一)中美新闻主持的概念比较

"新闻主持"的概念在中美两国电视新闻实践中的差别较大。美国电视新闻由于发展较早,对主持在不同形态的新闻节目中应该发挥何种作用有着清晰的认识,并且角色不同的主持往往在节目中的头衔也不一样。虽然"新闻主持"这一概念在中文中的对应翻译均为"主持人"或"主持",但是在英文中却对应不同单词。如 Host 指一些谈话节目或娱乐、益智、真人秀等节目的主持人,更贴近中文"主持人"的意思;Moderator 指在某些论坛或辩论会现场担任调解或控制话题走向的人,代表节目如美国 CBS《面向全国》(*FACE THE NATION*)的主持人鲍勃·席弗(Bob Schieffer)、NBC《会见新闻界》(*MEET THE PRESS*)的主持人大卫·格利高里(David Gregory)。①

在电视新闻节目中,主持人在英文中最为常见的对应称呼为 Anchor。在美国电视新闻的发展史上,克朗凯特通常被认为是第一个真正实现主持人职能的播音员。自他开始,新闻播报者的名称和职权最终从"播音员"(Announcer)转变为"主持人"(Anchor)。②

Anchor 表示在新闻节目中坐镇演播室,将不同记者和新闻介绍给观众的人,这个词特别强调主持人对节目的控制和参与程度,甚至要求主持人必须在节目中参与评论,或者参与节目的写作和编辑。在美国,金牌主持人丹·拉瑟,汤姆·布罗考和彼得·詹宁斯都属于主播(anchor)类主持人,目前美国的电视节目中,NBC 的布莱恩·威廉姆斯也属于 anchor 型的主播。

在中国,host 型的主持人有董卿、李咏、朱军等,但很少涉及电视新闻节目,而 moderator 型主持人的典型代表为凤凰卫视《一虎一席谈》中的胡一虎。在我国电视新闻的实践中,对于新闻主持的称呼也有自身的特点。

以央视为例,对新闻节目主播的称呼有如下几种:主播(如《朝闻天下》的胡蝶,《共

---

① 高贵武. 美国电视节目主持人的称谓及内涵[EB/OL]. (2009-05-30)[2021-06-09]. http://blog.sina.com.cn/s/blog_48e450bf0100ebsv.html.
② 王纬. 镜头里的第四势力——美国电视新闻节目[M]. 北京:北京广播学院出版社,2000.

同关注》的慕林杉)、主持人(如《环球视线》的水均益)和评论员(如《新闻1+1》中的白岩松)。值得关注的是,《新闻1+1》对于主持人的称呼似乎也不一而论,例如白岩松被称作"评论员",而另外一名主持人劳春燕却被称作"主持人"。

图 3-3　中国电视新闻主持有不同称谓

从这些主持人所起的作用来看,央视的新闻节目确实也出现了 Anchor 型的主持人,典型代表是《环球视线》中的水均益。在节目中,水均益不仅需要播报新闻,还需要和前线记者连线,通过技术手段的辅助对新闻予以分析,引进评论员对新闻进行评论,等等。

图 3-4　水均益在节目中

但是对于中央电视台的大多数主持人来说,他们不能被称作 Anchor,因为这些主持人大多处于播音员和 Anchor 称谓中间的层次——虽然摆脱了单纯念稿子的状态,可以承担演播室直播和连线任务,但是却无法承担控制节目节奏、引导嘉宾和评论员,完成评论和采访的任务。

(二) 中美电视新闻主持作用比较

在美国,电视新闻主持人被称为电视台的"面孔",各大电视台千方百计大打"主持人牌"。在 2005 年之前,三位金牌主持人都被称作电视台的"新闻发言人"。虽然随着老面孔的离开,这种主持人对新闻节目的绝对控制不复存在,但是美国各大电视台还是崇尚有记者经历、资历深厚并且容貌声音均适合上镜的主持人。

对于新闻节目,尤其是晚间新闻的节目来说,更加崇尚"主持人明星制"。晚间新闻节目的主持人不仅要承担主持工作,更多情况下还要承担制片人和评论员的工作。这些主持人参与到新闻报道的决策过程中,不仅要确定当天播出的新闻选题和播出次序,更需要对节目整体的播出做出规划,保证节目的质量。

中国电视主持的作用较为单一,即只为"主持"。这种"主持"的作用介于 Anchor 和 Announcer 之间。从历史角度来讲,中国长期形成的播音员主持模式在很大程度上影响了主持人作为新闻节目主体作用的发挥,主持人不承担或参与制片、新闻策划和编辑等工作,而仅仅是作为播报者将"电视新闻成品"传递给观众。

对于中国媒体来说,主持人往往被要求有较好的声音和外形条件,以及播音主持专业毕业等,但对资历要求较少,因此在央视新闻频道的众多节目里,"美女主播"成为各个节目的"名片"。当然,资历深厚的优秀主持人如白岩松和水均益也是央视新闻节目的倚重对象,因为这些主持人的表现更符合观众的期待。这些现象反映了一种趋势,就是 Anchor 型主持人会更多出现,而且更受欢迎。

四、案例:NBC《晚间新闻》和 CCTV《朝闻天下》"埃及总统是否会辞职"报道比较

本书选择近些年中较为具有代表性的"埃及骚乱事件"作为中美出镜报道典型对比案例。2011年,埃及多处地方发生民众集会,要求总统下台。期间示威游行活动不断升级并演变为骚乱事件,埃及官方被迫做出反应。从1月30号起,骚乱时断时续,2月9日爆发大规模骚乱,民众再次要求总统穆巴拉克下台。此时,国际媒体纷纷将镜头转向埃及政局。2月11日,穆巴拉克辞职,埃及十八天骚乱宣告结束。埃及骚乱由于持续时间长、规模大以及埃及的国际影响力,受到了全世界电视媒体的关注,这些媒体中既包括美国 CNN 及 NBC 在内的三大电视网,也包括中国的中央电视台。下面我们将透过 NBC 的新闻旗舰栏目 NBC Nightly News(以下简称为《晚间新闻》)以及中央电视台新闻频道《朝闻天下》对埃及骚乱事件的报道来探寻二者之间的差别。NBC《晚间新闻》是美国全国广播公司的老牌电视新闻节目,也是报道国内外重大新闻的最具有权威性的节目之一。该节目每日 18:30~17:00(美国东部时间)在全国 NBC 直属台和加盟台同时播出,受众达到 1000 万以上,每周末会播出周末特别版新闻节目。《晚间新闻》的主持 Brian Williams 以清楚的思维和出众的表达闻名,他是 2007 年《时代》杂志评选出的最具有影响力的一百人之一。可以说,《晚间新闻》代表了美国电视新闻节目的最高水平,因此,选取该节目的出镜报道作为西方电视新闻代表进行分析较有价值。

考虑到 NBC《晚间新闻》演播室位于西五区,在2月10日晚 18:30 播出时,按照时差

计算,为北京时间 2 月 11 日 06:30,与央视新闻频道《朝闻天下》的播出时间大体相当。除去信息对等的原则,在当天所有央视的新闻节目中,《朝闻天下》对此事件的报道时间更长,现场出镜时间也更长。而且,《朝闻天下》也是目前国内电视媒体中公开亮出主播的栏目之一。

(一)报道内容和报道时长比较

2 月 10 日 NBC《晚间新闻》中,埃及骚乱升级的报道占据了三分之二的版面,报道时间有 20 多分钟,而央视《朝闻天下》在一个小时内播出了三条相关新闻。其中前两条内容一模一样,由赵普和胡蝶分别播送,第三条为驻埃及记者的出境报道。以下是两家媒体的报道内容和时长列表:

表 3-2　NBC《晚间新闻》报道内容(时长:20'11)

主播 Brian 介绍埃及骚乱情况	1'30
开罗记者 1 介绍现场情况	3'33
开罗记者 2 介绍埃及群众对穆巴拉克讲话的反应	2'05
开罗记者 3 采访骚乱现场群众	1'20
白宫记者 4 介绍奥巴马对埃及局势的看法	1'40
华盛顿直播间的 NBC 主播 2 介绍美中央情报局局长对穆巴拉克讲话的反应	1'18
Brian 采访伦敦政治经济学院政治学教授	1'35
Brian 就埃及目前人民情绪、军队态度和正副总统关系采访埃及驻美国大使	4'05
开罗记者 1 针对大使回答进一步报道现场情况	2'05

表 3-3　CCTV《朝闻天下》报道内容(时长:2'02+2'02+3'06)

主播赵普介绍埃及最新情况:穆巴拉克发表电视讲话拒绝辞职,各方反应	2'02
主播胡蝶重复播送前条新闻	2'02
开罗现场记者陈亮介绍穆巴拉克讲话的详细内容:穆是否丧失对军队的领导权;埃及民众的反应	3'06

根据两个节目的报道内容对比表,从形式上讲,除了报道时间的差距,可以直观看到的是,《晚间新闻》的报道要远远复杂于《朝闻天下》。不仅仅有四个出镜记者配合主播 Brian 的报道,还有另外一个主播在华盛顿和 Brian 进行呼应。同时 Brian 还代表《晚间新闻》采访了专家和埃及驻美国大使。在最后,还由现场出镜记者对信息做进一步更新,较为完整地展现了当天埃及骚乱事件的原貌。

与之相比,《朝闻天下》仅仅有一名出镜记者和演播室主播进行沟通,形式较简单直观。不能"窥一斑而见全豹"。

1.报道结构比较

以下是从报道结构角度对两家媒体的新闻报道做出的图式分析:

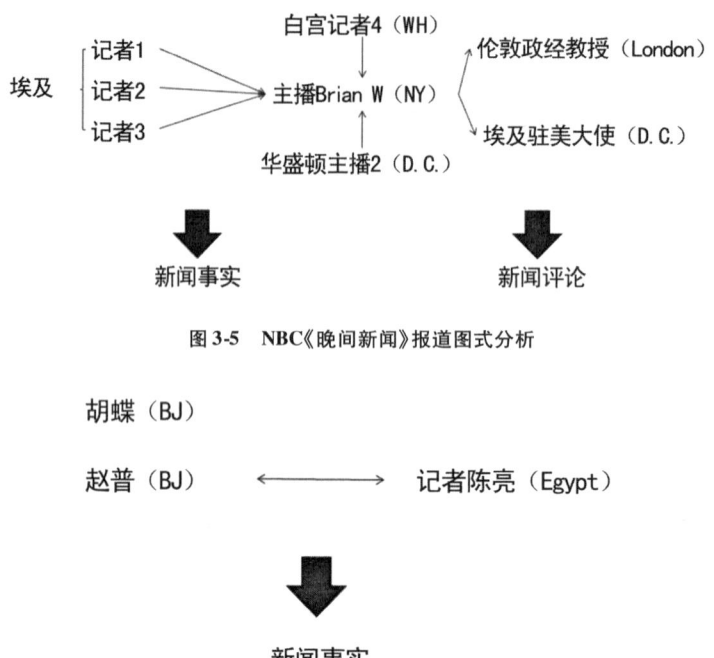

图 3-5　NBC《晚间新闻》报道图式分析

图 3-6　CCTV《朝闻天下》报道图式分析

从 NBC《晚间新闻》的报道图式中,我们可以清楚地看出其报道结构:整个报道是以新闻主播 Brian 为中心,三位埃及前方记者通过不同角度的报道给 Brian 提供现场信息,驻白宫的记者提供了奥巴马关于此事的声明,而 Brian 通过和华盛顿演播室主播的互动,获得了美国官方的最新消息和态度。从结构上而言,这算整个新闻报道的前半期,即"新闻事实展现"部分。从前半期的结构可以看出,埃及前方记者和白宫记者、华盛顿主播都在为 Brian 提供信息。在 Brian 对这些信息进行汇总之后,其角色发生了转换,由主播转为记者,他采访了伦敦政治经济学院的教授,以及埃及驻美大使。这一阶段是新闻报道的后半期,即"新闻原因探讨"部分,其间加入 Brian 对事实的解读,有新闻评论的意味。

相比于《晚间新闻》,《朝闻天下》的图式非常简单,就是主播赵普和记者陈亮的互动,一问一答,仅仅展现的是新闻事实部分。主播并没有对事件进行深度的挖掘,也没有解读的意味。

2. 出镜记者表现比较

论及出镜记者在新闻现场直播中的作用,周勇在《电视新闻编辑教程》中提出五点要求:体现媒体能力;在现场及时传递信息;表达媒介的观点和视点;采访的作用;体现记者的个性化感受。[①] 针对以上要求,我们可以对两家媒体的报道进行比较。

"体现媒体能力"——记者出现在新闻现场的数量是衡量媒体能力的重要指标。《晚

---

① 周勇.电视新闻编辑教程[M].北京:中国人民大学出版社,2002:134-135.

间新闻》派出三名记者对埃及骚乱事件进行报道,相比于《朝闻天下》的一名记者,体现出一个国际电视台应该有的能力。

"在现场及时传递信息"——"在现场"应该是对每个出镜记者的要求。从电视画面的背景可以看到,《晚间新闻》的记者 3 背后是埃及示威游行的人群。而央视记者陈亮的背后则是埃及夜景。因此,《朝闻天下》的受众对新闻的现场感受可能远远不如《晚间新闻》的受众。更进一步说,受众可能会对信息传递的全面性和有效性产生质疑。

图 3-7　NBC Nightly news 和 CCTV《朝闻天下》报道图式分析

"表达媒介的观点和视点"——可以说,在表达观点上,除去记者数量少带来的不利因素外,陈亮和《晚间新闻》的四名出镜记者都基本做到了。

"采访的作用"——不能否认的是,《朝闻天下》在此新闻报道中的败笔出现于此。在整个现场连线中并没有出现任何采访,但是《晚间新闻》的记者 2 采访了两名游行示威人士。并且这两名被采访者在镜头前表现的情绪十分激烈,对增强新闻的现场感贡献极大。

"体现记者的个性化感受"——央视记者陈亮的报道因为缺乏现场感,所以成了对穆巴拉克讲话的转述者和各方意见的汇总转达者,个性化感受叙述几乎为零。《晚间新闻》的出镜记者 2 和出镜记者 3 都尝试用各种词语来说明自己对现场的感受。

综合以上五点,NBC《晚间新闻》的出镜记者在传递和解读新闻现场信息时,表现要优于 CCTV《朝闻天下》。

3. 新闻主持表现比较

相比于出镜记者,新闻主持是电视新闻报道的核心,是报道思路的引导者和解读者,更是推动报道深入的重要角色。宋晓阳在《出镜记者现场报道指南》中提到,新闻主持要具备五方面的能力,即报道、播报、评论、主持、采访。这五点在《晚间新闻》主持 Brian 的身上体现得相当完整和全面。新闻主播在扮演信息收集者的同时,还应该通过自己对新闻的思考和加工,形成新的问题,并针对这些问题开展自己的采访,推动新闻报道的深入,使事实更加清晰和独到地展现在受众面前。中国的新闻主播常常仅起到播报和主持的作用,采访和评论少之又少,而且只有少量知名主播能同时操刀主持、采访和评论。

从仪态上来讲，Brian 在主持和采访时动作更加自由。从某种程度讲，Brian 是通过自己的主持和采访去吸引受众，而不会注意自己的形体语言，但是，无论是胡蝶还是赵普，都是正襟危坐，表情一致，缺乏个性化的形体表达。

好的新闻主播能够使新闻价值重新被发现，更能激发观众对新闻的兴趣和重视。从《朝闻天下》的新闻主播来看，他们对事件的播报是常规性的，容易让观众失去兴趣。单纯的信息播报使电视的画面性和现场感降至最低。该新闻本是国外政坛的重大新闻，具有极为重要的报道价值，但《朝闻天下》的报道方式并未充分体现出信息本应有的价值。

(三) 比较之后的结论

综合以上关于两家媒体出镜记者和新闻主持的分析，可以得出如下结论：NBC《晚间新闻》的新闻主持和记者出镜报道对整个报道所起的作用要大于 CCTV《朝闻天下》；NBC《晚间新闻》比 CCTV《朝闻天下》的报道更立体，也更全面。由此看来，我们和美国优秀媒体的距离依旧很大，中国电视媒体的"主播"与真正的主播或新闻主持还存在着一定的差距。

这种差距除了以上列举的各种形式上和内容上的原因之外，不能否认的是，CCTV 的国际主流媒体意识依然不够。作为国际主流媒体，对于国际重大突发事件应该给予最及时和全面的报道，并且要有权威和丰富的解读。从 CCTV 对埃及骚乱事件报道的分析来看，无论是派出的记者、采访的角度、报道的深度，以及对事件的解读和评论都没有体现此事件本身的新闻价值。

作为出镜报道未来发展的主要方向——实时出镜报道，以上的案例比较分析代表性地呈现了目前中国和美国的电视新闻出镜报道和主持现状。值得指出的是，这里的比较分析只是从技术和报道手法角度对中美电视新闻的不同处理进行了比较，并不能说明两国电视新闻所有的出镜报道情况。

不可否认的是，由于美国电视新闻业的高度发达，各大电视台面临的激烈竞争在一定程度上促进了电视新闻的专业性发展。但是，美国电视新闻的商品性和受众导向型报道方式在一定程度上也会影响报道的专业性。因此，对美国式出镜报道从内容到模式的全盘接收和模仿是不明智的，也不利于我国电视新闻业的发展。在探索我国出镜报道和电视新闻的发展之路时，面对国外同类节目模式，只有客观对待，冷静分析，才能避免电视节目从样式到内容的"山寨"。

五、小结

电视媒体发展至今，"现场直播"和"在现场"已成为公众在突发事件产生后选择电视的最重要的原因。因此，记者出镜报道的水平也成为公众选择电视和电视新闻节目的重要标准之一。但是，记者在场并不意味着电视突发新闻事件报道的全部。相反，记者出镜只是电视新闻报道的开始。只有对现场的信息进行再处理和再加工,融入新闻主持和所在媒体的解读和评论,表明态度,电视新闻报道才能显现出深度和特色,这也是电视媒体相互之间竞争以及各个媒介形态之间竞争的重要环节。

如何体现电视新闻的深度？针对本章对出镜报道和新闻主播的分析,不难看出,要保证电视新闻的深度,最重要的是发挥人的作用。出色的电视新闻现场报道不是赢在画面或技术上,而是赢在人上。这里的人包括新闻主持、出镜记者和采访对象。新闻主持主导着报道的走向,出镜记者提供最新的信息,新闻静态背景中的采访对象更加真实地补充信息,或者印证报道的观点。如何将这些人合理地组织起来并发挥更大的作用,是电视新闻报道的关键。

同时,在电视新闻现场报道中,中国新闻界传统的"出镜记者负责出镜"和"新闻主持负责播报"的概念大可以至此消弭。无论是出镜记者还是新闻主持,他们无一例外可以称为"新闻人"——只为从新闻角度最大限度地呈现事件全貌。在这个过程中,主持人就是记者,记者也是主持人。他们共同合作为受众提供新闻,并对新闻进行解读和评论。在中国电视新闻现场报道中,如何使主持人和记者向"新闻人"转化,是中国电视新闻业界需要继续探讨的重要话题。

第二节　中国与日本电视出镜报道和新闻主持比较

众所周知,由于所处的地理位置比较特殊,与中国一衣带水的日本一直都是自然灾害高发的岛国,更由于地震等突发自然灾害频发,日本媒体,特别是日本电视媒体积累了大量应对突发事件的报道策略和报道经验,而由记者在新闻事件现场通过出镜方式来向观众报道新闻更是日本电视媒体中最为常见的报道方式。从报道的总体方式和表现形态上来看,日本电视媒体与包括中国电视媒体在内的其他世界电视媒体在出镜报道上的表现似乎并没有太大差别,但具体到新闻报道的细节,通过比较两国媒体在同类事件报道上的具体处理,也还是能够发现两国电视媒体之间存在的差距。本节将对中国中央电视台关于大地震的报道和日本广播协会(NHK)对日本大地震的报道进行比较,从中探寻两国电视媒体在出镜报道和新闻主持方面存在的异同。

一、语言表达

（一）信息含量

中央电视台的出镜记者在报道四川地震时,总是把重点自然而然地放在介绍重要数据等信息上,这些本来应该是演播室主持人的工作。分配工作的不准确等因素,使出镜记者要负责太多的介绍性内容,而把心思都放在熟记这些信息方面,所以常常会忽略掉现场应该介绍的是什么,也会忽略掉受众最关心的是什么等内容。这类事件的现场报道最重要的是用语言配合、解释画面,把现场的重要信息准确地传达给受众。比如灾民安置的问题可以不用精确的数据,大致的数字就可以。如果是伤亡人数、余震情况等信息才需要准备一些这样的数据。对于出镜记者而言,最重要的应该是介绍自己所在地的情况,受众能看见的一些情况,这样才能使受众有身临其境的感觉。

在报道四川地震时,中央电视台的出镜记者多数是站在一个外部旁观者的角度,报道的都是一些与事件现场关系不是特别密切的信息。而日本广播协会在报道东日本大地震时,则基本做到了能够提供出镜报道所真正需要介绍的信息。比如:受伤人数、死亡人数、失踪人数、地点、时间、避难信息、救援信息、事态发展等情况,信息含量比中央电视台略胜一筹。日本广播协会的记者多数是把自己作为一个参与者来报道的,这样更容易使受众感同身受,也使报道更加有信息含量。比起中央电视台的受灾报道,日本电视台更擅长把受灾报道转变为防灾报道。

(二) 表达方式

中央电视台的出镜记者在表达方式上,主要采取的是以抒情加叙述事实的报道方式。在直播新闻中我们可以看到很多故意渲染共鸣、涉嫌故意炒作的画面和文字,似乎如果不把新闻报道得更加感人就不是好的新闻,就不会让人有身临其境的感受。这样一来,记者在报道新闻的同时,也就一次一次地强化了地震本身所带给人们的痛苦。中央电视台的出镜报道之所以会出现这样的情况,很大一部分原因是报道者错误地理解了出镜报道的意义。实际上,出镜报道作为新闻报道的一种,其主要意义不是着力渲染共鸣,而是为了更好地把灾难发生地的现场状况报道给受众,增加社会对灾情的了解。总而言之,中央电视台的报道有着自己的一套固定模式,行文中有许多套话,言谈中的感情色彩比较浓。

日本广播协会的报道则比较客观、真实,能够反映出震区的实际情况和受灾民众的要求。总体上讲,日本广播协会的出镜记者在表达方式上,是以客观叙述事实为重点。日本广播协会的现场报道内容短小精干,一针见血,更为符合现场报道的要求,让民众一目了然,务虚的成分和不大必要的成分较少。

二、电视画面

画面在电视报道中的重要性是无可比拟的,因为电视画面是最直观的新闻报道,它在让人一目了然的同时,还能产生强烈的视觉冲击,是电视出镜报道不可忽视的重要方面。对于一场大的地震灾难而言,出现在电视报道中的画面相对来说是较为固定的,特别是随着灾难发生后时间的推移以及救灾工作的进程,这类报道中的电视画面也会发生变化。从中日两国媒体对于发生各自国家的地震报道来看,其差异主要体现在以下方面。

（一）震中报道

由于中国的土地面积、技术等现状，目前没有办法和日本一样建立一套为地震等突发性灾难拍摄画面的设备。日本是多震国家，为此而准备专门的设备是非常必要的。虽然中国的地震没有日本那么频繁，这样做或多或少会有点得不偿失，但却使中国的电视中少了这方面的珍贵画面，是很难弥补的。

中央电视台在余震发生时刻的出镜报道很少，甚至几乎没有，而日本广播协会在余震发生时刻的出镜报道则比较多。在报道中，观众经常可以看见有日本记者在余震发生的时刻身处现场，面向观众介绍当时的余震情况以及记者对当时个人感受的介绍，这使得观众可以通过他们的报道真切地感受到地震的发生，也使得记者所做的出镜报道具有震撼力，这是日本记者出镜报道特别出色的地方。中国的同类报道中则缺少这样的画面，致使电视报道本身缺少一定的现场感和冲击力，这也说明中国记者的反应和行动速度还不够快。

（二）震后报道

比较中央电视台和日本广播协会在震后这一时间点的报道可以发现，在电视画面中，两国的这类报道多数都是以采访避难所的形式呈现。有所不同的是，中央电视台的出镜报道在画面处理上不太注意人道主义关怀，虽然也会在有些灾民的脸上打上马赛克，但是在电视画面中却出现了当事人的伤口一类的电视镜头，有的甚至非常恐怖、血腥，让人难以忍受。除此之外，中央电视台的电视报道中经常出现的画面是老百姓在不断地说着感谢一类的话，以及一些老百姓非常悲伤、非常痛苦的煽情场面。

日本广播协会拍摄的画面大多数是灾民安静地待在避难所或者寻亲处的情景。因为《NHK放送指南》中明确规定，电视画面在报道受灾人员的葬礼、遗体搬运、服装和态度时，都要充分考虑遇难家属的心情和感受，充分体现尊重受众的原则。此外，《NHK放送指南》中还专门提出了遇难者人权的细节部分，要求出镜记者在报道过程中充分遵守这些规定，因此，在日本电视媒体对于地震的报道中，观众几乎看不到那些既恐怖又煽情的电视画面。

（三）救灾画面

在关于地震的报道中，中央电视台的救灾画面占地震报道的很大比例，主要就是被压民众的救助画面和得救画面，以及人民军队展开救援的画面。这些画面的优势是可以让受众了解到国家正在积极救助被困民众，增强民众对政府的信任感，为人民军队的奋不顾身而感动。

在日本广播协会报道中，救灾画面以及血腥画面少之又少，救灾现场很少播放救人的过程，有的只是各国救援队的场景，偶尔出现被地震和海啸摧毁的房屋和城市的画面。

即使出现灾民的画面,也不会出现受伤的灾民画面。这种报道方式只关注事实,几乎不做煽情处理,突显出了日本媒体在灾难和救灾方面的冷静与成熟。但是,媒体的这种成熟与冷静,有时也会让一些不了解日本的外国人理解为冷漠,甚至会让人觉得日本当局好像没有好好救援,也不能很好地传达被困灾民的被救情况。

(四)领导人画面

灾难发生之后,政府领导人亲临现场指挥救灾、了解灾情、慰问灾民是世界范围内较为普遍的现象。由于政府领导人身份特殊,对其活动进行跟踪报道也是各国电视台较为普遍的作法。所不同的是,中央电视台的报道在拍摄领导人亲临现场的画面时,自始至终都把画面的主体放在领导人身上,而忽略了现场的画面和灾民的画面。因而,出现在电视上的画面一般都是领导人讲话或者领导人亲切地握着某某灾民的手,深情地问候他。画面总体单一,持续时间长。这种画面一方面会使受众产生审美疲劳,另一方面也使新闻的信息性降低。

日本广播协会在这类画面的处理上则比中央电视台要更专业一些,在领导人亲临现场的时候,电视画面中的主体并非一直是领导人本身,而是有变化的。画面中各个角度的镜头互相切换,这样不会造成审美疲劳,提供给受众的信息量也会比较多。

(五)记者画面

中央电视台的出镜记者出镜时间较多,不管是单独介绍现场情况还是和被采访人对话,都总是出现在镜头中。与此相比,日本广播协会的出镜记者出镜时间比较少。虽说出镜记者出现在镜头里是电视出镜报道的一个显著标志,其出镜报道在传播学意义方面也有较高的价值,但毕竟在一则出镜报道当中,出镜只不过是手段,报道才是真正的目的,因此在电视出镜报道的画面中,与报道相关的事件现场和新闻当事人才是报道的主角,记者在现场所做的应该是想办法来突显事实,他个人只是事件和事实的配角,而不能以突显记者个人来掩盖新闻事实的精彩。

三、服装

由于要出现在镜头前进行报道,记者的装束、表情、动作等都会成为重要的传播符号,伴随着记者的报道存在。虽然全世界没有哪个国家的电视台会对记者的出镜采访着装有硬性的统一规定,但记者的着装却对其报道有着不可忽视的影响。通过比较发现,中央电视台的出镜记者在服装方面还是比较注意的,但出镜记者在采访中竟然背着背包,这是非常不职业的做法,也是很不尊重受众的表现。比如在灾区下雨的情况下,记者穿上雨衣做现场报道,这样做可以使观众更好地感受现场气氛。但是,如果雨已经停了,记者还是穿着雨衣报道的话,会产生作秀的反作用。不如拍摄一些景物来反映刚才下过雨的事实。

日本广播协会的出镜记者一般在前往地震灾区报道时，都会根据需要穿着统一发放的服装，而不是自己的服装。这样不但能起到很好的报道效果，而且同时保护了记者本身的安全，还可以把地震出镜报道和平时的出镜报道区别开来。

四、采访

中央电视台的出镜报道在采访类别上具有多样性的优点，既有采访领导人的，也有采访灾民、军人和志愿者的。其采访形式大致分为四种：第一是在救援期间与被困民众和军队的对话，第二是在被困民众被救出后，采访其感受、感想，第三是在避难所采访志愿者、灾民、医护人员，第四是采访领导人、负责人的领导方针和政策。第一种采访形式既有利又有弊。有利是可以很好地做到实时传播，有弊是因为这样有可能打搅救援人员的救援黄金时间。第二种采访形式没有任何可提取的信息点，只不过是为了煽情而采访的。这样有可能耽误受伤灾民的救治时间，是一种不可取的采访形式。

与中央电视台相比，日本广播协会无论是在采访类别还是采访形式上都没有那么丰富。采访类别中几乎没有采访救灾人员的画面。采访形式上，只有中央电视台的第三种和第四种采访形式，即经常出现在日本电视画面上的采访，一种是在避难所对救援志愿者、灾民以及医护人员的的采访，再一种就是对领导人、负责人就救援方案和政策方面的一些采访。

五、职业道德

对比发现，无论是中央电视台还是日本广播协会，两个电视台的出镜记者在职业道德方面都表现得很好。只不过，中央电视台的出镜记者似乎更喜欢煽情的成分。作为一名记者，不管处于怎样的情景都要使自己保持理智、保持清醒，不能有在镜头前面流泪等行为，像这种情况在日本的电视台中是几乎看不到的。

六、性别

在这类现场报道中，两个电视台的出镜记者多为男性，女性很少。在大地震发生不久、余震不断的最危险时期，男性记者的比例更高。等地震进入平稳期，危险比例下降后，女性记者的比例会略微升高。

在日本广播协会的报道中，这一特点更加明显。

小结

本节通过比较研究的方法，梳理和总结了以中央电视台和日本广播协会为代表的中日两国电视媒体在出镜报道方面的异同。正所谓,寸有所长,尺有所短,两个媒体在特点和性能上有很多不同,中央电视台的报道模式虽然存在很多政治因素,但却恰好起到了坚持正确舆论导向、引导广大人民团结一心的作用。日本广播协会的客观、迅速的报道符合新闻传播的特性,可以让全国人民快速了解到事实的真相,在媒体传播的过程中所受限制较少,可以较快地发布消息。因为有完善的紧急应急机制和出镜报道的经验,日本的相关报道要比中央电视台的报道更为迅捷,更为完善。

在竞争日趋激烈的传媒格局中,出镜报道的独特性和重要性逐渐显现。媒体如何更好地加快完善工作体制结构,形成立体动态工作模式,便成为我们应思考的题中之义。

第三节 中央电视台与凤凰卫视出镜报道和新闻主持比较

1996年3月在香港诞生的凤凰卫视虽然历史不长,但自诞生之日起,凤凰卫视便以其独特的定位和鲜明的特色在国内观众中掀起不小的波澜,特别是在一些重大新闻的报道上,凤凰卫视虽然没有像中央电视台那样的独特资源和雄厚实力,但依然以其快捷的报道速度、独特的报道视角以及深入的现场报道赢得了业内外的普遍赞誉,在社会中甚至流传着"大事看凤凰"的说法。而在人数不是太多的凤凰记者和主持人中,却有着像吴小莉、陈鲁豫、胡一虎、闾丘露薇、卢宇光、阮次山等一大批在观众中具有广泛影响力的出镜报道记者和新闻主持人,这除了得益于凤凰卫视灵活的经营性体制及其颇具眼光的名主持人、名记者战略,还得益于它在出镜报道和新闻主持方面所体现出的专业水准和专业理念。下面我们将透过中央电视台与凤凰卫视的两个常规性具体栏目,即《凤凰早班车》和中央电视台新闻频道的《朝闻天下》来比较中央电视台与凤凰卫视在出镜报道和新闻主持方面的不同。

为了体现比较的可比性和公正性,我们随机选取这两个栏目从周一到周五[①],从早上七点到八点播出的所有内容。之所以选择周一到周五,不是周一到周日,是因为《凤凰早班车》的播出时间是周一到周五。选择周一到周五,可以使所有样本构成一个比较完整的抽样周期,虽然中央电视台的《朝闻天下》属于日播节目,周六、日并没有停播,但为了体现比较的对等性,《朝闻天下》同样参照《凤凰早班车》选取的是周一至周五的节目。七点到八点时段的选择也是为了更好地比较两档节目,《凤凰早班车》的播出时间为早上

---

① 具体是2012年3月5日、3月13日、3月21日、3月29日和4月6日这五天。具体的抽样方法是没有从两档栏目实际播出时间上抽取整周播出内容作为样本,而是有意选取了一个国内新闻媒体较为繁忙的3月,将这个月的第一个星期一,即3月5日作为样本选取的起始日期并抽取两台两档栏目当天播出的所有新闻内容,然后再选择下个星期的星期二两台两栏目播出内容、下下个星期的星期三两台两栏目的播出内容,以此类推,便得到了两台两栏目周一至周五五天的节目播出内容,构成了一个播出周期。虽然不是实际的节目周期,但这样选择由于拉长了播出周期,实际上也是扩大了样本范围,并且避免了某一周可能存在的特殊情况,从而使两档栏目播出样本更接近常态,在一定程度上保证了研究结论的科学性和准确性。

七点到八点,只有一个小时,而《朝闻天下》则从早上六点开始,长达三个小时,为了更具有可比性,我们同样只选取《朝闻天下》七点到八点的播出内容作为研究对象。截取这一时段的另一个原因在于《朝闻天下》三个小时的节目中每一小时实际上是一个比较独立的板块,而且三个小时的板块设置大体一致,前一个小时播出的新闻在后一个小时一般会重复播送,截取七点到八点档的《朝闻天下》实际上也可以代表它的全貌。

一、《凤凰早班车》

《凤凰早班车》播出时间是周一到周五每天早上七点到八点档,其节目一般包括"重点新闻""今日头条""环球视线""两岸三地""晨间财经""专线大观"和"气象"七大版块,每期节目构成大致相同,其中每期节目一般有一到两次的评论员评论。节目主持人为杨娟和杨舒。

表3-4是对凤凰卫视《凤凰早班车》中出镜报道的基本统计:

表3-4 《凤凰早班车》出镜报道统计

日期	版块	内容	出镜位置	评论
3月5日	头条	两会特别报道	开头	
		习近平出席港澳代表团联组会议	中间	有
	全球聚焦	现任总理普京获六成选票再掌政权	结尾 开头 (两条)	
3月13日	头条	人大今将召开记者会 卫生领域代表谈医改	贯穿始终	有
	环球聚焦	中美举行第三轮亚太磋商	结尾	
		白宫:美军屠杀平民不影响撤军	结尾 结尾 (两条)	有
		和平使命:2012上合军演六月展开	结尾	
	财经	财经新闻	贯穿始终	有
3月21日	环球聚焦	奥巴马批伊朗设"电幕"挡电子信息	结尾	
		美一口气对华产品处两惩罚关税	结尾	有
		奥巴马将与胡锦涛在韩国会晤	结尾	
		法犹太大学生联盟悼枪杀案遇害者	开头和结尾	
	财经	财经新闻	贯穿始终	有

续表

日期	版块	内容	出镜位置	评论
3月29日	头条	胡锦涛在印度会见梅德韦杰夫,中俄在朝鲜叙利亚问题立场一致	结尾	
	环球聚焦	金砖国家经贸部长会议印度举行	结尾	
		朝鲜坚持发射卫星,美决定终止粮援	结尾	有
		美国参议员要求武装支持叙利亚反对派	结尾	
		美冀深化海湾导弹防御应对伊朗	结尾	
		医保听证结束判决影响奥巴马连任	结尾	
	两岸三地	云南石林特殊地貌致旱情	结尾	
	专线大观	佛顶骨舍利四月底赴澳门供奉	中间	
		凤凰杯赛马,祝贺凤凰卫视16周年	结尾	
	财经	财经新闻	结尾	有
4月6日	头条	美国国防部密切关注卫星发射	结尾	有
	环球聚焦	白宫冀中国向朝鲜施压停止卫星发射	结尾	
		柬埔寨成华商东南亚新兴市场	结尾	
		叙利亚声称开始撤军,各地再传冲突	结尾	
		安南视频连线向联大通报叙形势	结尾	
		美:主席声明不足以改变叙局势	结尾	
		奥巴马签新法案,加速美企业扩张	结尾	
		俄罗斯波罗的海舰队纪行之五 俄特种兵实训直击:游弋大洋发动突袭	结尾	
	财经	财经新闻	贯穿始终	

1. 出镜报道总体特征

从表3-4可以看到,在《凤凰早班车》的32条出镜报道中(晨间财经由于其整体性,所以没有将财经信息归为一条),五天中有四天的头条新闻都含有出镜报道,也就是说80%的情况下,《凤凰早班车》的头条新闻都会以配有相关出镜报道的方式出现。"环球聚焦"是《凤凰早班车》所占比重较大的一个板块,每天的"环球聚焦"至少有一条配有出镜报道,据统计,"环球聚焦"的新闻占所有出镜报道的63%。"两岸三地"这一板块的新闻仅有一条,所占的比例很小。"晨间财经"栏目除了第一天没有出镜报道外,另外四天都有出镜报道,出镜记者为固定的庞哲。

具体来看,《凤凰早班车》的出镜报道总体呈现这样的特点:

(1)《凤凰早班车》中,所有消息从出镜到配音都由采访记者独立完成,据统计,不管新闻是否有出镜,新闻都由采制相关新闻的记者配音,如果遇到简讯或者平面新闻的解读,则由主播直接进行配音,没有专门的播音员进行配音。

(2)由表3-4可见,凤凰卫视的出镜记者在画面中多出现于报道的后半部分,据统计有82%的情况下记者是出现在整个报道结尾的位置,一般起补充报道信息和总结评论的作用,如对"美国国防部密切关注卫星发射"的报道,记者在结尾的报道就具有补充信息的作用:"对于朝鲜表示将邀请各国的航空航天单位前往朝鲜观看发射,唐纳表示美国的航空航天局目前还没收到正式的邀请,不过美国的态度就是不会出席。""美参议院要求武装支持叙反对派"一则新闻,记者在结尾的报道则更多地有总结评论的意味:"支持这份决议的共和党参议员麦凯恩之前是以公开要求美国政府军事介入叙利亚,不过在这份决议中,麦凯恩的措辞却没有之前那么强硬。"

(3)从出镜报道的比例来看,《凤凰早班车》中国际新闻的出镜比例远远高于国内新闻的出镜比例,国际新闻的出镜比例占所有出镜的72%,而国内的出镜比例占所有出镜的16%,远远低于国际新闻的出镜比例。

(4)记者的语言表达和非语言表达能力都比较强,记者完全投入整个现场,这也大大提升了记者的表达能力。

2.新闻主持风格

(1)《凤凰早班车》主持人穿着比较随意(见图3-9),主持人一般站立于主持台后,在台上的活动空间也比较大(如图3-8所示),整个播报环境比较轻松,有利于"说"新闻,主持人也显得活泼、亲近。

图3-8 《凤凰早班车》主持人工作场景

图3-9 《凤凰早班车》主持人以站姿说新闻

(2)《凤凰早班车》中,主播的作用得到了充分发挥,主播更主动评论一些新闻,采用网络上的消息或者报纸的评论来说话,使新闻更加有层次和深度。如在事件普京当选总统报道中,主播的串词是这样的:

> 俄罗斯的总统大选已经有了初步的结果,现任总理普京呢宣布他在公平公正和透明的选举当中胜出,官方表示说按照已经点算的半数选票来显示,普京以将近六成四的得票再度登上了总统的宝座,而59岁的普京和现任的总统梅德韦杰夫是一起参加了在莫斯科中心举行的至少有七万人参加的一个祝捷大会,那么普京发言的时候已经激动地落下了眼泪,他说呢在公开诚实的斗争当

中取胜,避免国家落入到企图夺取权力的敌人的手上,不过呢大选委员会就接到了三千多起舞弊投诉,反对派也计划到莫斯科市中心发动大规模的抗议。

有关于俄罗斯大选之后的最新消息,我们立刻连线目前在圣彼得堡采访的特派记者潇华,潇华你好,选票正式什么时候结束?

好的,非常感谢潇华圣彼得堡为我们带来最新的消息,那么第六届俄罗斯总统选举结束,根据初步的选情统计,普京的支持率超过六成,但俄罗斯反对派认为普京当局操控选举,俄共总统候选人久加诺夫表示不会承认选举的结果,而自荐候选人普罗霍罗夫也表示说会搜集选举舞弊证据,诉诸法庭。那么反对派已经号召民众5号到市中心举行大规模的集会,抗议总统选举不公。

而在俄罗斯北高加索的一个票站呢遇到了袭击,造成三名警察死亡,那遇袭的票站是位于达吉斯坦的境内,在投票结束之后,三名蒙面的武装分子和警察发生了枪战,三名警察殉职,一名武装分子被击毙,而警方在他身上找到了自有武器和手榴弹。在带您看到的是黑狗的政治漫画,我们知道哈,普京这次的总统选举呢又再一次地如愿地能够入住克里姆林宫,其实他之前已经当了八年的总统了,两个任期,普京在任的时候呢一直是以铁腕来统治俄罗斯,虽然说俄罗斯人民的生活是有了非常大的改善,但是也有人对他开始不满了,因为整个俄罗斯已经变成了普京的俄罗斯。普京可能已经意识到了这个问题,他也认识到不能光打硬汉牌,而是要打这个眼泪牌,所以在视频中看到在祝捷大会上已经是留下眼泪了,我们看到漫画当中呢就是他牵着一只大熊,这只大熊一直都是他操控的,就是一个垄断的总统权力,他说现在是时候要剪一剪指甲,开始表现得比较温和了。

由此可以看出,主播不仅掌握了大量与报道相关的信息资料,而且对整个新闻的把握和拿捏比较到位,评论较有力道,主播的个人话语风格和主持个性特色非常明显。

(3)凤凰卫视采用主持人合作的方式,香港主持人主要负责整个节目的把控,美国演播室(图3-12)、欧洲演播室(图3-11)、台北演播室(图3-10)、香港演播室、相关财经节目都有专门主持人进行更详细

图3-10 《凤凰早班车》台北演播室及主持人

的主持,这样的分工合作,使整个节目更加紧凑、主持人各司其职,既能防止观众对节目主持人产生收视疲劳,又可以发挥各地主持人的信息优势和主动性。

图 3-11 《凤凰早班车》欧洲演播室及主持人

图 3-12 《凤凰早班车》美国演播室及主持人

3. 评论员风格

(1)《凤凰早班车》可谓很好地体现了"术业有专攻"这一古语。其国内、美国和财经方面都有专门研究这方面的评论员进行分析,评论内容也更专业。如评论美国事务的评论员薛海培,他 1991 年从威斯康星大学社会学硕士毕业后,17 年来一直在美国非政府机构和公关机构工作,为中国能获得美国最惠国待遇、加入 WTO 以及要求日本为慰安妇道歉等问题曾不遗余力地在国会山开展游说,他是第一个在美国国会搞游说公关工作的第一代大陆移民。有媒体称,他对美国政治和美国国会在操作上的熟悉在华人中少有人能比。再如评论"两会"的郑浩,他是大众新闻传播硕士,美国布鲁金斯学会东北亚研究中心 2008—2009 年度客座研究员。自 1990 年起,他先后在香港《明报》《亚洲电视》及《香港商报》出任高级记者及国际新闻部主任等职,专长国际新闻,为报道重大新闻,足迹遍布世界各地。他是一位资深的新闻工作者,能操英语、德语,具备良好的驾驭文字能力,并掌握高水平的摄影技术,曾多次前往阿富汗、伊拉克战地采访,独立拍摄制作过多部电视专题片,还曾参与凤凰多个大型直播节目的英语实时传译工作,如美国"'9·11'事件"、北京成功申奥、伊拉克战争等。由此可以看出,凤凰卫视拥有强大和权威的评论员队伍。

(2)《凤凰早班车》中,凡是加以评论的新闻一定是出镜报道。从表 3-4 可以看出,国际新闻的评论达到 44%,内地新闻的评论为 22%。对于外国新闻的评论要高于对内地新闻的评论,说明凤凰卫视更注重国际新闻的报道和评论。

二、《朝闻天下》

《朝闻天下》于每日早晨的六点开始在中央电视台新闻频道播出,直播三个小时,每个小时的版块设置几近相同,一般固定的版块有内容提要、时政要闻、国际新闻和国内新闻,简讯和体育消息则依据具体情况而定,不是每天必有的版块。其主持人一般为赵普和胡蝶。

表 3-5、表 3-6 是对《朝闻天下》出镜情况的统计:

表 3-5 《朝闻天下》出镜情况统计

日期	事件	出镜位置
3月5日	数千黎巴嫩民众集会,对叙立场针锋相对	开始
	阿塞拜疆购得以色列武器	开始
3月13日	巴以冲突持续:加沙地带武装冲突仍无停止迹象	中间
3月21日	美商务部对我光伏产品反补贴初裁	中间
	德拟对中国光伏产品提起申诉	结尾
	走基层:下大箐村应急饮水工程完工通水	开头
3月29日	印度:零售业以传统业态为主,外资禁入 城市交通拥堵 手机资费低廉 用户迅猛增长	贯穿节目
	叙利亚动荡局势严重影响约旦经济	开头
4月6日	日系电子产品不同程度上涨	中间
	利比亚战事重创突尼斯旅游业	中间
	年内第二次上调存款基准利率	开头
	关注社会资金参建公租房,57年才回本,万科公租房项目遇阻	中间
	即将开启西汉名臣张安世家族古墓	开头

表 3-6 《朝闻天下》评论情况统计

日期	事件
3月5日	两会消息:提升政策质量,关注政策效果
3月13日	两会述评:关注两会亮点 货币政策一向敏感,关联性强
3月21日	美商务部对我光伏产品反补贴初裁
3月29日	温州金融综合改革试验区将设立
4月6日	关注社会资金参建公租房,57年才回本,万科公租房项目遇阻

1. 出镜报道

从表 3-5 可以看出,在五天的抽样中,中央电视台的《朝闻天下》总共有 12 条出镜报道,远远低于凤凰卫视《凤凰早班车》的出镜报道绝对条数。国际新闻有 8 条,占总出镜报道的 67%,国内新闻为 4 条,占 33%。

具体而言，中央电视台新闻频道的出镜报道呈现如下特点：

(1)《朝闻天下》的每条独立新闻中，除了出镜记者在画面上出现独立声音外，整个新闻的配音几乎都是后期配音，在五天的新闻中，仅有少数几条是记者自己配音，如在3月13日的"巴以冲突持续：加沙地带武装冲突仍无停止迹象"、4月6日的国内新闻"央行上调存贷款基准利率"中，记者既有出镜也有配音，其他的出镜报道则除了记者出镜部分之外均由播音员配音。

(2)由表3-5可见，中央电视台的记者出现于报道靠前的位置，其中出镜的时间位置在中间偏前的占83%。记者在这一位置的解说大多起新闻导语的作用，引导观众进入现场，如3月5日的"数千黎巴嫩民众集会，对叙立场针锋相对"，记者于鹏的报道就是典型的新闻导语式出镜，"这里是黎巴嫩贝鲁特市中心的烈士广场，我现在所在的地方就是叙利亚政府支持者正在举行集会的场所，而在我左侧大概一百米的地方则是叙利亚反对派支持者举行聚会的场所，在这一百米的中间地带，则是由黎巴嫩的警方和黎巴嫩的军队层层布防，并且用层层铁丝网进行隔离，以防止双方发生冲突"。

(3)出镜记者的语言表达和非语言表达能力相对比较弱，记者的现场参与感和融入感不强，记者的现场渲染力欠缺。如3月5日的新闻"数千黎巴嫩民众集会，对叙立场针锋相对"，离记者不远百米就有黎巴嫩民众游行，其实从记者背后可以看到现场冲突还是比较激烈的，但是记者在出镜的时候整个状态比较萎靡，声音的传达性也很弱。

2. 新闻主持

(1)中央电视台主持人穿着更为正式，主持人坐于主持台前，活动空间比较小，这种庄重紧张的氛围使主持人的播报较为正规，但也使主持人显得较为严肃，容易限制主持人的发挥。

图3-13 《朝闻天下》演播室及主持人场景

图3-14 《朝闻天下》主播以坐姿播报新闻

(2)中央电视台的主持人在很多简短的新闻中，仅仅播报导语，并没有发挥主播应有的作用，新闻的自主性弱，新闻的完整性和深度都有所欠缺。如关于普京当选俄罗斯总统的报道在《朝闻天下》中是作为小专题形式出现的，下面是《朝闻天下》中主持人的串词：

> **主播（严於信）**：首先来关注俄罗斯总统选举，北京时间今天凌晨，俄罗斯总统选举的投票已经结束，根据目前的计票结果，代表统一俄罗斯党的候选人、现任总理普京以较大优势领先于其他候选人，而普京本人也是宣布赢得了选举，详细情况我们来连线本台俄罗斯中心站的记者吴颖。吴颖你好！之前我们连线的时候也了解到计票已经进行了百分之七十多，现在根据你了解到的最新情况是什么样的？
>
> 嗯，64.84%已经是毫无悬念了，那么我们来分析一下啊，根据你的观察，为什么普京能够以如此大的一个优势领先于其他的候选人呢？
>
> 嗯，对于普京本人和他的支持者来说，这个夜晚的确是令人难忘，对于所有俄罗斯来说，夜晚过后的黎明将带来怎样的一个未来呢，值得期待，那么有关选举的进展及后续，我们也会继续关注，感谢吴颖。
>
> **主播（胡蝶）**：现任俄罗斯总理普京曾经出任两届俄罗斯总统，一直以果断和强势的作风著称，在俄罗斯普京一直保持着较高的支持率，很多俄罗斯人认为正是在普京的带领下，俄罗斯才重塑了大国形象。

从串词中可以看出，中央电视台新闻主播的主持内容大部分是对一些基本情况的介绍，其中即使有片言只语式简单的小评论，但与凤凰卫视的比起来，难免微弱和单薄，也无法体现出主持人的个人话语风格和个性化主持特色。

(3)《朝闻天下》只有两名主持人，这两名主持人负责所有的新闻播报和串联，没有其他的主持人与之相配合，这样容易造成主持人疲劳，也容易出现主持人对不熟悉的领域把握欠佳的情况。

3. 评论员风格

(1) 在抽样的五期节目中，第一期由周庆安评论，最后四期节目由杨禹评论。

(2) 在《朝闻天下》中，对国内新闻的评论要远远高于对国际新闻的评论，在五期节目的评论中，有四期节目是对国内政策和新闻的评论和探讨，仅有一期节目涉及国际，但是这一期节目也可以算为国内新闻评论，因为在"美工部对我光伏产品反补贴初裁"这一事件中，客体是我国，所以其本质也是有关我国的新闻。由此可以看出，中央电视台对国内新闻的解读和评论远远高于国际新闻。

三、凤凰卫视和中央电视台出镜报道与新闻主持比较

首先，从两家媒体的出镜报道来看，凤凰卫视每条新闻都由采制新闻的记者独立完成，包括新闻的采制、撰写和播报，整条新闻是一个有机的整体。而中央电视台的新闻则大多是后期配音而成，一条新闻当中记者出镜与后期在声音上很不相同，这对于单条新

闻来说容易造成断层,对于整个新闻节目来说,所有配音的声音都一样,又不容易让人印象深刻。在凤凰卫视的报道中,记者的出镜习惯放在中间和结尾的位置,笔者认为这样既可以避免与主播导语出现重复,又可以很好地对新闻进行引导和收尾,因为到每条新闻的最后,大多是空镜头,这个时候记者不妨出镜,将最新的情况和进展介绍给观众。中央电视台的出镜大多在出镜的开头,这样做的优点是能将受众较早地带入现场,缺点是容易导致与主播播报内容的重合。凤凰卫视的国际新闻出镜率要远远高于国内新闻的出镜率,而中央电视台的国内新闻出镜率要远远高于国际新闻出镜率。

其次,从主持人风格来看,凤凰卫视站立、开放式的主持空间容易让主持人放松,使主持人更显平易,也能给予主持人更多发挥的空间;中央电视台的坐立式则容易给观众正式的感觉,让主持人与观众略显疏远,同时也束缚了主持人的发挥。凤凰卫视的主播有更多的主动权,可以对事件进行一定的解读和评论;中央电视台的主播更多情况下是在进行播送和串联,主播掌控全局的效应不是很明显,而凤凰卫视中各地主播共同联播的方式给观众专业感和权威性,也可以缓解视觉疲劳。中央电视台虽然称其播报人员为"主播",但是从以上的分析可以看出,中央电视台的播报人员并没有发挥主播的作用,他们在很大程度上只是对新闻进行简单的串联和播报,对整个节目的驾驭能力较为薄弱。

最后,从评论员风格来看,凤凰卫视评论员的业务相对更专业一些,中央电视台的评论员相对固定一些;凤凰卫视对国际事务的评论比例远远高于对国内事务的评论比例,而中央电视台对国内事务的评论比例远远高于对国际事务的评论比例。

中央电视台和凤凰卫视出镜报道和新闻主持在风格上存在差异,其原因在于:

1. 定位的差异化

中央电视台的定位是国家电视台,观众也主要是国内受众,所以国内新闻出镜报道的比例较之国际新闻要大一些。凤凰卫视的定位是面向海外华人,国际视野更为广阔,所以国际新闻的出镜报道比例要高一些。

2. 媒介属性不同

中央电视台是国家电视台,作为事业单位,其新闻报道必然更多地受到国家利益的影响,所以主持人的妆容庄重严肃,主持人发挥的空间较小,评论的新闻也主要是国内新闻;凤凰卫视是商业性质的电视台,其生存更大程度上依赖于市场,而市场的直接反映就是消费者,消费者在传媒层面表现为受众,因而凤凰卫视节目的国际化视野和专业化操作反映了其对市场的适应和对受众的满足。

3. 新闻专业性的强弱有所不同

首先,凤凰卫视的新闻从采制到播出都由记者独立完成,而中央电视台的新闻则要加入统一的后期配音,这不免让多条新闻如出一辙;其次,凤凰卫视选择评论的事件是从国内和国际两个维度来考虑的,而中央电视台的新闻评论一般是以贯彻落实党和国家方针政策为目的,有一定的宣传色彩;最后,记者出镜的表现也各不相同,凤凰卫视的记者能更好地展现自我、展示新闻,精神面貌与新闻容易融为一体,而中央电视台的出镜记者在语言表达和非语言表达方面仍需加强。

第四节　中央电视台与地方电视台出镜报道和新闻主持比较

由于历史及体制的原因,中国的电视传媒在构成上历来有中央和地方之分,中央一般指的是中央电视台和中国教育电视台,而地方台则包括各省、直辖市、自治区以及各市、区、县的电视台。2018年3月,中国中央电视台(中国国际电视台)与中央人民广播电台、中国国际广播电台合并组建中央广播电视总台,仍直属于国家新闻出版广电总局;各级地方电视台则隶属于当地广播电视厅(局)等行政管理机构。尽管国家新闻出版广电总局属于各级电视台的最高管理机构,但其所辖的中央电视台与各级地方电视台并没有直接的垂直隶属关系,因而长期以来中央台和地方台一直是一种既竞争又合作的关系。因为中央电视台与各级地方电视台在行政级别、覆盖范围、服务对象上存在一定差异,以中央电视台为代表的中央台与各地方台在传播内容及传播风格上也存在一定的差异,这种差异同样体现在电视新闻的出镜报道和新闻主持方面。

一、央视和地方台在出镜报道上的差异

(一)报道范围

作为国家电视台,由于报道的覆盖面及报道对象是立足全国,中央电视台在出镜报道的运用范围上明显比地方电视台更加广泛。遍布全国各省和境外各地的记者站也保障了中央电视台的记者在突发事件发生后的第一时间就可以赶到事件发生的现场,为电视机前的观众带回现场报道。

比如2015年8月13日,央视《新闻1+1》节目的记者蒋林在天津滨海新区塘沽开发区发生爆炸之后,先后三次与直播间连线,以出镜报道的方式向观众报告了天津塘沽开发区的最新情况。[①]

评论员白岩松:蒋林我要打断你一下,我并不希望此时此刻你离的距离非常近,1.3公里也已经足够近了。我也注意到你在准备期间的时候,就没有戴口罩,现在连线也没有去戴,那么是否接到相关的信息,说空气是安全的?是否有

---

① 视频:http://tv.cctv.com/2015/08/13/VIDE1439476292304179.shtml。

一些有害的这种物质,你们有过这样的采访或者说得到这样一种提醒了吗?

出镜记者蒋林: 那我就把我今天下午的感受做一个梳理。到达核心现场,最近大概隔一公里,因为当时的风向是和我们身边擦身而过的,所以其实浓烟是从我身旁大概50米的地方过去,那么在这个时候是闻不到现场有任何的爆炸或者燃烧之后的味道。但是当我爬到海关大楼上的时候,风向发生了变化,非常清晰地能够闻到,而且直到现在其实会觉得鼻腔或者说话的时候,自己的嗓子会有一点小小的刺激性,因为这毕竟是一个堆放化学品的仓库。

而我现在所站的这个区域,其实是和现在的风向成一个平行的状态,风是朝我们现在所说的可能偏向于渤海位置继续在吹,那么我们距离它一公里的距离,其实就是一个平行于现在烟所飘的这样一个距离。

在今天下午6点钟的时候,得到过一个消息,北京军区防化团在相隔500米的范围之内,他们没有检测出氰化物,但是这个消息其实停止在了今天晚上的6点钟,我们也希望随时更新这样一个空气检测的信息。他们派出了很多的流动检测车,变成了一个环状去围绕现在仍然在燃烧的区域检测。现在现场仍然在开一个会商会,所以没有能够拿到最新的一个消息,但是距离这个平行的风向,我是闻不到任何的气味的。

评论员白岩松: 你刚才提到了防化人员,那现在现场是否还有燃烧点、是否还有火光?防化人员之前说进入到核心区,现在是否进入?

出镜记者蒋林: (边说边手指身后方向)我先来请大家看一看我们的车载摄像机能够给到的此时此刻距离我1.3公里以外的一个画面。天色渐暗,但是很明显在我的身后有一片天际是能够被照亮的。这个光亮点并不是一处,从我这个角度看是一条线,它也在告诉我们其实我们身后可能会有不止一个起火点。我也想请车上的导播为我们叠出一个画面,这是今晚7点20分,我们在能见度允许的情况下最后进行的一次航拍,在这个时候升空天色渐暗,和我们下午看到的最大区别是除了烟柱和白色、灰色或者黑色不同的浓烟之外,我看到了非常明显的明火,这也就告诉我们其实现场的这种火势,虽然和昨天比较起来呈现一个减小的趋势,但仍有不少的起火点。

(约3分钟后)

评论员白岩松: 对不起稍微要等一下,马上我们要继续连线在前方的蒋林,他身后的这种情况有所变化,究竟后面的是火,还是其他的什么信息发生变化了吗?

出镜记者蒋林: 好的,我只能够在这样一个范围之内,描述一下我最新看到的一个情况。大概是在我刚刚和你通话结束之后,现场出现了将近40秒的时间,明显的我们可以觉得火光在变大,而且有一股白烟蒸腾起来。现在还不能够去确认这样一个光亮的增加,是有了新的这种燃点,更靠近我们的燃点。

那么还有一种可能,是我们今天下午,其实听到消防部门,对于他们抢险的一个情况预案处置的时候有说到,他们可能会通过一种轻度爆破的方式,来把一些堆放的化学品把它炸开,然后让这样的一个环节,通过一种点对点的轻度爆破的方式,来进行灭火,我先把这个消息告诉大家,然后我现在马上去核实,我们刚才身后到底是一个什么样的情况。

(约11分钟后)

出镜记者蒋林:(边说边用手势引导镜头)就在刚才我到前方闪烁着警灯的消防会商聚集区,在那儿我们的确实情况是他们并没有采用这样的方式来进行刚才提到的灭火的行为。而且我们还得到了一个消息是此时此刻除了要灭火之外,对于现场来说,防止化学品进一步泄漏、控制化学品对于周围区域的影响是现在最为重要的问题。所以防化的任务会很重。

我刚才回来的路上看到又增加了一个有点像是空气里面成分频谱仪的东西,连接电脑,已经就位,可能现在的很多工作仍然是在进行当中。

作为央视的记者,蒋林在这一报道中充分展现了其面对突发事件的应变能力,他通过自己对现场的观察和了解,将已有的信息清晰准确地传递给观众,包括截至目前的空气质量、化学物质影响范围以及火势控制情况等。在进行报道的时候,他能够根据需要引导镜头方向、提示导播切换画面,提升报道的完整性。

在第一次现场连线之后蒋林所在区域发生了情况变化,他能够正确判断其重要程度,主动向演播间反馈,及时传达最新情况。他对现场细节的捕捉和良好的解释能力,展现了其细致的观察力与过硬的专业素养。

相比之下,地方台的出镜报道由于受到报道资源的限制,往往局限于本地新闻的报道,很难将触角伸往别的省市,更不要说将报道的范围扩大到全球。尽管近几年一些经济实力雄厚、不甘在新闻报道方面落后的省级地方台也通过各种方式努力将出镜报道的范围扩大,但也仅限于一些特别重大的新闻事件,在大多数情况下,地方台的出镜报道范围还是仅在本地,本地发生的新闻事件才会成为他们在出镜报道和新闻主持方面显身手的良机。

(二)报道内容

由于是国家大台,中央电视台在规模、机构、人员等方面都非地方电视台能比,仅中央电视台新闻中心就包括了时政部、经济部、社会部、地方部、国际部等各个报道业务部门,报道内容则涵盖了时政、经济、文化、社会、法律、体育等各个领域,同时,中央电视台还拥有全天候播出的专业新闻频道。而地方台由于历史、实力及所拥有的资源都不及中央台,在业务的分工和覆盖上也往往达不到中央台的全面,目前在地方台中开出新闻频道的也是寥寥无几。由于具有"先天"的优势,较之地方台,央视的出镜报道内容呈现出更丰富、更多样化的特征。

比如央视体育频道的记者就有机会在里约奥运会女子100米仰泳决赛的现场出镜采访中国运动员傅园慧。①

出镜记者：知道你游了多少吗，傅园慧？58秒76。

傅园慧：哇太快了，我打破了亚洲纪录啊！

出镜记者：非常棒！如果说你昨天用了洪荒之力，那你今天用了什么力？

傅园慧：我昨天把洪荒之力都用完了。

出镜记者：但今天更快啊！

傅园慧：今天没有力气了。

出镜记者：你只比亚军慢0.01秒，其实非常有可能得银牌。

傅园慧：那可能是我手太短了吧。

出镜记者：我看你的胳膊上又被抓出了痕迹，是不是又是在比赛的时候抓的？

傅园慧：嗯。

出镜记者：今天决赛前自己抓的？

傅园慧：嗯。

出镜记者：为什么？

傅园慧：因为这是一种刺激嘛，怕自己不好调动。因为今天感觉有点累。

出镜记者：那这些年你也经历了很多伤病和很多种不同的心情，此时此刻你最想和我们一起分享的心情是什么？

傅园慧：最想分享的心情就是虽然没有拿到奖牌，但是……

出镜记者：有奖牌，并列第三。

傅园慧：啊？第二啊！

出镜记者：你到现在都不知道你是并列第三吗？

傅园慧：我不知道啊！哦，那我觉得还是不错的。这样的话我还是想对以前在绝望边缘挣扎的自己说你以前的坚持和努力其实都没有白费。虽然今天并不是冠军，但是我已经超越了自己一次又一次，我现在腿都快抽筋了。我觉得还是挺好的。

出镜记者：后面继续加油。

再比如在央视2011年4月7日的《新闻联播》节目中，记者向晖可以在日本地震后对地震灾区进行探访。②

---

① 视频：http://tv.cctv.com/2016/08/09/VIDERGEYD5MWDyTsg4QkNA7t160809.shtml。

② 视频：http://news.cntv.cn/program/xwlb/20110407/108056.shtml。

向晖：这里就是仙台市最大的一个临时住宅建设点了，可以安置233户人家，计划在5月底以前全部建成，经过10天的建设，我们看到住房的整体结构现在已经起来了。

（解说）目前，宫城县有3万户灾民需要临时住房。按计划，宫城县将在今年6月底以前建成1万套临时住房，到明年完成3万套的建设任务。考虑到灾民在临时住房里要住上至少两年的时间，房间的设施也必须要完备一些。

向晖：（走进一套临时住房）这里就是一套30平米的临时住房，可以住3口之家，我们来看一下（走到一房间内），这一块是预留的厨房的位置。这边是洗手间和一个一体化的浴室。在这边是两间卧室，整体上看下来，我们感觉这个临时住房还是比较人性化的，设施比较齐全，你比如说这一块（指向一个角落），它预留了一个水管，是用来做什么用的呢，它是用来接洗衣机的。

（解说）据了解，平均每套临时住房的建设费用超过30万元人民币。灾民将以抽签形式免费入住，但水电费需要自理。

日本政府原计划为福岛、宫城、岩手三县的灾民搭建32000多套临时住房，随后又发现还远远不够。5号，日本国土交通省要求"住宅生产团体联合会"再增加3万套的建设计划，总计将搭建6万套临时住房。

由于没有中央台的实力和优势，在地方台的出镜报道中很难出现上述的报道，因而在出镜报道的多样化和出镜报道的应用范围方面，除了东方卫视、黑龙江卫视等少数几个有实力的电视台外，地方台往往不能与央视同日而语。为了与央视竞争，或者为了更好地发挥地方的优势，扬长避短，地方台则往往将出镜报道应用在具有接近性特征的民生新闻上，这使电视出镜报道在民生新闻方面找到了施展手脚的天地。

比如安徽经视的民生新闻节目《帮女郎》，在其中播出的《不当妇检 女孩受伤》中，记者吴婷的采访就属于民生类新闻节目的出镜报道。[①]

出镜地点：安徽省合肥市第一人民医院

吴婷：你好，你是院领导吧。

医院副院长：现在正在处理病人。我们在救治病人。

吴婷：是在救治哪个病人？

（院长走出了办公室，记者跟随出了办公室）

（不停地追问）你们说在救治病人，是在救治谁啊？

医院副院长：你不要影响我工作好吧。我正在救治病人。

（院长继续走，下了楼梯，记者尾随）

医院副院长：我正在救治病人。

---

① 视频：http://www.tudou.com/programs/view/DvHEW5sZcME。

吴婷：怎么救治呢？那个女孩怎么救治呢？

医院副院长：她现在要鉴定，是不是处女膜破了，我们要做鉴定。

吴婷：如果是鉴定结果出来了……

医院副院长：那我们会做相应的处理，这一点我可以承诺的。如果是新鲜的破裂，那我们肯定会做相应的处理。

（另一场景）

吴婷：一方面是没有带证来工作，另一方面她在行医过程当中，出现了一些失误过错造成对方的伤害，这个怎么处理呢？

医院医疗服务质量接待协调处负责人（以下简称负责人）：现在还不能讲伤害，伤害是公安局下的定义，伤害，开玩笑，几级才算伤害啊。这个东西你不能乱讲的。

吴婷：(问女孩的姐姐)对你妹妹造成伤害了吗？

姐姐：我觉得伤害了。

负责人：我们讲伤害……

吴婷(打断对方说话)：您明白我的意思就行。

负责人：不不不！这个你不能瞎讲。

吴婷(再次打断对方说话)：那我想问一下。

负责人：你要瞎讲我就拒绝回答你的问题。

姐姐：那昨天我妹妹出现那样的情况算什么？

负责人(继续针对吴婷，不理睬姐姐)：开玩笑你在开玩笑，你可懂啊，你懂不懂我问你你懂不懂，不懂我就把你赶出去。（吴婷继续争辩）你可相信啊，你敢报道，我就把你赶出去，你试试看。

姐姐：那你能不能回答我，昨天对我妹妹出现那样的效果，那是什么？

负责人(继续针对吴婷)：开玩笑，你以为我电视台不认识人啊。报道要依据事实。

姐姐(继续问)：那我想问一下我妹妹……

负责人(突然跳起来)：好了好了！不跟你们谈了，关掉（摄像机），出去，把他赶出去，什么玩意你们。出去出去。我就赶你们出去，因为你讲话根本就没有知识，出去，不要讲了，不讲了……

（现场陷入混乱）

通过上述案例不难看出，中央电视台的记者出镜报道内容涵盖面广，出镜报道被应用于包括国际新闻在内的几乎所有类别的新闻中，呈现出多样化的特征。地方台则立足于本地新闻，因此报道内容更多的是关乎当地百姓的民生类新闻，更加贴近百姓、贴近生活。这当然与中央台立足中国、放眼世界的得天独厚的优势有关，也与地方台新闻资源相对匮乏、地域特征明显有关。

(三) 报道风格

通过比较中央电视台和地方电视台出镜记者现场报道的多个案例可以发现,地方电视台的记者在进行现场出镜报道时常常表现得比较生动和活泼。地方台的记者会采用比较生活化的语言进行现场情况的描述,往往将生动的细节作为报道的重点。

比如在四川广播电视台2019年6月22日的《新闻现场》中,记者在四川长宁县城对刚刚发生的地震做现场报道:①

出镜记者:这里是宜宾长宁县的街头,在刚刚过去的十多分钟的时间里面呢,邻近的县城宜宾珙县再次发生了5.4级的地震,我所在的长宁县离两个地方之间的距离大约有40分钟左右的车程。刚刚我们在长宁县的时候感觉到,这次地震也带来了非常明显的震感。(边说边做手势)我身后的这条街道按照平时来说在这个县城当中这个时间点应该是夜深人静的时候,然而刚刚因为这次的地震呢,很多长宁县的市民也感到了震感非常的强烈(转身),大家来到我们这个十字路口进行避难。

那么关于珙县县城呢大约有15万左右的人口,而且这个县城山地非常的多,建筑也是非常的密集。关于这次地震所受到的影响呢,目前还在进一步的核实和统计之中。我们现在也会马上前往珙县来为您发回第一时间的报道。

由于地理优势和前期地震多发的原因,四川地方电视台能够在第一时间感受到现场情况并在第一时间对该事件进行现场报道。随着记者的手势,我们在地震发生仅10余分钟看到了现场的真实情况。由于突发事件要求记者直接面对镜头进行报道,没有充足的时间组织语言,因此该记者在语言上难免有些重复和错误,但却比事先准备好的"照稿宣读"要来得更加真实和生动。

中央电视台的出镜报道则多表现出严肃认真、端庄大方的风格。

比如在央视新闻频道2019年6月23日的《朝闻天下》节目中,播放了记者黄鹂于6月22日晚在四川省长宁县发回的关于刚刚发生的地震的报道。②

出镜记者黄鹂:我现在所在的位置是位于四川宜宾长宁县的县城境内。刚刚地震发生的时候我正准备洗漱,那个时候震感是非常强烈的。大概有持续的时间在十秒左右。于是我们紧急地马上来到广场上面。那个时候已经十点多了,天还在下着雨,是非常安静的。我们下来的时候发现对面的广场上已经站满了人。可以说有站的有坐的,全都是人。包括我此时此刻旁边的,周边居住

---

① 视频:http://t.cn/Aip5iUZB? m=4386123532785269&u=1718950972。
② 视频:https://www.iqiyi.com/v_19rsdnjyrg.html。

的居民,他们都是来比较空旷的地方来避震的。就在我们下来不到十分钟,从我身边已经呼啸而过了一辆消防车。可以说他们也是在紧急地赶往震中,我们也是从当地的应急管理处了解到,当地也是正在紧急核实灾情。

在上述报道中,出镜记者黄鹂虽然同样是处于事件突发的状态,但从肢体语言和表情管理等多个方面都要比地方记者更加严肃认真,中规中矩。其在报道结尾关于地震灾情的措辞中,选用官方发布的信息,将信息准确作为第一要务,概括清晰地描述了事件的主要情况。

从上述案例比较可以发现,中央电视台的出镜报道大体上是秉持谨慎认真的态度,大多数情况下会事先对报道内容进行充分的准备,力求语言表达的准确和态度的公正。而地方台的记者由于没有那么多的约束,报道显得更加亲切和生动,而且通过捕捉现场的细节,使新闻的可看性大大提高。造成两种报道风格的原因可能是中央台与地方台在定位以及总体报道风格上的不同。

(四)记者遴选

出镜报道由于其报道主体是出镜记者个人,因此报道记者的质量在很大程度上取决于出镜记者本身的综合业务素质和报道能力,而对出镜报道记者的遴选也就成了出镜报道实践的关键。在这方面,中央台和地方台也存在着较大的差别。中央电视台在出镜报道记者的选择上有着严格的选用制度和程序,只有出现在出镜记者名单上的记者才具备出镜的资格,不允许未在名单上的记者擅自进行出镜报道。而地方电视台在出镜报道记者的选用上并没有统一的、严格的规定,往往只要是台里正式录用的记者都可以进行出镜报道。中央台这样严格的选用制度虽说从根本上保证了出镜报道的质量,杜绝了"乱出镜、乱报道"的现象,但是也由此造成了一些问题,比如当突发事件发生时,第一个赶到现场的记者如果不具备出镜资格,必须等待出镜记者到场或者临时向台领导请示,这样很容易错失最佳的现场报道时机,削弱了新闻的价值。而地方台较为宽松的出镜记者选用制度虽然能保证记者在第一时间出声露面来报道新闻,但出镜记者的报道质量却无法把控,很多不具备采访能力、普通话不很标准、语言表述不甚清晰、形象气质不佳的记者也出现在荧屏上,整体降低了新闻报道的质量。

二、央视和地方台在新闻主持上的差异

(一)新闻主持综合素质

由于历史积淀及作为国家台的影响力和吸引力,中央台的新闻主持在综合素质和能力方面普遍高于地方台,这一方面体现在国内当今较有影响力的新闻主持大多来自央视,另一方面体现为地方台的优秀新闻主持也都将央视视作更高的平台,有机会还是愿

意跳槽到央视工作。2009年7月,中央电视台新闻频道改版正式启动,打造名主播成为频道改版全盘制胜的重要一步棋。从改版后央视新闻主持人的选择及其素质构成来看,央视已然越来越青睐复合型的新闻节目主持人。具体来说,目前央视的新闻主持,特别是优秀的新闻主持在个人素质方面上的特点大致如下。

1. 非播音主持专业科班出身

中央电视台目前的新闻主持人,特别是那些优秀的新闻主持很多都是非播音主持专业出身,或非原来的新闻播音员转行,其专业来源呈现多元化趋势。比如白岩松毕业于中国传媒大学新闻系,张泉灵、董倩分别毕业于北京大学的德语系和历史系,其他如张羽、李小萌,学的也都不是播音主持专业。这些不同的专业背景使主持人具备了多层面的知识结构和综合素质,不同的专业知识储备在节目主持中一定会有用武之地。2006年,在世界品牌实验室编制的一份《中国最具价值主持人》榜单中,十位品牌价值最高的主持人里只有李咏是播音主持科班出身的(他在节目中的作用并非播音)。之前,电视媒体在主持人选拔中呈现出了要求外形养眼,语言字正腔圆,而不注重专业知识和思想深度的现象。因此,央视此番注重具有较高综合素质的复合型人才可以说对主持人提出了新的要求。

2. 较丰富的媒体从业经验

中央电视台的新闻主持人多数拥有丰富的媒体从业经验,几乎所有人在担任主持人之前都有过编导或者记者的多重身份,几乎所有人都不仅仅只有在电视台这一种媒体的工作经历。"记者——名记者——主持人——名主持人"是他们的职业成长轨迹。比如董倩在担任了八年的编辑记者后才正式进入主持人的队列,而白岩松在进入电视台工作前也曾经有过十年的电台工作经历。董倩则是典型的记者型主持人,她曾在《新闻调查》节目中同时担任记者和主持人双重角色。丰富的媒体从业经验使得这些主持人具备了敏锐的新闻价值判断能力、新闻内容把关能力和语言逻辑组织能力。

3. 具有驾驭直播节目的能力

直播是体现电视媒体优势的重要手段,因此中央电视台在主持人选拔上还非常重视主持人的直播能力。能够成功驾驭直播节目的主持人必然拥有沉着冷静的处事作风、灵活机动的变通能力和良好的语言组织能力。白岩松主持了三峡截流、国庆五十周年庆典、澳门回归等大型现场直播节目,张泉灵主持了跨世纪庆典、雅典奥运会等大型直播活动,这都与他们出众的驾驭直播节目的能力密不可分。

4. 善于思辨的评论者

新闻节目越来越强调深度和评说,新闻解读和新闻评论成为新闻主持人必须具备的能力。中央电视台在选择新闻主持时常常选择善于思辨的评论型主持人。主持人在新闻节目中恰当地表达个人观点不仅可以提高主持人和媒体的社会影响力,还可以让主持人成为引导舆论的"意见领袖",在传播实践中树立自己的威信。

地方电视台的主持人在素质构成及主持人选拔过程中则呈现明显的"两边倒"的极端态势。

1. 播音主持专业科班出身占多数

地方台选择主持人时仍然以播音主持专业出身为主,主要从开设播音主持专业的院校中选拔应届毕业生加入新闻主持的队伍。总体上要求主持人拥有靓丽的外形和字正腔圆的语音,缺乏对主持人知识结构和从业经验的要求。

2. 个人特色鲜明的品牌主持人

地方台选择主持人更为突出的特点是,具有鲜明个人特色的新闻主播成为地方台的品牌主持人。比如江苏电视台城市频道《南京零距离》的主持人孟非、杭州电视台的方言节目主持人"阿六头"安峰等都是地方台非常有特色的品牌主持人。他们并非播音主持专业科班出身,但却有着丰富的人生阅历,他们说话不是字正腔圆,但却掷地有声,妙语连连。他们深受当地观众的喜爱和追捧,是地方台提升社会影响力和知名度的法宝。

(二) 主持风格

与出镜报道一样,中央电视台新闻主持大体上也呈现端庄大气的风格,但有时也不失亲切犀利。尤其是随着近几年新闻主持来源的多样化,新闻主持的风格也逐渐变得丰富多彩。以央视较受瞩目的几位新闻主持为例。白岩松的语言最大的特色就是犀利深刻,评述问题时一语道破天机,以最简洁明了的语言直指问题最核心、最本质的层面,并且常常带有讽刺戏谑的语气。曾经有人说白岩松是"语不惊人死不休",也正是因为白岩松这种独特的语言风格才使他的主持才能尤其是评论才能得到亿万观众的肯定。张泉灵作为一名从现场出镜记者成长起来的主持人,她反应敏捷,善于思考,语言逻辑性强,拥有出镜记者的快速反应力。更难能可贵的是,张泉灵在每次主持前都会做好充足的准备,她会事先了解跟新闻相关的背景资料和相关知识,使主持过程中的导语表述、背景介绍和现场提问都恰如其分。张泉灵的主持语言朴素却深入人心,亲切而不失庄重,因此深受观众喜爱。

相比之下,地方电视台新闻主持显得更加个性张扬,自成一体。比如江苏电视台城市频道《南京零距离》的主持人孟非。他别具一格的语言风格、自然随意的说话方式实现了主持人与观众的零距离接近。孟非在节目中摒弃了端起架子的播音腔,采用娓娓道来、自然随意的聊天式说话方式。同时,他在叙述中夹杂了自己对事件的评论,寓理于事,事理结合,在不经意中让人有所感悟。比如《南京零距离》曾报道了南京财经大学成教院拖欠学生资助费的新闻,孟非在新闻的最后评论道:

> 学校解释政策的领导水平低下到令人难以忍受。他说因为报纸的版面有

限,我告诉你,报纸的版面你只要给他钱,他多大版面都给你,不存在这个问题。如果说因为版面有限,不可能把所有的内容都登上去,你把最关键的隐藏了没登上去,这就涉嫌欺骗!还说一二三四五,他怎么说得出口?!他还说没有负面影响,你觉得这对你们南京财经大学没有负面影响吗?!这不是涉嫌欺诈这是什么!

这段辛辣的点评将孟非的性格特点展现得淋漓尽致,他这种勇于说出自己看法的行为得到了很多人的喜爱。

再比如杭州电视台西湖明珠频道《阿六头说新闻》的主持人安峰,由于该节目主持人在栏目设计当初就假定了一个"阿六头"的角色:他是一个消息灵通、富有正义感的普通市民形象。因此安峰在节目中用他麻辣犀利的语言和滑稽幽默的动作诠释自己的观点和见解。比如2009年3月3日的《阿六头说新闻》,关于公共自行车设点问题,阿六头就表演了一段骑自行车的场景:

总归,点多大家越方便,就比如在一条路上,"冈姿冈资"(模仿自行车的声音),一公里路骑下来,介个(杭州话,意为怎么)点还琴不着(杭州话,意为找不到),这时候要叫苦了。

这段风趣的语言配上阿六头安峰出色的表演,让人忍不住捧腹大笑,非常滑稽,增加了新闻的贴近性和趣味性。

通过中央电视台和地方电视台新闻主持人主持风格的比较,我们可以发现,中央电视台新闻主持人总体上呈现出端庄大方、严肃认真的风格,但有时仍难免出现死板、不够亲民的情况,而地方台的主持人则显得更为个性鲜明、独树一帜,但有时难免会有些嬉笑怒骂过于随意或哗众取宠的倾向。

三、中央台和地方台出镜报道和新闻主持存在差异的原因

(一)媒体定位不同

中央电视台是中国重要的新闻舆论机构,是党、政府和人民的重要喉舌,是中国重要的思想文化阵地,是当今中国最具竞争力的主流媒体之一,具有传播新闻、社会教育、文化娱乐、信息服务等多种功能,是全国公众获取信息的主要渠道,也是中国了解世界、世界了解中国的重要窗口,在国际上的影响正日益增强。中央电视台作为国家电视台,承担了发布权威信息、政策宣传、引导社会舆论等重要责任。由于它独特的媒体定位,中央电视台对出镜记者和新闻主持人的要求也就和别的媒体有所不同。

1. 端庄大方、严肃认真

中央电视台的媒体性质决定了它所播报的新闻多数为事关国家大事的严肃认真的

重要新闻,因此,无论是出镜记者还是新闻主持都必须在报道新闻时注意态度上严肃认真,语言和形象上端庄大方,这样才与国家电视台的形象保持和谐一致。

2. 权威性和准确性

中央电视台发布的新闻注重其权威性和准确性,因此出镜记者和新闻主持的语言需要规范化,用词准确,立场公正,不允许嬉笑怒骂以及矫揉造作。

相较之下,地方台的根本任务是立足地方,为地方人民服务。因此,这种媒体性质决定了地方台的出镜记者和新闻主持比中央台更加贴近百姓、贴近生活。

1. 内容更民生

地方台的新闻报道更多将关注的视角放在关乎老百姓生活的家长里短上。因此,出镜报道和新闻主持的内容也更多的是民生新闻,很少涉及特别严肃的政治新闻。

2. 风格更亲民

出镜记者和新闻主持的风格往往比较亲民,他们习惯用当地的生活语言甚至是方言来报道新闻。很多主持人由于亲民的主持风格成为当地百姓喜爱或崇拜的地方明星。

(二)受众范围不同

中央电视台作为面向全国及世界播出的新闻媒体,其受众范围涵盖了中国大陆观众、港澳台同胞以及世界各国人民。这样大范围的受众群,导致了其对出镜记者和新闻主持的要求需要符合社会大众的评判标准。

1. 语言规范,发音标准

普通话是央视出镜记者和新闻主持必须练好的基础。只有用所有中国人都能听懂的语言才能把信息传达给每一个中国人。出镜记者和新闻主持必须说一口标准的普通话,并且语言表述要规范,面对镜头时要想象着是在向全国乃至全世界的观众传达信息。

2. 庄重为先,个性为后

主持人的个性固然是提升其社会知名度的主要手段,但是身处央视这一特殊媒体中,主持人有时需要适当收敛自己的个性,以媒体的整体形象为优先考虑,主持风格尽量庄重、大气,与中央电视台的整体风格保持一致。

地方电视台的受众范围基本局限于当地的老百姓,因此,地方电视台的出镜记者和新闻主持在报道新闻时应当从当地观众的喜好出发,立足于本地新闻,以当地人所习惯的语言表述新闻,尽量贴近生活、贴近群众。事实证明,越是贴近当地生活,越是站在当地观众的视角思考问题的出镜记者和新闻主持越受当地观众的喜爱。

(三)综合素质不同

如前所述,中央电视台的出镜记者和新闻主持在选拔过程中都经过了严格的筛选,无论是学历、阅历还是综合素质在全国众多记者和主持人中都名列前茅。因此，无论是出镜记者的现场报道能力（包括语言组织能力、随机应变能力、捕捉细节能力等）还是新闻主持的现场主持能力（包括语言组织能力、驾驭现场能力、采访提问能力等）都比较出众。

地方电视台在出镜记者和新闻主持的来源把控上则没有像中央电视台那么"苛刻"的要求，因此记者和主持人的水平也参差不齐，很难保证每一个人都有良好的素质，都可以做到临危不惧、不辱使命。比如，有些地方电视台的记者在做现场报道时出现了做秀表演的行为，有些记者语言表达上前言不搭后语，无法准确描述现场；有些记者的个人职业道德和职业操守出现问题，做出了不符合身份的举动；有些新闻主持人不注意个人形象，随意走穴；有些新闻主持人无法恰当处理现场的突发情况，等等，这些问题都是导致地方电视台出镜记者和新闻主持总体素质不够高的原因。

第四章
出镜报道与新闻主持个案

第一节　白岩松：在电视新闻中长跑

中央广播电视总台著名主持人，新闻评论员，记者。

1968年生于内蒙古自治区呼伦贝尔市海拉尔区。

1985年考入北京广播学院（现中国传媒大学）新闻系。

1989年分配至中央人民广播电台《中国广播报》工作。

1993年初经崔永元推荐进入中央电视台《东方时空》。后正式加入中央电视台新闻评论部。

图4-1　白岩松

先后担任《东方时空》《焦点访谈》《新闻周刊》《新闻1+1》等栏目主持人。作为记者，参与了1997年香港回归、三峡大坝截流、国庆五十周年庆典、悉尼奥运会等许多重大事件的直播报道，还推出过《岩松看台湾》《岩松看日本》等系列节目。

曾获得"中国播音主持金话筒奖"、数次央视"优秀播音员主持人"甲等、第九届"长江韬奋奖"、2009年中国电视榜"最佳时评节目主持人"奖等。

从1993年进入中央电视台以来，白岩松先后主持了不同的栏目，经受过数次国内外重大新闻直播的历练，在这个过程中他不断成长，逐步形成了个性鲜明、极富吸引力的新闻主持和出镜报道风格。如今的白岩松不仅是中央电视台最具影响力的明星主持人，更是国内电视新闻主持和出镜报道的标杆。

表情严肃,神态凝重,然不乏适时的黑色幽默;思维敏捷、反应迅速;言辞犀利、切中要害;语速适中,合理控制节目节奏,白岩松在节目主持和直播报道中所表现出的这些外在特点是对其"白氏风格"的最好诠释。他主持的节目深刻而不呆板,活泼而不媚俗。严谨、睿智,温和而严肃,不怒而含威。① 他担任出镜记者所做的一系列现场直播和专题报道,则因为观察细致、采访到位而成为中国电视新闻出镜报道的标本。

一、新闻主持白岩松

作为一名电视人,白岩松最让人熟知的身份就是中央电视台的新闻节目主持人。他从1993年踏入电视界至今,主持过数档新闻栏目,包括《东方时空》《焦点访谈》《新闻周刊》《新闻1+1》等,大多数观众也是在观看这些节目的时候认识和认可了他。

主持人对于一档电视栏目的影响是巨大的,很多时候主持人与其主持的节目是二位一体的,观众对主持人的接受程度往往关系到一档电视栏目的成功与否。谈到央视的《社会记录》,绕不开其主持人阿丘;提及凤凰卫视的《有报天天读》,人们首先想到的是主持人杨锦麟。这些栏目的成功除了具有较强的接近性和趣味性以及节目形式新颖等因素外,主持人的鲜明风格和吸引力也是重要原因。

电视媒体与其他形式的媒体,如广播、报纸最大的区别就是它的可视性,即主要以画面为载体向观众传递信息。这种信息传播的载体特性要求画面具有可视性,具体体现就是电视画面要接近观众,接近生活,具体、生动、形象。一档电视栏目如何将抽象繁杂的信息具象化地传递给观众呢?通过栏目的代言人——主持人面对面地与观众进行"类人际传播"的交流方式进行信息沟通,无疑是最好的形式。"主持人将人际传播信息量大、手段多样、地位平等的优势嫁接到了大众传播之上,给予受众一种人情味和亲近感,造成一个人与人相交往的虚幻环境,以此弥补了大众传媒规模化传播所造成的与受众的情感断流。"②

白岩松主持过的《东方时空》和《焦点访谈》都是深受观众喜爱的电视栏目,从1993年到2001年这一时期是白岩松个人风格的形成时期,其沉稳深刻的主持风格已初现端倪。2003年,央视新闻频道创办《新闻周刊》,作为栏目主持人,此时的白岩松经过十年的沉淀,严谨犀利、独到睿智的主持风格已经成熟。

(一)形象:西装革履,表情严肃

作为电视栏目的"代言人",主持人的外在形象和精神气质是人们对一档栏目的最初观感。电视栏目的风格首先通过主持人的形象传递给观众:娱乐节目的主持人常常衣着

---

① 吴志文,陈嘉琪."白岩松风格"透视[J].韶关学院学报·社会科学,2010(7):157.
② 李飒.谈主持人的角色转型[J].新闻战线,2011(11):87.

光鲜,青春时尚,亲切活泼,如湖南卫视《快乐大本营》的何炅和谢娜等,观众在接收节目内容之前已被主持人的外形特点感染,处在悠然放松的精神状态,这自然会提高娱乐节目对于观众的消遣效果;严肃的新闻栏目则要求主持人穿戴庄重正式,仪态沉稳大气,如央视《新闻联播》的康辉、李瑞英等,观众在一种严肃正式的氛围中产生注意力的相对集中,有利于观众对重大新闻信息的接收理解,从而提高节目的信息传播效果。

因此,主持人的形象要与栏目特色紧密贴合,以达到引导观众情绪、营造信息传播氛围、增强栏目传播效果的作用。

白岩松主持过的节目,从《东方时空》到《新闻周刊》,均是选题紧扣国内外时事、社会热点、时代民生的新闻综合节目。契合栏目风格,白岩松也一直以沉稳严谨的形象出现在摄像机镜头前。

图 4-2　主持《东方时空》的白岩松

1. 西装 + 衬衣 + 领带

服装是构成主持人外在形象的基本要素,服装样式是对主持人气质特点的有力衬托。

西装上衣,另加色调协调的衬衣和领带构成了白岩松一以贯之的主持着装。从现代服饰文化的角度看,西服衬衣的着装代表着正式、庄重、严肃。白岩松的这种服装搭配不仅符合其主持节目的内在品味,同时也给观众一种值得信任的权威形象。观众在收看节目,与白岩松进行"类人际传播"的信息接收时,认知会受到这种形象感观潜移默化的影响,相信眼前这位西装革履的人说的话,讲的事,并将信任感投射到对栏目的接受中。白岩松经常有意识地利用自身服装增强节目的传播效果。

2011 年 10 月 19 日央视《新闻 1 + 1》播出的《这个"绿色"不环保!》,报道了西安市未央区第一实验小学给所谓"好学生"佩戴红领巾,给所谓"差生"佩戴绿领巾的做法。主持人白岩松在镜头前戴了一条与其所穿西服色调极不协调的绿色领带,这当然是他结合此次评述的新闻主题的有意而为。白岩松解说道:

> 在进演播室之前,我究竟是戴一个红色的领带还是戴一个绿色的领带,我犹豫了一下。最后我还是选择要戴一个绿色的领带。但是戴完了绿色的领带之后心里又有点含糊,会不会有很多观众朋友会认为我是一个不太好的主持人,跟戴红领带的主持人比较起来我比较差。当然,这只是一段开玩笑的语言,我是故意戴上绿色领带的,但是戴上这条领带其实是特别想跟西安一所小学刚开学,就是刚上小学一年级就戴了绿领巾的孩子们说上两句话,白叔叔和你们一样都戴过绿色的领巾,但是不意味着咱不好,咱们相当棒,而且非常好,跟戴

红领巾的孩子一样棒,当然了你们比白叔叔还棒。为什么我要唠叨什么半天什么绿领巾,什么红领巾或者说是绿领巾呢?来,咱们一起看。

图4-3 《新闻1+1》戴绿色领带的主持人白岩松

这是一个十分巧妙的服装设计!首先引出了新闻主题,白岩松由自己佩戴的极为醒目的"绿色领带"说起,过渡到"绿领巾",紧接着点出该期节目的新闻主题——西安市未央区第一实验小学给"差生"戴绿领巾的做法。其次,白岩松亮出了自己对该新闻事件的价值判断:不管是"绿领带"还是"绿领巾",都不是衡量佩戴者优劣的标尺。最后,传递出节目的人文关怀。对于天真的孩子们,学校发放"绿领巾"的做法会伤害到他们脆弱敏感的内心,新闻媒体不仅仅要报道新闻事实,还有责任保护和抚慰这些孩子。孩子们看到电视上的白叔叔也戴了"绿领带",或许会想,我们跟叔叔一样的"绿",我们不差。对于受到伤害的孩子们,白岩松的"绿领带"无疑是最好的心灵抚慰。这条"绿色领带"有效提升了栏目主题与主持风格的契合度,同时增强了观众对节目内容的接受度和可信度。

2. 神情严肃,不愠不狂

出镜形象与节目风格保持一致是电视栏目主持人应遵循的基本准则。以《新闻周刊》为例,这档严肃的电视新闻评述栏目必然要求其主持人白岩松做到客观公正,值得信任。除了在主持人外在形象上有必要的着装外,面部表情上也是一个重要方面。

斯坦尼斯拉夫斯基说,"外在的造型,是以动力活动的内在感觉为基础的"。主持人出镜时的神态特征自然也是以内在修养为支撑。谈吐优雅者大多有丰富的学识积淀;气定神闲者无不经历过人生的起起伏伏;口出狂言,嚣张跋扈者多为色厉内荏之徒。

白岩松的表情特点便是严肃凝重,不愠不狂。不管是振奋人心的喜事还是是可忍孰不可忍的丑闻,他始终保持着这种局外人中立客观的表情特征,随时呈现出对事件的关注态度,但排除自己的喜怒哀乐,这恰好代表了《新闻周刊》所秉持的对待新闻事件客观公正、不偏不倚的栏目立场。

以下是一组案例比较:一个是2011年9月17日央视《新闻周刊》关于"疯狂英语"创始人李阳殴打自己妻子的报道,另一个是2008年9月12日湖北经视《经视直播》关于武汉一名女公交司机遭两名东北男子殴打的报道。两则新闻表面上均是强势男性对弱势女性的欺凌,然而两位主持人——央视的白岩松和湖北经视的江涛表现却完全不同。白岩松评论道:"清官难断家务事,夫妻之间的恩恩怨怨、是是非非没人弄得清楚。但是,英语可以疯狂,拳头和巴掌却无论如何不该在自己妻子的面前疯狂起来。"

白岩松没有从当事双方任何一方的立场去指责另一方的错误,而只是就事论事地强调"家暴"不应该发生。而江涛站在武汉本地人的立场,义愤难平,强烈谴责打人的外地男青年,在电视机前发飙,"放屁""畜生"等脏话不时脱口而出,客观中立的原则无从可见。而事后,也有很多观众在网上表达了自己对主持人江涛过火言论的批评。

其实,两位主持人是否在节目中坚持客观中立原则,通过一组表情对比也能够明显地看出端倪:

图 4-4　镜头前评述新闻的白岩松表情平静

图 4-5　主持人江涛义愤难平,大骂"放屁"

镜头前的白岩松表情平静沉稳,对于李阳家暴的事件以局外人的中立态度进行评说。而江涛则是情绪激动,立场鲜明地站在被打者一方,怒斥打人者。

表情是情绪的反映,主持人在镜头前或许可以用自己生动的表情感染观众,调动观众的情感,将自己的立场和价值判断尽情地宣泄给观众。这种感情渲染的传播方式会导致两种结果:一是产生错误的舆论导向,使不太理性的观众的价值判断基于感情上的冲动而出现偏颇,有违新闻媒体坚持正确舆论导向的原则;二是遭到较有理性的观众的抵触,影响传播的说服效果。

媒体人更多时候应该是新闻事件的观察者和记录者,至于价值判断,则应交由观众。白岩松始终坚持着媒体人的中立态度,不以说教者自居,避免用自己的情绪去影响观众的判断。这样的风格使他获得了观众的充分信任,节目的公信度自然得到认可。

(二)语言:妙语连珠、犀利深刻

在电视传播中,主持人的语言魅力对于提升节目质量也是不可或缺的。主持人的语言水平是一档电视栏目成功的关键。白岩松主持节目的最大亮点就在于他的语言,所谓"名嘴"是也。白岩松口才的最大特点,就是犀利深刻,即评述问题时,一语道破天机,不拖泥带水,扭捏做作,以最简洁明了的语言直指事实最核心、最本质的层面,并且以略带讽刺戏谑的语气和词句使自己的语言如刀锋一般痛快地"刺"向评论对象。

2011年11月27日,国家公务员考试开考,报名人数达到141万人。《新闻1+1》于次日播出《"国考热"会降温吗?》,评述"国考热"。白岩松集中探讨"国考"受到大学毕业生如此热捧的原因,各界知名人士给出了自己的理解。节目中引述十年砍柴(知名自媒体人)说法:

> 因为企业创造财富,政府机关管理并消耗财富,近几年公务员热,说明更多的人愿意加入分蛋糕,而不是去做蛋糕,原因乃是分配机制出问题了。

潘采夫分析说:

> 而现在政府管的又多了,国营企业权力大了,民企发展减缓了,社会的创业激情下降了。

曹林持认为:

> 公务员热也许只是一个伪问题,当前的就业形势下,有几个岗位不热呢?公务员岗位的热,其实不比好企业的岗位更热,1000个人争一个海尔的位置,公众觉得更正常,而100个人争一个公务员的岗位,公众就觉得是大问题了。公务员热主要是公众的一块心病,因为对公务员群体有意见、有偏见,认为其高福利、高稳定、高保障、高权力,所以不能容忍年轻人去报考公务员。

面对各种意见,作为主持人的白岩松并没有随意附和某个人的观点,在经过节目的进一步探讨之后他说道:

> 探讨到这里的时候,事情就不那么简单了,表面上看只是一个国家公务员招考出现了如此大的热度,背后其实社会有很多的变革必须开始进行,而且从中央政府的角度来看已经开始意识到了这方面的问题。比如说,为什么要不断地提经济发展方式的转变,为什么呢,大家想想看,我们现在依然还在劳动密集型产业占主导的发展阶段,既然是劳动密集型,农民工可能就比大学生值钱了,农民工只要1500元,你大学生管人家要2500元,可能干的活你还不一定有人家能吃苦,所以,当然就不愿意要你了。

由表及里,白岩松抓住问题的内在本质展开评论,看到了由于国家经济政治制度的不完善所引发的各种社会现象,他意在说明,"国考热"不过是这种深层原因所引发的社会现象之一,治标首先得治本,转变经济发展方式便是解决之道。

另外,白岩松不是一个只会板着脸孔的批评家,在某些问题上,他还会适当地戏谑讽刺,搞点儿黑色幽默。2011年10月25日《新闻1+1》播出《别把运动会当"运动"!》,白岩松把一个小故事作为话题引子:一支由10岁孩子组成的俄罗斯少年足球队访问某北京小学,以15:0的比分狂胜平均高出自己一个头的北京少年足球队。白岩松开场以很严肃的口气说道:"最近两天中国足球再次遭受非常严重的创伤!"振聋发聩的一句话或许会让观众猜测,国足是不是又在哪个赛场丢人了?毕竟,长期处于国足失利消息包围中的中国观众对国足的又一次败北都有心理准备了。

可白岩松紧接着给了下文:

> 这话该怎么说?来,看看大屏幕上的照片,完全由00后组成的俄罗斯一支少年队来到北京做客。北京一所小学派出了90后和00后的混编球队跟他打了一场比赛,结果后果很严重,0:15输了,而且这0:15是在40分钟的时间里,原本要踢更长,后来一看这球没法踢了,收了。而且从照片上来看,由于我们是90后和00后混编的队伍,普遍比对手高出一头还多,但是还是输了。今天想报仇,北京派出了一支少年小学冠军队跟他踢,结果比0:15好多了,3:7,还是输了。

一场小学生的友谊比赛,被说成中国足球的重创,确实让人忍俊不禁。评价第二场复仇之战,谈到结果又说"好多了",吊足观众胃口,好到哪儿了?原来是3:7,还是输了!两个包袱连续抖下来,赚足了笑声。

白岩松的幽默是要引出他对中国足球确确实实的担忧:"但说句良心话,面对这两场失利给我的打击比中国国家队失去世界杯的资格还要严重,为什么?基础不牢,地动山摇。"可见,他犀利的语言风格是贯穿始终的,随时能触及新闻的核心点,凝聚观众的关注度。

图4-6 玩"幽默"的白岩松依旧神态稳重

(三)思维:线索清晰,逻辑严谨

一个主持人是什么样的风格,我们能够通过他的外在形象和口才谈吐等感受到,风格的外在形式必定有一个内在的支撑,白岩松的形象如何,谈吐怎样,都是靠他的大脑指挥,因此,探究白岩松的风格特征,必然要涉及他的思维特点。

作为一位电视新闻时评栏目的节目主持人,白岩松看问题的犀利来自他思维的独到,总结起来就是:线索清晰,逻辑严谨。高铁甬温线事故发生之后,《新闻1+1》做了一期节目,名为《中国高铁 重建信任》。面对事故,媒体自然要质问原因,而铁道部发言人给出的答案是:事故是雷击造成设备故障导致,详细情况正在进一步调查分析之中。面对这样的回答,无论是事故受害者还是观众都不会信服,媒体人白岩松更不会放过探究真相的机会。白岩松从三个方面反驳来自铁道部的事故解释:

第一,"我国每年夏季都是雷雨高发季节,那是不是我们的铁路会像航空一样,每到雷雨天气就停运呢?"铁道部声称事故是由雷击导致,意指事故为天灾,非人力可抗拒,那么雷击的天气就只能停止运输了,就像地震时不能待在房屋里一样。岂能因噎废食?明显不符合常理。白岩松的第一个问号是暗示铁道部的解释中将原因归于天灾有托辞之嫌。

第二,"雷击导致设备故障。设备是会出现故障,那我们能不能设计一些设备故障的纠错系统呢?这样才会使既有雷击又有设备故障的情况下不出事故。"从第一句反驳铁道部的"天灾说"顺接提到事故中人能有所作为(设计纠错系统),从逻辑上讲,就是假设条件,即便是在有天灾的情况下,人为因素还是能在预防事故中大有可为的,这里暗生出一个讽刺:事故即便有天灾的导火索,但本质上还是人祸埋下的炸药。以上两句话均是从字面意义上逐条驳斥铁道部发言人的"雷击说"。

第三,白岩松将印证范围放大,提到了高铁之前所宣称的保障运行安全的高科技:CTCS系统(中国列车运行控制系统)、LKJ(列车运行监控装置)以及最后的保险丝——人工调度。既然有这么先进的技术,哪怕是最原始的人工调度,三道防线,哪一道都能防止惨剧发生,那么最后事故还是发生了,这说明了什么?这是白岩松利用事实的自相矛盾性对"雷击说"发起的驳斥,从论辩上已经走出了你说一句我还一句的被动反驳,进入到提出质疑让对方来解释的论证环节。

之后,白岩松亮出了最后的杀招:"既然是雷击事故,那么为什么善后处理的第一步就是撤掉上海铁路局局长、党委书记,还有一个管电的副局长?如果是雷击造成的故障,为什么要撤人呢?仅仅是为了平民愤吗?还是因为这是一起(人为)责任事故?"四个连续的问句,从结果推断原因,反面论证了"雷击说"的不合理性。

图4-7 白岩松所持字板上,写着铁道部发言人对甬温线高铁事故所做的解释

白岩松质疑的思维脉络一目了然,四个层面,由表及里,层层紧扣,逻辑严密;步步递进,从逐条批驳到以彼之矛攻彼之盾。相信铁道部发言人在这样的质疑中会无话可说,至少他不会否认,他之前给出的解释难以服众。

白岩松的出镜形象、言语魅力以及思维特点构成他鲜明的个性风格。这是他在长期的业务实践中逐步积累和锤炼出来的。这样的主持风格既体现出鲜明的时代特征,也诠释出深刻的人文情怀。它使观众感受到主持人独具特色的主持魅力,体味到电视传播的无限活力,领悟到新闻评论的思想深度,构建出主持人与观众认知共识、情感共鸣的美好愿景。

二、出镜记者白岩松

当下的观众或许熟知和习惯于白岩松作为一名出色的节目主持人的身份,但事实上,白岩松还是一个优秀的出镜记者。他是中国电视新闻领域大型新闻直播报道的第一批出镜记者,在被称为中国电视直播元年的1997年,他参与了香港回归和三峡大坝截流的现场报道。后来他在1998年长江抗洪报道、2001年悉尼奥运会等大型直播中都有上佳表现。由他担当记者的几部系列电视专题片,如《岩松看台湾》《岩松看日本》《岩松看香港》《岩松看美国》等更是受到业界和观众的广泛赞誉。在日本期间,NHK对他进行了专访,引发了日本国人的关注。因此,他的出镜报道风格值得我们深入学习。

(一)真实的现场感

出镜报道记者是新闻事件的见证者,是新闻现场的感知者,如何将两者有机结合为一体,以快捷、多样的方式将信息传播给受众,是检验记者职业素养的重要尺度。记者与观众身处不同空间,记者在隔空对话中带领观众进入特定空间,感触特定氛围,白岩松的报道在此方面表现得恰到好处。

图4-8 《岩松看香港》截图

在《岩松看香港》的第一集里,白岩松来到解放军驻港部队里,采访几位士兵。白岩松在现场发现驻军官兵个个身材魁梧、高大挺拔,他没有多费口舌去解说这几位士兵如何威武,而是立即站起身,指挥着摄像师,在镜头前比画了起来:

> 我的第一个感觉是,让我们的镜头把我装进去。不把我装进去你不知道人家个儿有多高。我走一遍观众朋友就会知道了。我的身高是一米七九,但是我们这边每一个人都比我高。

白岩松边介绍边在一排士兵面前穿梭,士兵的魁梧一目了然。如果作为记者的白岩松只是在镜头前向士兵提问,那么出镜记者的存在感以及节目的现场感都会大大减弱。白岩松以自己为参照物,通过与驻军官兵具体明了的比较,其存在感和现场感立即凸显出来。这一个比较比出了真实性,也增添了节目的趣味。

在《岩松看美国》的《黄色的特权》一集里,白岩松向观众介绍在美国每天负责安全接送孩子们上下学的黄色校车及其运行制度等。白岩松除了对校车的每一个细节进行详细介绍外,还跟着孩子们一起,进入小车里,他问孩子们问题,自己也系上安全带,想象自己是小学生一般,体验坐校车的感受。将对美国校车的介绍和自己亲身体验结合起来,更好地验证了校车的舒适与安全,也让电视机前的观众有了更加直观的感受。

图4-9 《岩松看美国》截图

从出镜记者的功能来看,他要带给观众真实的现场感受,要做到这一点,出镜记者必须将自己融进现场环境。白岩松在各种现场采访中深知这一点,他并不是游离于现场之外的观察者,而是经常将自己作为现场的一分子,高度参与、介入、体验现场环境,作为电视观众的感观延伸,去感受现场的一切,从而使现场不只是存在于画面上,而是真正能够让观众有所感受。

(二)对细节的敏锐发现

要还原现场真实,出镜记者应与环境有充分的互动,对现场有深度的参与,但是仅仅做到这点,还不足以让报道出彩,只有记者对现场细节,尤其是那些与现场主题密切相关的细节进行挖掘,才能够让报道充满色彩感和立体感。

白岩松对现场细节的挖掘可以说做到了细致入微,很多时候在观众还没有想到的时候,他就通过细节的展现,使大家的视线紧紧地跟着他的指挥一步步移动。

最让人耳熟能详的便是1997年香港回归直播,当时白岩松本来负责在皇岗口岸直播驻港部队驶入香港,但计划赶不上变化,白岩松回忆道:"在回归还差最后一天的时候,我和谭湘江去进行最后的演练,那是晚上灯亮的时分,在落马洲大桥上,谭湘江告诉我:这座桥上有一条管理线,虽然桥两边有各自的海关,但无人区的这条管理线才是内地与香港真正的界线。我说那为什么不在这儿报道呢?而在当时,这个点并不在报道计划内。我和谭湘江马上决定,咱们就在管理线这儿香港总部演练一下,争取这个报道点。"[①]

白岩松怎么会看上落马洲大桥上这一条管理线呢?香港回归,驻港部队进入香港,这些事件背后折射的历史意义无疑是伟大的,然而同时也是抽象的,电视新闻讲究具体生动,因此,如何将驻港部队入港这一较为抽象的事件通过一个具体的事物,由小到大展开呢?毫无疑问,落马洲大桥上那条人为分开香港和祖国的管理线是最好的地点,一条

---

① 白岩松.痛并快乐着[M].华艺出版社,2006:135.

线,一边香港、一边祖国,驻港部队越过管理线的那一刻便是我国收回香港主权的最具体生动的展示。于是就有了后来高收视率的"驻港部队越过管理线"的现场报道和与此相关的经典镜头:白岩松在大桥上指着自己脚下的那条管理线说:

> 大家可以看一下,这里有一条铁的这样一条线,在桥的中央。我现在左脚一面就是香港,在右脚的一面就是深圳。

白岩松把两脚分别跨在管理线的两边,镜头也随之移动到他的双脚上,

> 按说这条线是不应该存在的,因为深圳和香港自古就属于同样的一个县志,但是150多年前,英国人入侵之后,后来便拥有了这条线,便拥有了这条深圳和香港之间让很多人感到伤心的线。

当驻港部队的车辆越过管理线之后,白岩松说出了那句经典解说词:

> 今天,驻香港部队越过管理线的这一小步,却是中华民族的一大步!为了这一步,中华民族等了百年!

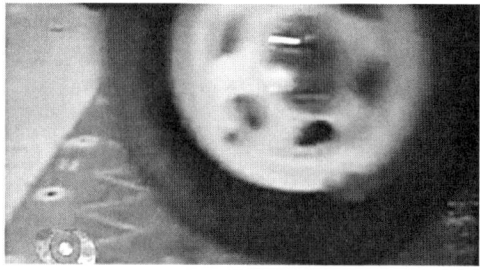

图 4-10　一条小小的管理线,提升了整个现场报道的品质,直播经典由此诞生

白岩松的解说很精彩,这一系列画面也被世人所乐道。试想,如果没有那条被白岩松敏锐发现的管理线,可能很多话将无从说起,而很多经典镜头也不会诞生,可见,细节对于提升整个出镜报道品质有重要的作用。

图 4-11　香港回归直播截图

(三)强烈的好奇心

白岩松之所以能够积极地参与现场、融入现场,并且能够发现别人很可能忽略的细节,很大程度上源于他拥有一颗积极观察事物的好奇心。好奇心让白岩松对采访环境随时保持着探究的心态,很多与主题有关的事物、人物就在这种好奇心的驱使下被挖掘出来。

《岩松看香港》里展现出白岩松好奇心的例子比比皆是:

场景一
地点: 香港老字号茶餐厅——莲香楼
人物: 记者白岩松、节目嘉宾——香港作家、美食家欧阳应霁
主题: 介绍香港饮食文化,谈香港特有的茶餐厅
画面: 一群老人围坐在老式餐桌前品茶,服务员穿梭于时刻满座的过道间。
节目画外音解说: 走进莲香楼,仿佛走进了时光隧道,一脚踏进明清时期旧时的茶楼。甚至连空气中都透着一股陈年老酿的味道……莲香楼创办于广州,1918年进驻香港,是名副其实的老字号。

在这个场景中,节目要突出茶餐厅在香港饮食文化中的悠久历史,因此选取了经营历史长达89年的莲香楼。

白岩松好奇地打量着莲香楼的里里外外、上上下下,他发现了横在天花板下方的木杆,于是询问嘉宾欧阳应霁。原来,"那个是八十年前的时候很多人习惯早晨去遛鸟,然后来了(茶餐厅)之后,就把鸟笼子挂在上面。现在虽然没有多少人遛鸟了,但是它的这个传统还保持着"。白岩松向观众介绍了他了解到的木杆来由。

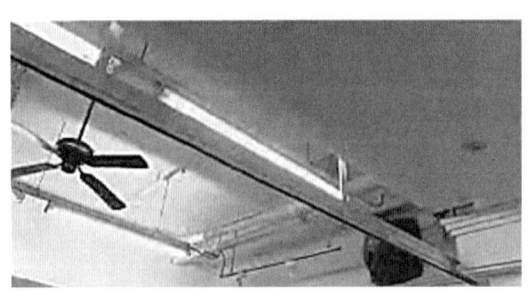

图4-12 八十多年前,香港莲香楼提供给顾客悬挂鸟笼的木杆仍被保留至今

这一因好奇而被发现的细节,恰到好处地体现了莲香楼古色古香的陈年老店味道。一家老店保持着几十年前的旧物件,观众怎能感受不到一家老店的历史积淀呢!并且,这个木杆被保留至今,也说明香港茶餐厅对保留历史印记所做出的贡献,一家茶餐厅和香港饮食文化的密切关系从细微之处得到了完美诠释。

场景二
地点: 香港城市大学学生宿舍公共厨房
人物: 记者白岩松、嘉宾——一位来自北京的香港城市大学女大学生詹宝

主题：了解香港城市大学学生的日常生活

画面：镜头从画面左侧向右移动，最后定格在詹宝，詹宝身后，安置着微波炉、电冰箱、锅碗瓢盆等厨房用品。

白岩松想了解城市大学学生们平日在宿舍是如何解决吃饭问题的，从詹宝那里，他得知除了在学校食堂就餐外，学生们还可以在宿舍公共厨房自己做饭菜。于是，白岩松和詹宝一起来到宿舍厨房，与詹宝面对面坐着，听她介绍厨房的陈设和功能。

詹宝刚介绍完，就传来白岩松的声音：我来看看冰箱里有什么。镜头随之右移至白岩松，他迫不及待地站起来，绕到詹宝身后，十分好奇地打开冰箱一探究竟。箱门打开，里面是各种饮料、果酱和一包包已装好的食物。

詹宝：冰箱里什么都有的。
岩松：但应该是同学们一块儿凑到一起的吧。
詹宝：对。
岩松：然后不同宿舍的同学可以一起做饭、吃饭，一起在厨房聊聊天，看看比赛之类的。
詹宝：对，没问题

可是，这样集中储放，不会出现学生间食品误拿误用吗？

白岩松发现了冰箱旁写字板上写着一个留言：前两天弄错袋，不小心吃错两个苹果，现放在雪柜（冰箱）里头，请哪位同学拿回，对不起了。白岩松感慨道："您看这位同学，多懂礼貌，吃错了还知道还回去，说明这里的大学生素质真是不错！"

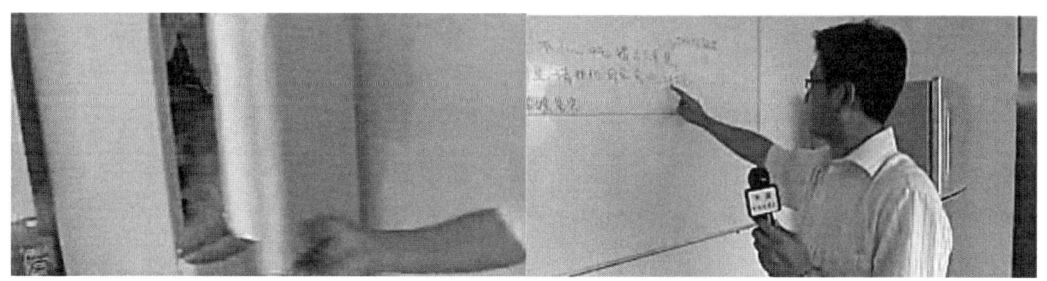

图4-13　白岩松好奇地打开冰箱　　　　**图4-14　冰箱旁的留言板**

正是有了白岩松的好奇心，观众不仅了解到城市大学学生集体生活中有趣的一面，城市大学学生的良好品质也从侧面体现了出来。如果没有这个好奇心，能够增强节目关注度的话题就被错过了。

从上述事例可以看出，白岩松有着扎实的新闻功底和优秀的职业素养，在一次次出镜报道中，他运用多种方式将观众带入新闻现场，与观众一同体味社会万千景象，一同解读新闻人物事件。他深知出镜记者的职责是通过自身与现场的积极互动，深度融合，将观众的关注度集中于新闻现场。他随时带着一颗发现现场、探究现场的好奇心,寻找任何有助于出镜报道的环境特点和细节事物。

第二节 张泉灵:新闻人、电视人、主持人

图4-15 张泉灵

原中央电视台著名主持人,记者。

1973年出生于上海,祖籍浙江宁波。

1996年毕业于北京大学德语语言文学系。在校期间主持了北大与央视共同制作的《中华文明之光》。

1997年考入央视国际部。先后任《中国报道》记者、编导、主持人,2000年新版《东方时空》《人物周刊》《焦点访谈》《新闻会客厅》等节目主持人。

作为记者,曾深入到抗击非典第一线、罗布泊无人区、阿富汗、汶川地震灾区等做现场报道。

获2008年央视"优秀播音员主持人"奖、2009年《新周刊》"年度节目主持人"奖、2009年"金话筒"奖电视播音员主持人奖、2010年第十一届"长江韬奋奖"。

张泉灵在某些方面与自己的同事白岩松非常类似。作为电视人,他们不仅都是央视优秀的新闻节目主持人,也都是出类拔萃的记者,在新闻现场报道领域佳作不断。

在某次由新浪网组织的网友与张泉灵的对话访谈中,网友好奇地问道:"张泉灵,当记者好还是当主持人好?"张泉灵回答说:"首先我是新闻人,再是电视人,最后才是主持人。"①

这个回答十分耐人寻味:张泉灵的回答首先强调的是自己的职业定位,即发现新闻、挖掘信息、探究事实的新闻记者操守;其次她从自己所从事的媒体类别上,将自己定位为电视人;最后才将自己定位为电视主持人。所以,张泉灵的回答传达出她更加看重自身新闻记者的职业角色。

作为记者,张泉灵最让人津津乐道的莫过于她在各个重大新闻现场的优秀报道。从抗击非典第一线到罗布泊无人区、阿富汗,再到汶川地震灾区、青海玉树灾区等,许多重

---

① 新浪网. 东方时空记者张泉灵、康锐做客新浪访谈实录[EB/OL]. (2002-04-02)[2019-05-09]. http://news.sina.com.cn/c/2002-04-02/2101532284.html.

要新闻的现场都留下了她的身影。

出镜记者面对的环境变幻莫测,有时要冲向枪林弹雨的战争前沿,有时需面对水火无情的自然灾害,他不仅要厘清千头万绪的现场状况,还需要处理错综复杂的现场人际关系。所以,要成为一名优秀的出镜记者,必须具备勇敢坚强、吃苦耐劳的品格,还要具有睿智机敏的头脑。

张泉灵素有"北大才女"之称,聪颖的天资加上不断的学习思考,使她在采访报道时表现出敏捷的思维、机智的问答和清晰的表述。作为一名女记者,她的勇敢与坚强更是巾帼不让须眉。她既有不惧危险、敢闯敢拼的无畏斗志,又有细腻亲和、温润人心的入微关怀,更有客观理性、严谨细致的新闻素养。

一、第一时间、第一现场

虽然一名优秀的出镜记者自身的素质是成就一则经典现场报道的关键,但是一些关键事件、关键环境也有助于记者的表现。这也是为何突发性事件是各个媒体竞相追逐的热点。记者一旦抓住了关键事件、关键环境,往往也就抢占了现场报道的先机。由于突发事件的现场环境瞬息万变,机会往往稍纵即逝,所以要成为一名优秀的出镜记者,必须要在第一时间出现在新闻现场,很多新闻现场并非和风细雨,艰难危险常伴记者左右。张泉灵正是勇于站在危险环境中的女性记者,她凭借果敢机敏的职业素养,向观众报道真实的具体的新闻事件,呈现了新闻现场报道的无限魅力。

(一)勇闯阿富汗

2006年3月24日,中国援助阿富汗物资从新疆喀什启程。中央电视台《东方时空》子栏目《时空连线》节目组派出记者张泉灵全程跟踪报道。不料,3月26日阿富汗喀布尔北部地区发生了里氏5.9级地震,这一突发事件让新闻敏感度极高的张泉灵一下兴奋起来。此次阿富汗之行本是跟踪报道我国援阿物资的进展情况,按照原来的计划,张泉灵应该在3月31日乘坐中国联航的飞机返回新疆喀什,星期一(北京时间4月3日)回到北京。但这场突如其来的地震打乱了原来的部署——她和同事们决定要深入地震灾区做报道。

当时,阿富汗战争结束不久,当地社会治安极不稳定,由于战争的破坏,阿富汗的基础设施也不够完善,从喀布尔到震区,这一路的艰辛张泉灵都已预想到了。"进灾区时,那种把新闻带回来的冲动要比有危险的意识强烈得多。"张泉灵事后回忆道。[①]

虽然有心理准备,但这一路确实走得十分坎坷:从喀布尔到震中区,200公里的直线距离竟然颠簸了九个小时,除了要翻越高高的雪山,还要随时提防发生新的雪崩和

---

① 岱松.与张泉灵对话——回忆阿富汗之行[J].新闻爱好者,2002(6):35.

塌方。

张泉灵和同事们曾被堵在空气污浊的隧道里,呼吸都很困难,她亲眼看到一个人因窒息而晕倒。张泉灵说,"遇到了自己经历的最困难的堵车场面"。但比起一路上令人担惊受怕的地雷,堵车也不算什么了。"在我们一路往北走的道路上都有石头上描上了红色,也就意味着石头外面有雷区。其实阿富汗安全部门在很长一段时间里重要的工作就是排雷。"张泉灵回忆说。① 她在灾区还经历了数次的余震,有一次余震把他们固定在三脚架上的摄像机都震落了。3月29日,当张泉灵和同事们回到喀布尔时,已经是晚上7时,总算赶在宵禁之前回到喀布尔,她这才长出一口气,因为在阿富汗赶夜路十分危险,一是道路难行,二是总有强盗和小偷作祟。在前往阿富汗震区途中,面对路上的种种困难和挑战,她没有退却,凭着勇敢和毅力最终在艰难的环境中坚持下来,圆满完成采访任务。此次阿富汗灾区采访成为张泉灵采访报道生涯中的得意之作。

(二)深入汶川灾区

2008年5月9日,为报道奥运圣火传递,张泉灵在西藏海拔5150米的珠峰大本营做"圣火耀珠峰"直播。5月12日,刚回到拉萨不久,她得知四川汶川发生强烈大地震。新闻嗅觉敏感的张泉灵知道需要自己冲锋陷阵的时候到了。5月13日,张泉灵挤上了震后从拉萨飞往成都的第一班飞机,到达成都的当天下午,又马不停蹄地坐车三小时抵达北川。这次灾区之行,一去就是十天。

且不说此时地震灾区的危险,单是沿途的车马劳顿就让很多身强力壮的男性都吃不消:之前在高海拔的西藏做奥运圣火传递报道的张泉灵,要克服高原的缺氧环境,勉强适应了高原气候,在拉萨还没来得及充分休息,又火速赶往地震灾区,从高原到四川盆地,海拔落差太大,人容易出现疲倦、无力、嗜睡、胸闷、头昏等症状的醉氧表现。从拉萨到成都再到北川、汶川,一路飞机、汽车,甚至徒步行走,没有一丝停歇。很多公路受到地震破坏,崎岖不平,人就得在汽车里不停地颠簸,遇到无路可行的时候,还得靠最原始的交通方式——步行到达现场。一路走来,她不仅要克服对气候的不适,更要挑战自身体能的极限,除了健康的身体,顽强的意志更是不可或缺的。张泉灵在当年6月的"抗震救灾英模事迹报告会"上回忆起自己当时的感受时说道:"经过不停顿的9个小时,我们紧随部队到达漩口镇,那已经是5月16号的凌晨一点。紧张、饥饿、劳累,我真的想躺下什么也不做,但一想那么多人等着里面的消息,我们立即投入采访工作。"其中艰辛可想而知。

灾区采访,危险时刻在身边。张泉灵回忆道:"在漩口,我们16个人挤在一个非常狭小的帐篷里休息了一个晚上,所有人都没敢脱鞋,因为担心随时可能发生余震。在返回

---

① 新浪网.东方时空记者张泉灵、康锐做客新浪访谈实录[EB/OL].(2002-04-02)[2019-05-09]. http://news.sina.com.cn/c/2002-04-02/2105532286.html.

都江堰的途中,报道队伍刚经过一个非常狭窄的路口,后面500米高的山突然全面崩塌,如果稍慢一些,就可能是生死相隔了。""到达汶川比上珠峰还难。上珠峰很多是可以预计得到的,但去汶川,有太多不可预料的因素。"

从小生长在大城市,又是家中独生女的张泉灵在新闻的第一线奋战时,拿出了比许多男性还要刚强的毅力和勇敢的精神,硬是在艰苦的灾区挺了过来。张泉灵曾说:"当初我选择新闻记者这个职业时,我就想清楚了这个职业必须接受和承担的一切,它不仅仅是令人羡慕的见多识广、不仅仅是经历光鲜荣耀的场面,也包括必须面对危险、面对困难,这是新闻工作者必须承担的社会责任,也是新闻工作者必须具备的勇气。"①

进入阿富汗,遭遇地震来袭,采访珠峰圣火传递,孰料大灾突降。每一次张泉灵都不畏艰辛,主动请缨,克服各种危险与困难,出色地完成了任务。在这一过程中,如果没有极大的勇气,则会在机会面前裹足不前;若欠缺毅力,则会在责任面前半途而废。哪怕张泉灵的新闻素养再高,现场掌控能力再强,到不了现场,一切才能都将无法施展,再好的想法也不能成为现实作品。只有具备了敢拼敢闯的勇气和顽强坚定的毅力,才能得到更多施展才华的舞台。要成为一名优秀出镜记者,这种品质是首先要具备的。

二、平等友善的亲和力

勇敢坚强、不畏艰险的品格凸显了张泉灵作为一名女记者身上那种巾帼不让须眉的阳刚之气,但在现场采访、与人交流时,张泉灵也体现出女性记者特有的优势。由于现场采访尤其是直播采访不同于室内访谈,不可能从容酝酿和准备,而大多是即时即地的问答,这时候,主持人在沟通中的亲和力就显得相当重要。良好的沟通能够有效调动受访者积极性和参与度,很多能使节目出彩的受访者的表情、话语、动作便在这种融洽的互动氛围中自然地流露出来。这些都是电视新闻现场报道打动观众、提高传播效果的有效方式。女性记者在亲和力上较之男性记者具有天然优势,张泉灵在采访中也时时用温和近人、不卑不亢的态度与受访者形成平等和谐的交流氛围,打动着受访者、打动着观众。

三、亲切得体的记者形象

为了解到更多现场画面无法说明的信息,出镜记者很多时候需要采访现场有关人员。然而某些受访者面对摄像机镜头和记者会感觉到拘谨、压抑,这种情绪或许会影响其在镜头前的表述,电视直播又无法通过后期剪辑进行修正,因而不利于播出节奏的有效调控,甚至会因此错过一些有效信息。记者与受访者在电视机前的一问一答类似于日

---

① 于郁. 美丽女主持的"三个面对"[EB/OL]. (2011-05-04)[2019-05-11]. http://military.people.com.cn/GB/8221/51757/45802/14550872.html.

常生活中的人际传播。在这里,传播行为的发起者——记者的外在形象,是受访者感受到的第一印象。在传播活动刚开始时,这种第一印象对形成怎样的传播情境(谈话气氛、参与积极性等)至关重要。表情严肃、不苟言笑的记者会让受访者感觉到压抑,咄咄逼人的记者会使人心生不快甚至是产生排斥感,曲意逢迎的采访姿态又得不到受访者的尊重。因此,亲切自然、神态轻松、不卑不亢的形象、气质是打破记者与受访者之间隔阂,形成和谐交流氛围的有效方式。

图 4-16　张泉灵的记者形象

(一) 着装

张泉灵做现场报道时,对自身的着装是比较讲究的。譬如在《泉灵看两会》的现场报道中,为与人民大会堂这一庄严肃穆的场合保持格调一致,张泉灵在室内呈现西服套装＋女士衬衣＋丝巾的打扮,在室外也会穿正式的大衣。庄重大方而不失时尚朝气的服饰风格与两会报道的现场环境很好地融合在一起。在她与代表或其他工作人员的交流中,既从服饰文化的层面向对方传达出尊重和自信的个人形象,也体现出中央媒体记者的风采。

香港回归十周年前夕,张泉灵担任央视《朝闻天下·香港早晨》的现场记者,在这一系列节目中,张泉灵要更多地以普通民众的视角观察香港百态,因此她经常穿着清新的夏季女式 T 恤衫走访香港的大街小巷。简易随性的市井风格,使记者成为城市的街巷间里的观察者,便于其开启与市民轻松平等的采访交流。

2008 年 5 月,在四川地震灾区的张泉灵常常和部队战士一块儿跋山涉水,在救援现场报道营救情况。在这十天的报道中,张泉灵出镜频率最高的便是她那件黑色长袖运动套装。此时的张泉灵远离庙堂、走出都市,来到地震废墟之中,一件运动套装不仅方便采访工作,更能表现出她与参与救援的官兵共赴抗震救灾一线的工作态度,记者不是跟着救灾队伍的可有可无的点缀,而是他们的一分子。

张泉灵在不同场合下的不同穿着,使其能快速融入现场环境,从外在形象上保持同现场人员的一致性,进而获得他们的认同感,这无疑会为记者与受访者的有效沟通营造出平等融洽的交流氛围。

(二)表情神态

镜头前的张泉灵总是面带着爽朗的微笑,精神状态饱满。

英国诗人雪莱说:"微笑,实在是仁爱的象征、快乐的源泉、亲近别人的媒介,有了微笑,人类的感情就沟通了。"在记者与受访者的互动交流中,微笑作为一种象征互动符号,传递给对方一种真诚、友善、轻松的信息。张泉灵在镜头前的微笑能促进自身与受访者构成积极互动的交流场域。

在2009年的十一届全国政协委员会第二次会议间歇,张泉灵采访了著名作曲家徐沛东。张泉灵问徐沛东一个问题:明星委员是靠名气还是靠议政能力当选委员?然而此问题很可能会让作为名人的徐沛东委员心情不快,张泉灵微笑着表述了这个问题。从徐沛东对问题的沉着反应来看,这个微笑是十分必要的。一个微笑传递出了张泉灵对受访者的尊重礼貌,也包含了对受访者畅所欲言的赞许。面对这一稍有尴尬的话题,张泉灵的微笑打开了双方交流的心扉。

图4-17　张泉灵用微笑化解尴尬

张泉灵在现场报道时总是精神饱满,活力四射。她曾说,自己从小就是个爱说爱笑的人。一种情绪或精神状态在人际交往中是会传染的。张泉灵这种饱满的精神状态在访谈中很容易传递给受访者,让受访者的情绪也受到她的感染,从而愿意表达,愿意说得更多。

(三)气质

气质,在《辞海》里释为:人的相对稳定的个性特点和风格气度。一般而言,就是指人的姿态、长相、穿着、性格、行为等元素结合起来的,给别人的一种感觉。

一个人的穿着打扮时髦漂亮与否、神态外貌亲切与否,都可用具体的社会标准去衡量,但"气质"是一个较为抽象的概念,它的确存在,但却以每个人的感受为基础,没有具体的外在物可供测量。它在交流沟通中确实起到了重要的作用。比如温文尔雅、恬静大方的气质能给人一定的美感;刁钻奸猾、孤傲冷僻,或卑劣、猥琐的气质,则使人厌恶。

镜头前的张泉灵知性优雅、端庄大方、活泼灵动。既有女性天然的温柔内秀,又有职业女性的热情、进取、自信。

张泉灵的气质特点对于她完成出色的采访是大有助益的。知性、活泼使人心生喜爱,愿意接近;端庄、自信能得到对方的尊重。因此,在采访中,张泉灵较易与受访者形成平等自由的对话,取得对方的信赖,让对方知无不言,言无不尽。

四、巧妙适宜的提问

记者与受访者轻松愉悦的交流可使双方话题思路更加明晰,话题表述更具条理。得体、轻松、机智的提问会让受访者放下心理戒备,说出记者和观众感兴趣的信息。2008年9月25日,我国神舟七号载人航天飞船从中国酒泉卫星发射中心发射升空。在此之前,张泉灵进入航天基地的航天员训练室,采访拍摄航天员在升空前的训练情况,向观众展示航天员鲜为人知的日常工作。这是媒体第一次获得进入航天员训练现场进行采访的机会,出于保证航天训练环境封闭安全的目的,基地避免非相关专业人员干扰,张泉灵和摄像师只能在训练室的玻璃屏外进行拍摄。关于航天员的训练信息,只能采访同在玻璃屏外的航天员系统副总设计师黄伟芬,整个新闻的亮点只能通过与这位负责人的交流来挖掘。

张泉灵就从这个玻璃屏说起,挑起了整个采访的话头。她向身旁的工作人员问道:

我看到现在玻璃屏里还有其他的工作人员。现在这个阶段是什么样的人才能进到玻璃屏里面?

黄伟芬回答:

我们现在有两部分人员可以进到玻璃屏,一部分是跟航天员一起隔离的工作人员,还有一部分,是我们受控的,虽然没有跟航天员一起隔离的工作人员。所以你看到他们在里面和航天员一起操作的时候必须戴口罩,采取相应的措施。我们的航天员上天前还要进行一些必要的训练,这些工作是需要其他工作人员和他们一起协同完成的,所以我们要把这部分人同航天员一起隔离。

问:也就是说,从任务前的十多天的时间里,他们就不能回家了?

答:是的,和航天员一起隔离。

……

张泉灵的这个开场问题问得十分巧妙,首先在于她问得顺畅自然。虽然得到了采访机会,但却只能止步于玻璃屏外,未免有些遗憾。张泉灵顺势联想到,玻璃屏里不能随意进出,那么哪些人能够进入呢?这个问题从思维顺序上承接了"玻璃屏"这一个物件,也回应了大部分观众的好奇心,从而使双方的交流更加自然顺畅。

其次在于引导受访者积极主动地回应。黄伟芬不仅回答了进入现场的工作人员资质,还介绍了这些人员受到的严格工作限制。这引起了张泉灵和黄伟芬的进一步交流,观众也在此了解到这些默默奉献的航天人的辛劳。

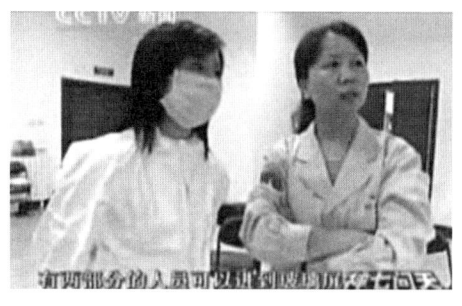
图 4-18 引起张泉灵注意的"小册子"

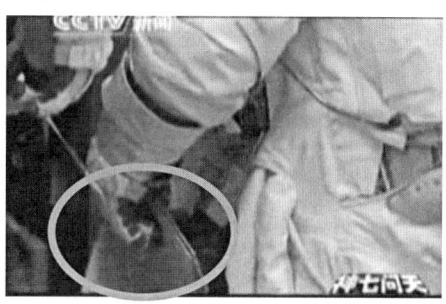
图 4-19 张泉灵在玻璃屏外采访

在接下来的采访中,张泉灵和受访者的谈话气氛越来越活跃,围绕航天员升空训练的话题也越来越多,很多小细节也被张泉灵有效挖掘出来,引出更多的新闻亮点。张泉灵注意到训练中的航天员手中拿着一本小册子,于是好奇地问黄伟芬:

我看到他们手里都拿了一本小册子,那是什么?

答:那是飞行手册,出舱活动的手册。因为我们要求航天员在执行任务的时候要确保万无一失,那么我们要严格地按照手册规定的这些程序和要求来进行操作。

问:可是我们的航天员不是考试过吗?他们不是倒背如流吗?还需要有一本书吗?

答:那也必须要!我们不能说人是一定不会犯错误的。我们只有严格地按照手册的提示来一步一步操作,才能确保他不犯错。

在这一轮问答中,张泉灵由一个小册子引出了自己的问题,不放过任何能够揭示航天员训练情况的问题。在受访者充满专业术语的回答中,她并不急于插话,而是让对方娓娓道来,再针对观众可能感兴趣的点入手,继续提问。这样的交流方式既不会造成提问者过于强势而压抑受访者,还能够从对方大量的叙述中找出新的提问点。

五、现场解说思路清晰、层次分明

勇敢坚强、平易亲和。一刚一柔在张泉灵的出镜报道中很好地融合在一起,这源于她深厚的媒介素养。作为出镜记者,她突出的特点就是现场解说思路清晰,层次分明。

很多新闻事件,其现场情况千头万绪,单靠架起一部摄像机是远远不足以传递所有信息的,此时,出镜记者的作用便凸显出来。张泉灵对此深有感触:"记者的视野是 360

度的,感受是五官俱全的,而观众只有视觉和听觉感受,且视野仅限摄像机所摄范围。所以,新闻直播要通过主持人的传达和表述才能得到全方位呈现。把最新发展的事情以一比一的方式呈献给观众时,要通过你的提炼与选择。"①

张泉灵对现场报道的理解是精到的,她在自己的报道中一直很好地发挥着出镜记者的这种作用,一个很重要的表现就是通过自己清晰明了的解说,以最易理解的语言将新闻现场的信息完整地呈现给观众。

2008年5月13日,张泉灵赶赴四川地震灾区进行现场报道。通往汶川的213国道因地震毁坏而无法通车,张泉灵向观众介绍现场抢修的情况。

通过摄像机镜头,坐在电视机前的观众能够捕捉到的现场信息十分零碎:张泉灵身后是一辆侧翻着的被毁大卡车;再往后是一条被滑落的山石堵塞住的破碎公路;乱石堆上,一辆挖掘机正在吃力地作业;旁边是无数围观的人。只通过这个镜头,观众会产生很多疑问:整修道路对于救援灾区十分重要紧迫,为何只有区区一辆挖掘机作业?旁边这么多人闲着,为什么不出力帮忙?这条道路何时能抢修完毕?……种种疑问,必须要有记者来解释,而且面对凌乱的现场,观众也需要有一个全景式的环境介绍才能更好地理解救援现场的进展,这些,摄像机镜头不能给我们答案。

图 4-20　张泉灵在213国道的抢修现场　　　图 4-21　张泉灵比划着道路宽度

张泉灵在镜头前的解说为我们提供了事实的原委:

> 213国道在我身后的这个地方就完全终止了。您看到的不是之前那些巨大的石块儿,而是整个山体都垮塌下来。
>
> 根据工程人员告诉我们的,现在聚集了大概10 000方的土量,而这个挖掘机不断地工作,每小时能清除30方,总共需要300多个小时,十几天的时间才能把这些土方全部移走。
>
> 而且,可能面对这样的情况,您还会有疑问,为什么现在是看的人多,工作的人少,其实这也是一个相当无奈的事情。这段路宽也就七米左右,往这边走

---

① 杨芳秀.我爱直播——张泉灵访谈录[J].新闻战线,2010(10):48.

(张泉灵用左手指向镜头右方),下面就是岷江;往另一边(用右手比划镜头左方)就是山体,这就只能允许一辆挖掘机在上面工作。

开场的介绍,张泉灵不是按照由近及远的空间顺序来介绍现场,而是从观众最关注的信息切入,先介绍了道路受阻情况的严重性,即造成道路阻断的障碍物不是滑落的石块,而是整个山体。因为整个山体的清除比几个大石块的清除要困难得多,这一个信息对比使观众对213国道的抢修难度有了一定理解。

有了具体的判断之后,张泉灵紧接着向观众提供一组数字来印证清除工作的繁重:10 000方的土量,以每小时30方的清除速度,总共要挖300多个小时。有意思的细节是,张泉灵将300多个小时又换算为以"天"为单位的计时,因为观众更加熟悉这种计时方式,十几天比300个小时更能在人们心中形成长时间的感受。在介绍完最急需向观众交代的信息之后,张泉灵接着解释了由于道路宽度的限制导致现场人员和机器无法全部投入救援工作的情况。

这种类似于新闻"倒金字塔"写作方式的现场解说首先专注于观众最感兴趣的新闻点,然后再介绍新闻背景内容,让观众对新闻事件有更深入更细致的了解。张泉灵按照此种逻辑脉络进行深度报道,能够有效解读特殊境况下的新闻信息,带领观众进入新闻现场的细节之处,体现了新闻报道真实性和社会性的特点,完成了出镜记者的传播任务。

直播报道中,出镜记者既要统筹全局,又要深入发掘细节,并快速过滤、筛选信息。尽管是现场的即兴报道,仍需逻辑清晰、表达缜密、张弛有度。张泉灵这样说道:

> 在我看来,现场报道过程就是回答问题的过程。我经常不断地问自己,大多数人会提出的第一个问题会是什么呢?当他看到了现场的第一个画面时,好奇心会集中在哪些方面?会对哪里有疑问?适当做这样的训练大有益处。我通常会在心里对自己先讲一遍,检验是否清晰准确地反映了现场的情况。如果不是,换一个方式。这里,往往侧重于事物的逻辑关联,而不是感性本身。在报道中,我会不断地问自己,你所说的话有事实支撑吗?结论的依据是什么?其中的逻辑链条是不是有断裂呢?[①]

由此可见,出镜记者严谨把握报道逻辑脉络,紧密贴合新闻事件过程,细微体察受访者所思所想,从多角度多层面动态报道新闻事件,才能取得良好的传播效果,构建全景式信息传播格局。张泉灵正是用自己的工作实际做到了上述诸点。

回到本章开始时张泉灵所说的那句话:"首先我是新闻人,再是电视人,最后才是主持人。"电视机前的张泉灵并没有将自己的身份确定为主持人或记者,她首先认为自己是一位新闻人。新闻人张泉灵,身上有着阳刚气十足的勇敢坚毅,也有着温情感人的女性

---

① 杨芳秀.我爱直播——张泉灵访谈录[J].新闻战线,2010(10):48.

魅力,更有新闻人逻辑严谨、思维清晰的专业素养。正如多篇文章谈及她那样:张泉灵说话层次鲜明、逻辑清晰,既有外景主持的勇敢,又不乏职业新闻人的干练。①

第三节　蒋林:报道从心出发

中央广播电视总台记者。

1998年毕业于四川省广播电视学校(现四川文化产业职业学院)播音与主持专业,同年进入成都电视台第五频道。

2004年至2005年,主持成都电视台电影推荐节目《蒋林说片》。

2006年至2007年,主持成都电视台新闻节目《成都全接触——特别视点》。

2008年5月12日,主持《成都全接触——抗震救灾特别报道》。

图4-22　蒋林

2014年至今,中央电视台记者。

2014年8月,云南鲁甸地震报道。

2015年6月,湖北监利"东方之星"客轮翻沉事故报道。

2015年8月,天津滨海新区爆炸事故报道。

2015年9月,纪念中国人民抗日战争暨世界反法西斯战争胜利70周年大阅兵直播报道。

2018年5月,汶川特大地震十周年直播报道。

2019年10月,庆祝中华人民共和国成立70周年特别报道。

坚守报道初心,尊重新闻事实,报道节奏有致,运用多种感官,善于抓住细节,优化融媒报道。蒋林的现场报道突出地表现出上述特点,他善于在繁杂多样的新闻现场捕捉鲜活生动的新闻素材,在突发事件的第一现场采集具体翔实的报道内容,他以还原事实原貌为基准,以满足受众收视需求为己任,运用融媒报道方式展现新闻事件最新动态。他用自己的双脚丈量出镜报道的广度,用自己的双眼观察社会动态的深度,更以坚持不懈的工作精神,不忘一名新闻工作者的初心,牢记记者职责,在报道实践中描绘多彩传播图景。

---

① 新华网.主持人张泉灵——我对新闻工作心存感激[EB/OL].(2010-10-28)[2019-08-09]. http://news.xinhuanet.com/newmedia/2010-10/28/c_12711636.htm.

一、尊重新闻事实,坚守报道初衷

习近平总书记指出:"要把握正确舆论导向,提高新闻舆论传播力、引导力、影响力、公信力,巩固壮大主流思想舆论。"①新闻工作者承担着新闻传播、舆论监督的职责使命,如何在报道实践中深入践行总书记殷殷期望,是每位新闻记者值得认真思考的问题。

新闻报道站在客观真实的角度传播社会事件,力求体现新闻事件客观、真实的本貌。出镜记者作为新闻传播的有机组成部分,多出现于事件发生后的场合中,当时当刻事件已经过去,这就需要记者坚持新闻从业的基本原则,充分运用多种传播条件,努力克服各种不利因素,尊重新闻事实,冷静从容面对事件发生的原因、经过和结果等各个要素,从不同侧面、不同维度尽可能地还原事件本貌,坚持新闻从业者的职业操守,始终不忘报道初衷,牢记工作使命。

"连线哥"蒋林在多年工作实践中把还原新闻事实作为首要职责,坚持新闻报道以事实为本的工作原则,以新闻事实为核心,以现有素材为支撑,客观定位报道向度,有效构建报道空间,多层面展现新闻事实的原貌。在2013年4月芦山地震报道中,身处余震不断的灾区,他首先想到的是"在灾难发生的第一时间,对于生命的抢救是重中之重,此时我最想了解的是由一个个被救援的伤员组成的生命群像,以及由一个个救援细节组合而成的整体救援方式和效率"②。进入报道现场,蒋林将受灾事实的全局作为自身工作的首要任务,哪里是震中所在,哪里是灾民较为集中的地方,哪里的公共财产受到严重破坏,哪里是急需抢救的地方,都印刻在他内心构建的报道图谱中,转化为尊重事实、了解全貌的无尽驱动力。相应的,蒋林并没有在报道前设计、假想受灾情况,也没有按图索骥式地跟进报道,而是采取以下两种方式进行报道:

首先,综合运用多种媒体展现事实。

以事实为本是新闻工作者恪守的基本准则,也是向受众客观、翔实传播信息的基本前提,无论处于何种报道环境,身处何种舆论氛围,新闻工作者都应在话语表达和情感表露、思想传达和观点阐述中,自然真诚地遵循这一准则。在芦山地震报道、天津港"8·12"特别重大火灾爆炸事故报道、四川茂县山体滑坡报道、云南普洱景谷地震报道等报道中,蒋林运用电视连线、社交媒体等多种媒介融合方式展现新闻事实,力求通过多种路径尽可能再现事实原有样貌。如在芦山地震报道中,他运用微博、微信进行采访报道,"微博求助、微博质疑、微博采访、微信采访,新媒体在抗震救灾中异军突起,前所未有地影响着抗震救灾工作"③。加之有力的电视声画组合,使得该报道在全场域、多格局的交织联通中有效还原了事实本貌。

---

① 摘自习近平在2018年8月召开的全国宣传思想工作会议上的重要讲话。
② 蒋林.报道是为了更好的救援——"4·20"芦山地震报道与思考[J].新闻与写作.2013(6):11.
③ 蒋林.报道是为了更好的救援——"4·20"芦山地震报道与思考[J].新闻与写作.2013(6):13.

其次,通过深度挖掘多种情状来呈现事实。

新闻事件由多种要素动态构成,由多种情境融会贯通,一则优秀的出镜报道是将多种情境真实展现,将多种主要态势客观呈现的新闻报道,作为出镜记者亦应遵循此点,在掌握多种新闻素材的基础上,深度挖掘事件当时当刻的真实情境,传播事件蕴含的正义良知。

"我们比平时的运输机飞行高度下降了 1000 米,而在抵达震中上空之后,我们围绕震中有一个大概侧向的空中盘旋,在空中画了一个大圈,而我们的正下方就是震中所在地。通过飞机的悬窗,包括飞机下方的观察舱,飞机的工作人员是在进行地面观察。那么,这次我们得到的消息是震中的受损情况可能没有我们最开始想象的那么严重。"①在 2014 年 10 月 8 日云南景谷地震报道中,通过对空中运输机观察震中区域受灾情况的描述,蒋林向观众呈现了当时当刻景谷傣族彝族自治县灾情的基本状况,展现出观众关切的受灾情况要点。

在 2018 年 5 月 14 日川航 3U8633 紧急备降事件报道中,蒋林充分运用电视媒体的声画传播优势,从事件起因入手,对包括机长刘传健在内的机组乘务人员如何紧急处置进行了细致报道:"当时飞机在巡航阶段发现风挡裂缝,他把这个信息报告给空中管理人员之后,很快的一个时间,这个风挡玻璃砰的一声大概就不见了。当他觉得自己的眼前在爆裂之后,瞬间气压差也会让他有眼前一黑的应急反应。当他再次关注自己飞行方向的时候,可能也就是几秒钟,发现自己身旁的副驾驶就已经被舱内舱外一个巨大的气压差将半个身子吸到了飞机的外侧。"②由此可见,蒋林的现场报道将观众带入了事件的真实情境中,使其对事件缘由、经过和结果有了较为清晰的认识。观众根据他的描述,可以构想出当时当境的事故情形,获得对事件真实动态的进展状况的了解,节目的传播效果由此获得提升。

二、有效把握节奏,构建传播空间

节奏,存在于社会生活的方方面面。大千世界皆为节奏韵律所浸润,"人类对于自然界存在的节奏的回应一方面是人可以感应节奏,另一方面人可以运用节奏从事创作活动"③。新闻传播活动亦有自身特有的节奏变化。新闻报道的节奏,是指主持人、记者在新闻报道中,通过心理情感调控和有声语言表达,将新闻报道的结构框架、文字组合、思想意蕴等进行富有规律性、融合性和创新性再创作的过程。出镜报道可发挥声音和画面合二为一的传播优势,调控出镜报道进程,进而确定报道空间与事发空间的具体指向,细化报道节奏的往复路径,形构新闻事实与传播技术相得益彰的交融空间。

---

① 摘自蒋林 2014 年 10 月 8 日在中央电视台新闻频道《云南普洱景谷 6.6 级地震》直播报道中的部分内容。
② 摘自蒋林 2018 年 5 月 16 日在中央电视台新闻频道《川航 3U8633 紧急备降事件》直播报道中的部分内容。
③ 吴郁.当代广播电视播音主持:2 版[M].复旦大学出版社,2008:60.

蒋林在报道中,就把语言传播、身体传播和空间传播作为节奏运用的重要部分予以实践。

1. 通过声画合一调控报道节奏

能否高效运用声音和画面,是衡量出镜记者能力的重要尺度。声画同步可生动表现出事件的时间、地域、情状等内容,记者可借此调控报道节奏,使其疏密相间,起伏有致,也可使受众跟随主持人、记者一同进入特定时空,与新闻人物感同身受,体验新闻报道的特有魅力。

蒋林在报道中特别注意声画同步,力求做到声音与画面进度一致,听觉与视觉同步同频。他在运用有声语言传播信息的同时,非常注意画面是否同步,是否随时跟进,他会提示导播切换画面,或提示摄像师转换镜头,还会告知演播室主持人和观众他所说内容和他所处方位的关系。通过声画合一的信息传播,蒋林尝试探求事件表象背后蕴含的社会文化深度和社会影响广度,有效彰显了出镜报道的传播力、引导力、影响力、公信力。如在云南景谷地震报道中蒋林说道:"现在请导播帮我播出一些画面,这是我赶到现场时记录到的,目前整个线路当中唯一可能会成为交通咽喉堵塞点的地带。"[①]在报道芦山地震时他说道:"刚才您看到的画面实际上是我们八点拍摄的,现在整个城区全部都已经入夜,全部都已经黑了下来。"[②]

上述报道恰当地处理了声音与画面的关系,蒋林所说之话与画面内容紧密贴合,形成"开端—铺展—高潮—收尾"的报道节奏,使观众体验到新闻报道的节奏变化。蒋林连贯有序、张弛有度的报道节奏充分考虑到了观众的心理需求,他将重要性强、关注度高、影响范围广的信息整合到节奏性传播中,不仅使自身报道效率有效提升,也使观众接收的内容明显增加。同时,声画合一的报道节奏,不仅便于自身整合庞杂的现场信息,更有利于将节目传播诉求快速准确地传达于受众,加快节目信息的传播速率,提升受众的信息接受度和认可度。

图 4-23　蒋林在景谷地震报道现场　　　图 4-24　蒋林在天津港特大火灾爆炸报道现场

---

① 摘自 2014 年 10 月 8 日蒋林在中央电视台新闻频道《云南普洱景谷 6.6 级地震》直播报道中的部分内容。
② 摘自 2013 年 4 月 20 日蒋林在中央电视台新闻频道《芦山 7.0 级地震大救援》直播报道中的部分内容。

2. 通过空间定位细化报道节奏

善于运用空间构成把握报道节奏是蒋林的报道的另一个显著特点。具备空间认知与构成的意识是出镜报道记者、主持人必备能力之一,记者、主持人根据现场情境准确、清晰地识别场所环境,选择代表性、重要性突出的场景加以报道,并将受众指向特定报道环境,与其一同进入特定报道场景中。空间认知的优势在于记者可借此找准事件发生之地、扩散方向、覆盖范围,快速定位报道核心区域,勾勒出清晰的报道点位,引导受众感同身受,形成传播空间与心理空间的和谐呼应。

蒋林在多次报道中都很好地做到了空间构成与报道节奏的和谐一致。在芦山地震报道中,"伴随着直播连线的开始,我更多地关注临时帐篷医院的功能性分区,现场伤员初步急救以后的转院,医疗抢险物资设备的准备与后续保障,等等"。① 在复杂的抢险现场,他沉着冷静地划分出不同的抢救任务,我予以明确的地理坐标区分,条分缕析地说明不同任务的推进情况。因此,思路清晰的报道,表达恰切的语言、清晰确指的现场空间使受众对各项抢救援助工作有了较为明晰的认识。

在汶川特大地震十周年报道中,蒋林讲述道:"在我的身后,在汶川地震发生以后周边的这些岷山山脉上留下了大大小小特别多的创伤的伤口,山石裸露,就像是大山上也被深深划上了刀痕,而十年过去之后,在我们身后的这些大山我们看到的是满眼的苍翠,植被在一点点地恢复。也许我们现在眼中的这样的绿色也是我们心里的伤口逐渐恢复的表现。"② 同样,在国庆70周年庆典报道中,他说:"我现在所在的位置,就是在天安门东观礼台的西侧平台上,随着我们的镜头缓缓拉开,您看到的是晨光当中的此时此刻的天安门城楼……现在我们将镜头从天安门的一侧缓缓地转向广场的一侧。我现在所在的东观礼台西侧平台的正前方就是天安门的东华表,在今天的阅兵当中的敬礼线以及稍后的群众游行的音乐切换线以及花车装饰的打开线,都在东华表的附近,所以说,也是这样一个绝佳的位置,赋予了它这样的一份重要的作用。"③

言简意赅的话语勾勒出不同空间所蕴含的报道情境,错落有致的空间维度展现出调控报道节奏的专业素养。运用声画组合方式,构建出现场场景的空间定位,即芦山现场抢救场景、汶川

图 4-25　蒋林在天安门东观礼台的西侧平台上做现场报道

---

① 蒋林. "连线哥"蒋林:我对专业地震报道的几点思考[J]. 中国记者,2013(6):79.
② 摘自2018年5月12日蒋林在中央电视台新闻频道《汶川特大地震十周年》直播报道中的部分内容。
③ 摘自2019年10月1日蒋林在中央电视台综合频道《庆祝中华人民共和国成立70周年特别报道》直播报道中的部分内容。

重建恢复生机场景和国庆 70 周年庆典场景。他将庞杂的抢救现场划分出不同区域,使观众对芦山抢救进度有明确认识;他在汶川地震原址指向岷山山脉,使观众有强烈的今昔对比感怀;他以天安门东观礼台西侧平台为报道点,指向东华表方位,报道节奏自西向东延展开来,使观众与之共同进入庆典细节呈现中。这些空间定位把现场报道的流程准确地交代给观众,将记者身处其中的空间感知传达于观众,将现场情形的多样要素呈现给观众,细化了报道节奏,放大了节奏流程,确指了节奏走向,有利于传播效果的快速优化,形成了立体动态的传播图景。

三、调用多种感官,生动呈现细节

人类凭借自身感官认识世界、接触事物、感知他物。我们的身体感官是感知万物、认识世界的重要媒介。"只要我们穿衣打扮,装点脖颈、手臂,修饰手腕、眼眉,描画脸颊、嘴唇,或是互致微笑、亲吻、握手,就是在以特别的方式运用我们的身体,宣示纯粹的社会交往。"[①]新闻传播活动亦依循于此,它凭借传播者和接收者的身体感官进行信息传播、思想沟通和意见阐述。蒋林善于运用身体感官,将多种体验交融合一,根据不同报道环境条件,突出一种或几种感官体验效果,为生动、翔实的报道创造有利语境,利于观众快速解读信息。

1. 身体感官的和谐呼应

"每当我去一个新的灾难现场,无论它是洪水泥石流还是地震,我到了现场的第一时间,一定不是开始报道,我希望自己真的就是你打开你的每一个毛孔,你去感受这个地方,你闻到的味道是什么?有没有那种泥土的那种泥石流一定会有那种寒气。如果是暴雨,雨水和土壤接触的时候味道是什么?泡在这个环境里,然后我再去找到我想说的内容。"[②]蒋林的这番话道出了他对现场报道身体感官的深刻体悟,言明了记者的身体首先进入事件现场的前提性和重要性。可以说,出镜记者的现场感受在一定程度上是观众感受的一种替代,记者的所听、所看、所闻、所触摸都是观众体验的一种替代性行为。因此,记者应充分发挥自身的感官体验,尽己所能感知新闻现场情状,进而通过语言与非语言表达向观众传播现场信息。

在芦山地震、景谷地震和川航紧急备降等一系列报道中,蒋林均通过身体感官体验向观众传达现场信息。视觉体验方面,蒋林充分借助电视画面立体动态的优势,对当地道路、房屋、医院、工厂、部队的受灾情况做出细致说明,哪里灾情严重,哪里灾情稍轻,哪里的道路尚能通车,哪里的道路已被滚落的山石堵塞,皆可在蒋林的报道中了解到。"在我们直播之前,先来看一个航路图。这个航路图就是今天我们所说的 3U8633 航班从重

---

① 奥尼尔. 身体五态——重塑关系形貌[M]. 李康,译. 北京:北京大学出版社. 2010:8-9.
② 摘自 2018 年央视新闻新媒体人物微视频《生于 1978》采访蒋林的部分内容。

庆起飞,飞往目的地的全程航线图。我们请大家关注一下,画面当中偏左的位置有一个大的弧线。根据我们从航路图上看到的具体情况,当时飞机在雅安市宝兴县境内前挡玻璃破裂,在这个地方调头,选择成都双流国际机场准备备降。"①蒋林在上述报道中运用画面直观明了的特点,清晰地再现了本次航班发生事故时的飞行路线,把观众带入特定的视觉感知场域中,既便于节目快速明确地传播当时情状,也利于观众获取真实可信的现场信息。

在报道 2015 年 8 月 12 日天津港特别重大火灾爆炸事故时,蒋林站在距离核心现场 1.3 公里的位置上,现场弥漫着刺鼻呛人的浓烟。随着风向发生变化,他说道:"非常清晰地能够闻到,而且直到现在其实会觉得自己的鼻腔或者说自己说话的时候,自己的嗓子会有一点小小的刺激性,因为这毕竟是一个堆放化学品的仓库。"②记者直接鲜明的感官体验,不仅清晰具象地传达出现场火情的危害程度,而且暂时缓解了观众对火灾伤及人体的担忧。报道现场感与情境感交织融合,并通过身体感官告知观众现场当时当刻的真实境况。

出镜记者应坚持以受众为中心,观照受众的所思所想,所感所悟,引导观众进入特定报道空间,引发观众心理共鸣,使其真正为新闻事件所触动、所启示。身体感官的综合运用无疑会有效助推上述传播目的的实现。蒋林在身体感官体验中构建出真实立体的传播空间,引导观众共同感受事件现场的各类情境,生动再现了复杂多样的事件状况,有效提升了信息传播的效率速率,他的报道理性与感性交织,体现出蒋林自身的个性特征,以及优秀出镜记者良好的职业素养。

2. 事件细节的再现放大

细节取胜也是蒋林较之其他出镜记者的优胜之处。他不仅善于发现细节、捕捉细节、呈现细节、描述细节,更善于从细节中挖掘具有传播价值的新闻线索,依此进行有针对性的"深耕细作",这是蒋林经常采用的报道方法,即在新闻事件的进展中将某些要素或因素放大,对其做出"前因后果"式的细化说明,比如哪些因素是反映事件推进状况的,哪些要素是呈现事件发展走向的,哪些因素是直接说明事件社会影响的,哪些要素是间接传达事件民众意愿的。

在"东方之星"客船长江翻沉报道中,蒋林站在事故现场不远处的长江边向观众讲述道:"我们现在请大家看一个小的细节。就在我的脚边是有被江水,其实就是小的涌浪推到江岸上的竹子,还有一些芦苇秆,这个地方其实就是昨天最高水位被推到这个地方的,现在我们看到的江水距离缓坡后退了一米远,从直线落差上目测,现在的长江水位降低

---

① 摘自蒋林在 2018 年 5 月 16 日中央电视台新闻频道《川航 3U8633 紧急备降事件》直播报道中的部分内容。
② 摘自 2015 年 8 月 13 日《新闻 1+1》播出内容。

了50厘米,这50厘米也是给我们身后的整个抢险工作提供水量缓慢调节的保证作用。"①同样,他在汶川特大地震十周年之际,再次来到这里,向观众讲述这样的细节:"在昨天晚上漩口中学,我看到一位男士,他拿了三朵小的菊花,放在了漩口中学向遇难者敬献鲜花的纪念台上,而就在他转身的时候,他身上的衣服吸引了我的注意力,上面写着'5·12',而且这件衣服我认得,在十年前地震发生之后,我们很多朋友都曾买过这样的T恤,这件衣服很显然已经经过至少十年时间,它的领边已经有些发卷,颜色有些褪色,但是当这位先生再次重返灾区的时候,他把这件衣服穿在了身上,拖着一个小小的行李箱,他并没有接受我们的采访,在献上三朵小花之后,围着漩口中学转了一圈,很快离开了我们的视野。"②

在芦山地震报道中,蒋林专注灾区人员伤情和建筑损毁的细节呈现。医院搭起临时医用帐篷,供抢救伤员使用,同时做好了不同功能帐篷的搭建工作,有轻伤处置室、重症护理室、血浆配置室,一个个医用帐篷不仅给受灾群众带来诸多医治便利,而且提高了抢救工作效率。蒋林进一步报道了与此情境相呼应的昼夜不停工作的医护人员,他们有的快速抬着担架跑到救护点,有的小心擦拭伤员斑斑血迹,处理伤口,有的关切询问伤者疼痛不适之处。正是在这样的细节报道中,蒋林向观众真实客观地呈现出受灾地区人员伤亡、医院抢救诊治情况,传达出赈灾抢险工作有序推进,各方人员积极抗震救灾的信息,有利于后续报道的继续开展。

在2019年10月1日庆祝中华人民共和国成立70周年联欢活动特别报道中,蒋林说到,"在所有的盛典结束之后,为了保证大家的安全地逐步退场。基本上是以三到四排为一组去退场,所以当我从41排走下这个看台的时候,比第 排的朋友们多等待了大概25分钟左右的时间,但是就在我已经走到天安门广场边儿上的时候,我发现第一排最

图4-26　蒋林在天安门核心表演区现场报道

前面的临时观礼区的座椅已经全部拆除完毕。我觉得通过这样一个小小的细节要告诉大家,在今天中午的12点半,当我们的群众游行环节结束之后,到今天晚上变成一个群众大联欢,这个转场的过程是需要争分夺秒的。"③他以自己的亲身体验引导观众进入规模宏大的庆典现场,清楚地说明了当天上下午庆典工作是如何高效衔接组织,如何争分夺秒安排布置多场景多点位的相关活动的,使观众在细节介绍中对现场情景有更加直观

---

① 摘自蒋林在2015年6月3日中央电视台新闻频道《湖北监利:"东方之星"客船在长江翻沉 三峡枢纽调整下泄流量 水位下降》直播报道中的部分内容。
② 摘自蒋林在2018年5月12日中央电视台新闻频道《汶川特大地震十周年》直播报道中的部分内容。
③ 摘自蒋林2019年10月1日在中央电视台综合频道《庆祝中华人民共和国成立70周年特别报道》中的部分内容。

立体的认知,增强了记者与观众的沟通交流,营造了逼真动态的直播氛围,有效提升了出镜报道的时效性、真实性和情境性。

四、优化融媒报道,提升传播效率

随着我国 6G 技术研发正式启动,移动通信技术将更为广泛而深刻地改变大众生活。作为新闻传播事业构成部分之一的出镜报道,亦应站在时代发展的前沿,顺应信息技术变革的发展趋势,开掘自身媒介融合的发展潜力,运用全媒体报道理念武装头脑,开拓融媒报道的多元路径。蒋林的出镜报道在此方面的表现主要有以下几点:

1. 综合运用多类型媒体增强报道传播力

当前,新闻传播业正在成为多种信息的集合点,实现人类生活和信息的快速交流,提升人与人、人与物之间的信息传递速率,更好地拓宽新闻传播业的发展空间。主流媒体站位高、视角广,可从新媒体领域汲取更为坚实的动力来源,助推其传播力的深度开掘。出镜报道主流媒体的,负有信息发布、政策解读、解决问题、回应现实等职责,而这些直接或间接取决于传播力是否优化建构,是否适应媒介变革趋势。"遇到重大突发公共事件,在新闻舆论处于胶着状态、缺乏权威声音的解读时,新型主流媒体发声引发舆论关注,折射出新型主流媒体传播力、引导力、影响力和公信力的'在场'"。① 蒋林以自己的工作实践积极助推媒体传播力建构,尤其在突发事件报道中,有效整合媒介资源,以"四力"融会贯通的报道方式,积极践行着传播力的"在场"。

"脚力"方面,新闻工作者在融媒报道中要想获得第一手新闻素材,必须深入事件现场,了解社情民情,汲取工作动力。增强脚力无疑会积极促进新闻工作者创作出更多更好的新闻作品,无疑会发出真实、生动、可信、巨大的社会之声。多年的工作经验告诉蒋林,运用新媒体进行出镜报道应走在最深厚的社会土壤里,应踏在最坚实的广阔大地上。走进芦山抗震、景谷抗震、康定抗震、天津港大爆炸、藏中电力联网工地等第一现场,拿起手机、话筒,面对万千公众,第一时间传播信息,他没有忘记新媒体报道同样需要记者深入现场,深入基层,以可信的新闻素材组织报道内容,以真实的新闻素材进行新媒体传播。

"眼力"方面,新闻工作者在复杂多样的社会生活中应发展真善美,歌颂社会美德,坚守社会正义,维护社会公正。新媒体传播更加需要新闻工作者增强"眼力",坚实有效地做好上述内容。蒋林在新媒体报道中始终坚持正确引导受众认知,营造清朗的网络传播空间。如在芦山地震报道中,他通过微信、微博等途径,在"公民蒋林"及相关网络平台上展开伤员救助、物资发放等相关工作报道,并对网络失真言论进行有效辨识,运用观察力识别事件细节,运用发现力表现事态详情,运用判断力辨识真假信息,运用辨别力厘清救

---

① 刘海明. 新型主流媒体作用力的功能结构及其逻辑关联[J]. 中州学刊. 2019(10):161.

援进展,坚持新媒体传播的正确导向,发挥新闻舆论的监督、引导功能,使融合报道呈现出新样态、新进展。

图 4-27　蒋林在"东方之星"翻沉现场做报道

图 4-28　蒋林在高原峭壁上现场报道藏中电力联网工程

相应的,蒋林在脑力和笔力方面亦注重增加自身业务素养。他注重自身采访报道的逻辑思维和创新意识的淬炼提升。新媒体报道传播迅捷、覆盖面广,但其碎片化、个性化、去中心化等特性使报道缺乏前因后果联系紧密的逻辑链条,缺少应然和实然皆有的思考脉络。针对此点,蒋林充分发挥融媒报道优势,使其既有自我思考的逻辑演进,也有媒体报道的深度探究,两者在相互推进的过程中,将新闻事件内在逻辑理路较好地呈现给公众。同时,他以事件推演为线索,运用新媒体技术把事件进展前一时间段和后一时间段的不同表现交叠呈现,直观地对比事件进展状况,使观众有直接明晰的观感,思路恰切的辨识,在一定程度上将新媒体传播方式和表达方式提升至新层面。他注重脑力和笔力的"齐头并进",深化新闻事件的教育宣传意义,弘扬扶危济困、乐善好施的传统美德,以自己的报道实践不断探索新媒体传播全息性功能效用。

2. 通过拓展社交媒体平台优化引导力

新闻媒体作为社会公器发挥着其他组织机构所不具备的社情民意监督引导功能。如何有效引导广大民众心向美好事物,建构理性与健康的社会观念,既是新闻媒体的工作内容之一,也是新媒体义不容辞的职责使命。蒋林充分发挥新媒体遍及日常生活的传播优势,在每一次报道中皆注重新闻媒体对受众的心理引导、认知引导和行为引导。如在多次地震、山体滑坡等突发事件报道中,蒋林并没有哀声哭嚎、悲情四野,他用充满正能量的坚强声音告诉观众,地震救援工作正在有序进行,灾区社会秩序渐趋稳定,灾民身体伤害正在紧急治疗,心理创伤正在得到全社会抚慰。他通过微博"公民蒋林"向人们展示全国人民支援灾区,齐心协力共同赈灾的感人画面,他运用微信、微博、QQ等社交媒体引导人们理性认识灾情,以充满正能量的心态看待天灾人祸,有效化解了非理性、不健康因素的扩散,建构起全社会关心灾民、重建家园的美好图景,提振了赈灾人员连续作战的强大士气,展现出新媒体构建引导力的特有优势。

3. 通过发挥新媒体传播功效提升影响力

新媒体传播实现了人与人未曾谋面却真实互动的美好愿景。通过电子信息化的人际传播方式,社会信息在瞬间便可弥漫四野,有效演化为大众传播模态。由此,媒介对万千公众的影响力提升至更高层面。出镜记者借此可将自身传播行为和传播内容的覆盖面铺展开来,蒋林便是一个生动事例。在总结芦山地震报道时,他写道:"'4·20'芦山地震发生后,除了传统媒体恪尽职守,新媒体在灾害报道与信息传递中正式成为主力军。地震发生后的成都一度通讯不畅,无法彼此联络的SNG直播组成员,基本都是靠直觉和此前的应急预案到达电视台集结的,最先获得的震中确切位置来自微博,最先建立起的联系来自微信和微博私信。而在这之后的几天里,微博求助、微博质疑、微博采访、微信采访,新媒体在抗震救灾中异军突起,前所未有地影响着抗震救灾工作。"[①]蒋林出镜报道的影响力于个人、组织、社会等不同层面均有所表现,他的报道不仅呈现了公众关心关切的抢救工作,而且展现了解决办法和途径,公众不仅看到灾区民众受灾真实场景,而且感受到万众一心,共同抢险赈灾的社会力量,报道由此建构起强大持久的社会凝聚力,感召万千民众同舟共济,齐心赈灾。

4. 通过多种媒体交互式传播深化公信力

具有传播价值和社会价值的新闻报道,能够凝聚社会共识,增强公众力量,坚持正确的舆论导向,有利于建构媒体公信力。广播电视等主流媒体在信息技术快速迭代的背景下,更应借力发势,主动寻求与新媒体合力的多重可能。"主流媒体既要善于和新媒体融合,善于利用大数据和云计算等技术推进内容生产、提升传播速度,也要善于利用微博、微信、客户端、短视频平台等拓宽主流媒体的传播渠道。"[②]蒋林正是在此格局中积极寻求融媒报道公信力的深化路径。他注重打造"以人为本"的媒介形象,发挥自身传播优势,构建具有公信力的媒介品牌价值。他坚持以受众为中心,充分观照受众对新闻事件的所思所想,积极投入饱满的工作热情,树立起出镜报道良好的媒介品牌形象,有效深化了主流媒体的公共服务职能。

2014年国庆期间,蒋林深入九寨沟景区,对景区游客出行及其秩序情况做了详细

---

① 蒋林.报道是为了更好的救援——"4·20"芦山地震报道与思考[J].新闻与写作,2013(6):13.
② 高贵武.新媒体时代主流媒体的价值取向与渠道拓展[J].中国电视,2019(9):30.

报道。2013 年游览九寨沟的游客高达 47000 人之多,而时隔一年之后的 2014 年国庆节游客人数减至 21000 人左右,同比下降 49%,景区秩序井然,游客感受到宽松惬意的出行体验。蒋林进一步说道:"我们发现这样的现象,全中国以自然风光而往年又容易扎堆的这些景区,今年普遍出现了 30% 左右的游客降幅,是不是游客在选择上变得更加的理性,我觉得这也是今年国庆大假中需要去考量,需要作出分析的一点。"①蒋林站在国家级媒体的高度,对游客数量减少的深层原因作出分析,立意角度新颖,话语权威确证,既回答了观众不解的疑问,为什么相邻的两年时间游客数量会有如此大的差别,同时也说明了相关部门有效治理景区突出问题,合理配置景区人力物力,有利于民意民情的正确引导,有利于社会舆论的坚实建构,更有利于公众对主流媒体公信力的高度认可与肯定。

图 4-29 "公民蒋林"直播国庆微文　　　　图 4-30 "公民蒋林"直播长江微文

第四节　闾丘露薇:专业性至上

原凤凰卫视著名女记者,因报道阿富汗战争、伊拉克战争而为观众所熟悉,被誉为"战地玫瑰"。此后,她的身影出现在许多重大新闻事件的现场。

1992 年,闾丘露薇毕业于复旦大学哲学系,虽然从小就梦想着成为一名记者,但由于

---

① 摘自蒋林 2014 年 10 月 2 日在中央电视台新闻频道《直通景区·九寨沟:游客同比少于往年 出行趋理智》中的部分内容。

图 4-31　闾丘露薇

专业限制,她毕业后并没有进入媒体工作。在从事新闻工作之前,闾丘露薇曾做过推销员,也在会计师事务所担任过审计员。

1995 年,闾丘露薇移民香港,应聘成为香港传讯电视中天频道的翻译。三个月后,她跳槽到 TVBS(台湾无线卫星电视台)任电视记者,在此工作了一年之后,又于 1997 年 6 月加盟开播不久的凤凰卫视新闻时事节目《时事直通车》,成为凤凰卫视的第一批记者。除了继续其新闻采访工作之外,她还主持了一档财经节目——《经贸周刊》,并受到好评。

2001 年 11 月,阿富汗战争打响后,凤凰卫视决定派记者前往阿富汗采访。闾丘露薇率先报了名,并成为第一个进入阿富汗的战地女记者。在伊拉克形势日益紧张之时,凤凰卫视准备派记者去伊拉克采访。闾丘露薇再次主动请缨。尽管亲朋好友纷纷劝阻她,她却异常坚定。随后,闾丘露薇告别女儿,来到了前线,成为伊拉克战场上一朵耀眼的"战地玫瑰"。她出色的战地报道让许多观众记住了闾丘露薇这个名字,她也得到了国家领导人的关注。

2006 年 7 月 25 日,闾丘露薇拿到了尼曼奖学金(Nieman Fellowship),暂时离开凤凰卫视,前往哈佛大学留学。一年之后闾丘露薇从美国返回香港,出任凤凰卫视资讯台《总编辑时间》节目主持人。2007 年 5 月闾丘露薇在美国与朋友一起开办了新闻网站"一五一十部落"。

从 1997 年加入凤凰卫视,闾丘露薇采访报道过许多重大国际事件,也多次跟踪报道过中国领导人外访活动。她重要的采访报道包括:

2001 年,美国华盛顿现场报道美国总统的就职仪式。

2001 年,中国申奥成功、加入世贸组织及上海举行的 APEC 会议三件大事。

2001 年"9·11"事件后,她作为战地记者,深入阿富汗前线做现场报道。她是全球首位进入阿富汗腹地喀布尔采访的华人女记者。在 2002 年 2 月和 2002 年底,她又两度前往阿富汗采访,成为唯一一位三进阿富汗的华人女记者。

2003 年伊拉克战争爆发,美军轰炸巴格达时,她是在巴格达市区进行现场报道的唯一华人女记者。

2003 年 4 月初重返巴格达,并且在当地采访半个月后又直接前往北京抗击"非典"的第一线,进行有关 SARS 的报道。

2008 年汶川地震后,第一时间赶赴汶川,发回现场报道。

2011 年利比亚战争爆发以后,她远赴利比亚进行战地报道。

可以说,哪里有重大新闻,哪里就有闾丘露薇的身影。她不仅受到全球华人观众的喜爱,也多次被国家领导人赞扬。国务院前总理朱镕基2001年称赞她说:"你很了不起,我佩服你。"前国家主席胡锦涛2003年赠言与她:"事业要追求,安全要保证。"作为记者,闾丘露薇收获了常人难以企及的荣耀。然而她却说:"记者,是我的职业,我只是做了应该做的事情而已。""生命是非常非常重要的,但是,作为一个记者,我首先想到这是你的职业,这是你的职责,告诉大家到底发生了什么样的事情。"①记者对于闾丘露薇而言,不仅是一份职业,更是一项事业:"有大事发生的时候,作为一个记者,可能是比较幸运的,因为你可以目睹这样一个事件的发展,这是其他职业所做不到的。"②

一、闾丘露薇与新闻专业性

谈及闾丘露薇的新闻理念,最重要的关键词就是"专业性"。大部分观众认识闾丘露薇是因为她在伊拉克战争中的表现,但这在她看来只是履行了记者的职责。与"战地玫瑰"这个美称相比,她更希望观众把注意力放在她新闻报道的内容上。她曾说过:"我希望有一天人们认识我不是因为我的勇敢,而是因为我的专业以及我对事件的观察。"她在接受采访时被问到自己是希望被当作"记者"还是"明星",她毫不犹豫地选择了"记者"。

从进入新闻现场到选择新闻,再到最终的报道,闾丘露薇在新闻报道的各个环节都践行着专业性的要求。

进入战争的第一线,对于闾丘露薇而言是获得新闻的必要手段。"记者必须在现场,记者在现场,并不意味着就有新闻出现。记者当然也不是新闻的制造者,而只是现场的观察者,并且最终自己作出判断,到底有没有值得报道的东西。"③2003年伊拉克战争爆发后,凤凰卫视准备派出战地记者远赴巴格达进行战地报道,但候选人却不是她,于是她"不断地游说上司们……如果公司决定谁也不去冒这个险,那我也不会要求;如果公司决定要有人去的话,那我觉得我是最佳人选"④。

正是对第一手新闻的追求,促使她一次次走进最危险的现场。"如果别人得到这个新闻而我得不到,我会想自杀;如果试一下可以得到这个新闻而我没有去试,我也会想自杀。"⑤对于一个专业的记者而言,没有什么比失去新闻更痛苦的了。

进入新闻现场只是报道的第一步,更重要的是记者在现场能做出怎样的新闻。然而对于一些记者而言,"在现场"就是一种姿态,至

图4-32 闾丘露薇在做关于伊拉克战争的报道

---

①②③⑤　榛子.闾丘露薇:抢不到新闻我会想自杀[J].中华儿女,2009(11).
④　闾丘露薇,冀惠彦,等.我在伊拉克经历战火[M].上海:文汇出版社,2003:23.

于报道什么完全不重要。这一点,闾丘露薇也在她的书中谈道:"让我觉得可惜的是,很多媒体来到当地(巴格达)的目的并不是为了深入地报道,而只是为了表现一种姿态。对于他们的记者来说,只要拿着麦克风站在巴格达做一个串场,那就足够了,之后就已经不重要了。"①

正是出于对专业性的追求,闾丘露薇并不满足于在现场简单地报道新闻事件。利比亚战争爆发后,她作为第二批记者抵达利比亚。在她之前,已经有记者对战争的动态进行了充分的报道,因此留给她报道的余地并不大,但是闾丘露薇对新闻孜孜不倦的发掘精神使她找到了新的新闻点。许多前方记者报道战争时只是就事论事,告诉观众这里发生了什么事。闾丘露薇报道时,她不只关注眼下的动态,更重要的是把新闻事件的前因后果讲清楚。在她的报道中,观众明白了战争到底是怎样发生的,为什么会走到现在这个地步。鲜活的现场加上深入浅出的剖析,使闾丘露薇的战地报道脱颖而出。

闾丘露薇的专业性还体现在她报道的客观性上。身处危机四伏的现场,耳边响起隆隆的炮声,目睹着死亡的不断发生,大部分人都难以保持平静。但是作为一名记者,有责任以最冷静的态度向观众报道新闻,而不是让自己的情绪影响到报道的客观性。闾丘露薇在报道中就尽可能地以事实说话,避免在报道中加入自己的情绪和观点。她认为,"把一件事情真相告诉大家,而没有任何你自己的评论,这样的新闻比较真实。虽然说要做到完全的客观不可能,因为一个镜头角度的不同,或者说前后次序的不同,给大家的感觉就会不同。但是至少你要做到不要把自己的感觉和评论加进去,所以我一直提醒自己在采访的时候,不管是很悲惨的事情,还是很快乐的事情,尽量不把自己融进去"。②

战地记者的经历为闾丘露薇赢得了"战地玫瑰"的美誉,这与她的英文名 Rose 相得益彰。但是闾丘露薇对于人们把关注重点放在她的性别上感到些许无奈,作为一名专业记者,她希望获得的是对她的报道的肯定。她在书中写道:"还有一种讨论,那就是为什么是女记者去了,而不是男记者。当我听到这样的讨论的时候,自己感到相当吃惊。在别人对我一个女性能够采访战争表现出的敬佩之余,我也感受到了,在很多人的心目当中,对于性别的一种界定。在巴格达的时候,有男记者,同样也有女记者,虽然性别会带来一些不同,但是在工作的层面,在报道的层面,大家都是一个角色,那就是记者。我一直希望,大家不要把兴趣集中在记者的性别上,而更应关心记者的报道方式、内容和角度。他们在某些程度上和性别有一些关系,但更多的,体现的是一个记者本身的素质和工作能力。"

因为在工作中秉持新闻专业主义的态度,闾丘露薇能够深入新闻第一线,在现场做出最全面、深刻的报道。可以说,战地记者不计其数,闾丘露薇能大放异彩,正是由于她对专业的不懈追求。

---

① 闾丘露薇.我已出发[M].北京:北京出版社,文津出版社,2003:49.
② 榛子.闾丘露薇:抢不到新闻我会想自杀[J].中华儿女,2009(11).

二、闾丘露薇出镜报道成功要素分析

一个成功的出镜记者最耀眼的时刻莫过于站在新闻现场做出最精彩的报道,但是,要做到在纷繁复杂的新闻现场中迅速捕捉到最有价值的信息,需要的不仅是现场的应变能力,更是深厚的功底和丰富的经验。所谓台上一分钟,台下十年功,正是多年的努力,成就了闾丘露薇这样一个优秀的出镜记者。

(一)丰富的实战经验

阿富汗战场、伊拉克战场、非典病房、APEC 会场……这些重大新闻的现场都留下了闾丘露薇的身影,这些现场报道为她积累了丰富的实战经验,对于一名记者,这是至关重要的。2001 年的阿富汗战争是闾丘露薇首次参与战地报道,为她后来报道伊拉克战争打下了良好的基础。在战场上,她认识了来自世界各大媒体的记者,为自己积累了人脉。同时,她向这些有经验的记者学习到很多,特别是学习到如何在一个动荡的地区进行采访:如何判断、如何寻找新闻、如何保护好自己、如何更专业地做新闻……在阿富汗战场上积累的经验,在她后来到伊拉克采访时发挥了关键的作用。

在战场上,经验的判断是非常重要的。2003 年伊拉克战争尚未爆发之前,外国记者不允许进入伊拉克。闾丘露薇等一大批记者只好先在约旦驻扎。2003 年 3 月 20 日凌晨 3 点是美国给予伊拉克的最后期限,闾丘露薇凭借经验判断,如果战争爆发,在约旦与伊拉克边境可以捕捉到新闻。于是,她和摄影师连夜赶往边境。虽然刚赶到边境时那里一片平静,但敏锐的新闻感觉告诉她,再过几个小时这里就会有大新闻。果然,从凌晨 6 点开始,美军轰炸巴格达后的第一批难民抵达约旦边境。闾丘露薇凭借准确的判断,第一时间采访到伊战难民。当他们采访结束之后,其他媒体的记者才陆续赶来。丰富的经验为她赢得了报道的先机。其实在瞬息万变的新闻现场,现实不容许记者仔细论证,很多时候只能依靠以往经验判断,因此,丰富的实战经验有助于记者迅速找到新闻的关键点,选取最恰当的角度进行报道。

图 4-33　闾丘露薇在做关于伊拉克战争的报道

图 4-34　闾丘露薇在汶川地震现场做报道

(二)敏锐的观察力

新闻事件往往是突发的,爆炸性新闻可能只是一瞬间的事,错过了就无法挽回。所以记者在新闻现场要保持"眼观六路,耳听八方"的状态,时刻开启自己身上的雷达,接收来自四面八方的讯息。多年的记者生涯,使闾丘露薇养成时刻观察的习惯,她在接受采访时说:"做记者要养成很多好习惯。像我们在这里聊天的时候,我就观察了周围的情况,只要用眼睛一扫,就会明白这里有些什么人,待会儿会发生什么事,哪里有异动,就'嗖'的一声窜过去……"

在印尼巴厘岛采访东盟峰会时,闾丘露薇在新闻中心与众多同行一起工作,突然产生了一阵骚动,多年来练就的本能,使她对于突发环境的变化能快速找到原因。探寻之下,才发现是大屏幕在直播奥巴马进入会场的画面,在场的东盟记者带着专注,甚至是崇拜的眼神看着奥巴马。闾丘露薇从这个场景中看出了东盟国家的人对于奥巴马,以至整个美国的态度。新闻现场瞬息万变,记者若是不注意观察,就可能错失良机。

(三)专注

图4-35 闾丘露薇在利比亚做报道

从战场回来,闾丘露薇被人问得最多的一个问题就是:在那么危险的环境里,你不害怕吗?对此,闾丘露薇总是回答,根本顾不得害怕。的确,记者身边的环境会带来各种各样的干扰,如果记者不够专注,就难以集中精力报道。这的确是很高的要求,记者既要随时关注周围环境的变化,还要专心致志地工作,而这二者似乎是矛盾的。但是对于一个优秀的现场报道记者来说,这二者又是不可或缺的。在战场上,正是专注让闾丘露薇摆脱了恐惧。在她心目中,"害怕会打乱阵脚,一点好处也没有,不要害怕,有了事,害怕也没有用。在阿富汗和伊拉克我都没有害怕过,只是提醒自己小心一点。到采访现场后,脑子里不停地在想下一步干什么、卫星传输是几点、有没有故事交差等,没时间去害怕"。当记者专心工作时,害怕也就干扰不到他了。

图4-36 闾丘露薇重返中东报道

采访完伊拉克战争之后,闾丘露薇回忆起当时最危险的一次爆炸。他们在做现场报道时,炸弹就在距离他们不到一百米的地方爆炸了,但是当时一心工作的各国记者们都没有惊慌,只是看了一眼爆炸的地方,随后继续工作。他们并不是不恐惧死亡,而是身为记者,他们要不断地思考下一步该怎么做,那样高强度的脑力和体力工作,使他们的精神必须高度集中,只有这样才能顺利完成报道。可以说,是专注帮助战地记者战胜了害怕。

(四)认识问题的深刻性

出镜记者在现场的首要任务当然是把事实报道清楚,这也是观众对出镜记者最基本的期待。但很多时候,仅仅报道事件并不能让观众彻底了解新闻。特别是一些复杂的新闻事件,记者如果只是报道碎片式的事实是不够的,还需要涉及新闻事件的背景等内容。要让观众了解透彻,记者自身首先要对于新闻有深刻的认识。这种认识不是一天两天就能形成的,它需要记者长期的积累。闾丘露薇在进行现场报道时,就要求自己首先搞清楚事情的前因后果,然后再讲给观众听。

2009年7月5日,新疆乌鲁木齐爆发了打砸抢事件,事件发生后,闾丘露薇到新疆进行采访。在现场报道中,她不仅介绍了"七五"事件的最新动态和乌鲁木齐当时的情况,还深刻地分析了解决"七五"事件的两个关键点:一是经济发展,特别是缩小南疆北疆的经济差距;二是建立身份认同感,"新疆虽然被叫作维吾尔族自治区,但这里世代居住的民族有13个,有47个少数民族,还有800多万的汉族。那么对于这里来说大家是怎样认同自己的身份呢?是以民族为先还是以国民的身份为先?营造'我是一个中国人,我是一个新疆人'的身份,国民身份的认同对新疆的发展是非常重要的"。通过她精炼而深刻的分析,观众对"七五"事件有了更深层次的认识。

(五)追寻新闻真相的执着精神

新闻并不总是唾手可得的,记者在采访中常会遇到这样那样的阻碍,如果记者轻言放弃,就不能获得最有价值的新闻。2003年,刚刚担任国家主席的胡锦涛出访俄罗斯,这是中国新一届领导人第一次在国际舞台上亮相,引起了世界媒体的关注。凤凰卫视也派出闾丘露薇进行采访。

闾丘露薇的这次采访遇到许多意想不到的困难:首先是航空公司临时取消航班,随后他们预定的胡锦涛下榻的总统饭店取消了所有预定,记者无法入住。不能入住总统饭店意味着几乎没有可能在酒店大堂等候胡锦涛,那么采访和提问的机会也就微乎其微了。

这些困难没有让闾丘露薇退缩,她想尽办法进入酒店餐厅,但是被告知要在胡锦涛出门的前两个小时离开。为了继续留在酒店,她和摄影师不得不躲在酒店一楼的洗手间里,通过电话和外面的同事联系。终于等到胡锦涛出现在大堂,闾丘露薇马上冲到大堂,但是使馆工作人员提醒她不能冲上去采访,于是闾丘露薇只好站在大堂一边不出声。没想到胡锦涛经过的时候看到了她,并向她打招呼。虽然没有机会采访到胡锦涛,但闾丘露薇还是抓住机会采访了陪同访问的国务委员唐家璇,获得了独家新闻。

(六)平等地对待被采访者

在闾丘露薇的采访对象中,有国家政要,有知识渊博的学者,有普通民众,也有弱势群体。在闾丘露薇眼中,面对被采访人时,是没有什么阶层之分的,不论是国家领导人还是普通民众,在要采访的那一刹那,他们都是平等的,唯有如此,才能做出客观冷静的报道。闾丘露薇说:"作为一个记者,最重要的一点,是要保持对于工作的热诚,这样才能够用平等的心态去对待每一次的采访,对于我来说,采访一个政要和采访一个老百姓,他们的意义是一样的,因为他们都是我的被访者,都是需要进行沟通的对象。"①

(七)精当的提问

提问是采访的关键环节,好的提问可以最大程度地发掘新闻事实。闾丘露薇认为,提问越精确越好,"如果我的问题和他的回答都只是泛泛而谈,那这条新闻还有什么价值?我要考虑新闻怎么写、是不是大家关注的点,等等,所以总希望问题越尖锐越好。当然,回不回答是他们的权利,我又不能逼着他答"。

胡锦涛首次出访俄罗斯时,闾丘露薇就抓住"第一次"进行提问,她先问:"第一次作为国家主席出访,您会向世界传递什么样的信息?"除了新一届政府的大政方针,闾丘露薇以一位女性的细腻心理,还关注到了胡锦涛如何看待自己首次出访的表现,她问道:"到现在为止,重头戏基本上已经结束,比如中俄峰会、G8等,您对于自己的表现满不满意,可以打几分?"胡锦涛听到这个有趣的问题说:"我还没有学会为自己打分,不过我可以为自己做一个评估。"胡锦涛说完这句话,哈哈笑起来。闾丘露薇回忆道:"这是我跟随他三次外访,第一次看到他开怀大笑,和他平时严谨的样子完全不一样。"②就这样,闾丘露薇通过自己机智的问题,让观众看到了一个不一样的国家主席。

(八)语言表达的逻辑性

图4-37 闾丘露薇在利比亚做报道

闾丘露薇所报道的新闻很多都是信息量大、逻辑复杂的事件,要把这些内容清楚地表达出来,就需要很强的逻辑性,否则观众会听得云山雾罩,抓不住新闻重点。

例如日本地震后,闾丘露薇在到现场进行报道,当时震后的日本面临着各种各样的问题,闾丘露薇在出镜报道时,先从与民众日常生活关系最紧密的生活物资开始谈,随后讲到

---

① 榛子.闾丘露薇:抢不到新闻我会想自杀[J].中华儿女,2009(11).
② 闾丘露薇.我已出发[M].北京:北京出版社,文津出版社,2003:162.

能源、电力、通信等国民经济命脉。通过条分缕析的讲述,观众可以很清晰地了解震后日本的基本情况。

在报道温家宝总理访问印度的成果时,闾丘露薇从官方和民间两个层面进行分析,条理清楚,分析透彻。对于出镜记者而言,大多时候是没有现成稿件的,需要记者临时组织语言,因此特别需要注意自己的语言逻辑。

(九)团队合作精神

电视从来就不是一个个人项目,它需要团队的合作。闾丘露薇在接受采访时总是提到自己的同事,说没有他们的支持是无法完成报道的。提到自己的摄影师,她说:"我们是一个团队,我站在他身后,他会觉得我们是一起的,我们在做同一件事,这对彼此是一种支持。电视是一个团队工作,它和其他的媒体不一样,不是说你有一支笔就可以写出自己的作品,电视如果没有摄影师的话,我说我看到了什么东西,问到了什么问题,如果没有人为我拍摄下来,什么都是白搭的,所以,我和我的摄影师是缺一不可的。他拍到了什么东西,我不在现场,他的东西还能用,我看到什么,弄到了什么,他不在,他没有拍,那对电视台来讲一点用都没有。也就是说在某种程度上,他比我更重要。因为电视的画面比要讲的东西重要得多。因此,在记者招待会上,我也总是会跟我的摄影师站在一起。我们之间不仅需要交流,同时,我也要让大家知道,我们是苦乐共享的同事。"① 正是这种良好的团队合作精神,让闾丘露薇与自己的同事相互支持,在艰苦的战地做出优秀的报道。

正是这些优秀的特质成就了闾丘露薇——一位出色的出镜报道记者。如果说她被观众所称赞是因为她的勇敢,那么她被观众所喜爱是因为她的专业。正是她鲜活而深入的现场报道让观众了解到新闻事件的真相,相信在未来的新闻战场上还会继续看到她活跃的身影。

第五节　陈鲁豫:中国的"奥普拉"

凤凰卫视著名主持人。

1970年出生于上海。

1993年毕业于北京广播学院(今中国传媒大学)外语系国际新闻专业。因获得北京市申办2000年英语奥林匹克竞赛第一名而一举成名,进入中央电视台《艺苑风景线》栏目担当主持人。

1996年,加盟香港凤凰卫视中文台,先后主持《相聚凤凰台》《音乐无限》和

---

① 潘天翠.她从"荆棘"中走来——凤凰卫视闾丘露薇访谈录[J].对外大传播,2004(5).

《神州博览》等节目。在《凤凰早班车》中播报新闻,开创了电视"说新闻"的先河。

2002年起,担任凤凰卫视《鲁豫有约》主持人。曾访问过北京徐悲鸿纪念馆馆长廖静文、奥运长跑金牌得主王军霞、著名诗人汪国真、国际巨星成龙、香港特区前保安局局长叶刘淑仪、青年偶像谢霆锋、亚洲歌坛小天王林俊杰等知名人物。

1994年,获得"中央电视台最受欢迎的十大节目主持人"称号。2000年,当选为《新周刊》主办、观众投票评选的"2000年度最佳女主持"。2004年,获得《GOOD好主妇》杂志评选的"最有影响力女性"称号。2005年,荣获第一届主持人颁奖典礼之最佳专访类节目主持人奖。2006年,当选2006凤凰卫视最佳主持人,

图 4-38　陈鲁豫

《鲁豫有约》获《新周刊》2006中国电视榜之"最具亲和力谈话节目"。2007年荣获香港《旭茉 Jessica》杂志评选的"2007 Most Successful Women"称号。3月5日一篇名为《陈鲁豫:中国的"奥普拉"》的文章出现在 CNN 网站的页面上,赋予陈鲁豫"中国奥普拉"的美誉。

一、《凤凰早班车》:开创"说新闻"风格

鲁豫真正知名是因为在凤凰卫视中文台主持《凤凰早班车》,在这档早上七点钟播出的新闻节目中,鲁豫开创了"说新闻"的先河,引发了一股"说新闻"的热潮。在节目中,鲁豫青春靓丽的形象,亲切自然的说话方式,加之饱满而有新意的内容,让当时的很多观众眼前一亮。

那时,恰逢凤凰卫视中文台进行节目改版,想增加一档早间的新闻节目,于是就有了《凤凰早班车》,学新闻的鲁豫则成了这档栏目的主持人。虽然当时对未来的节目形态和样式还没有明晰的概念,但鲁豫有接受新工作的信心,而且有一个要求:我不想只对着稿子念新闻,我不是播音系毕业的,而且我的嗓音条件并不比别人出色,我希望换一种方式来播新闻。1996年3月31日,第一天的《凤凰早班车》直播节目结束后,台里开了一个大会,大家说:啊,对了,就是那种说新闻的感觉。[①] 节目的魅力全凭她在节目中的即兴表达。鲁豫的胸有成竹来自前期认真紧张的准备工作以及烂熟于胸的腹稿。她曾用金庸

---

① 王莉.陈鲁豫:从新闻主播到心灵沟通者[J].职业,2002(12).

的一句话来描绘自己播音时的状态——"手中无剑,而心中有剑"。

在《凤凰早班车》中,鲁豫第一次赋予了新闻播音员"新闻节目主持人的概念",这个趋势是历史的必然。一时间说新闻蔚然成风,现在几乎每个电视台都有说新闻的节目。有人说,这档节目最重要的意义在于催生了鲁豫的"说新闻"的播报方式,并很快成为其他电视台拷贝的模板。① 在整整十年的时间里,已经无法计算出各地方电视台一共开设过多少"说新闻"类的节目,也没有数据显示,到底曾出现过多少模仿鲁豫来"说"新闻的主播。只是,有人慨叹,鲁豫的方式可以模仿,鲁豫的风格是再也不会重来了。她参与主持了凤凰卫视许多重大新闻直播节目,如香港回归、澳门回归、千禧之旅、戴安娜王妃葬礼、美国总统大选以及"9·11"事件、阿富汗战争、伊拉克战争等,充分体现了她在英语方面的出色才华和国际新闻的敏感度。

二、《鲁豫有约》:树立谈话节目主持人的品牌

观众所熟知的鲁豫形象,是出现在她的王牌节目《鲁豫有约》中。鲁豫用她女性特有的恬静亲切、温馨娴雅的形象,以及温和委婉的言谈,主导着整个节目的风格。有评论说,鲁豫大方而不严厉,聪明而不做作。受众表示,看完鲁豫的节目,最大的裨益就是获得内心的一份安宁与祥和。② 作为成功的谈话节目主持人,鲁豫的出色之处主要体现在以下几个方面:

(一)端庄优雅的知性形象

在《鲁豫有约》中,鲁豫因其独具的敏捷机智和沉稳淡定的气质而被塑造成一位邻家女孩的形象。鲁豫出生在一个充满书卷气的家庭,她敏而好学,敬业认真,身上始终有一种脱不去的校园气息,也因此受到了许多大学生朋友或刚出校门的青年知识分子的喜爱。她那安静淡定的气质赢得了嘉宾的信赖,使他们能够袒露心声。鲁豫作为当代知识分子的一员,更多的是从这一阶层的立场和角度来理解嘉宾的故事,也体现了知识分子的政治诉求和人文情怀。

在节目中她邀请受众和她一起聆听客人讲故事。无论是什么级别的学者、专家,也无论他们拥有多么辉煌丰富的人生,到了这里,被访者就只是一个普通的"说故事的人"。鲁豫始终如一的微笑和内敛的谦和态度,在为被访者创造场内轻松语境的同时,也为受众创造了场外自然的语境。鲁豫则更像是一个虚心请教的学生,常常以"有一点,我不太明白……"这样的语言来提问,体现了她诚恳的态度。

---

① 陈鲁豫. 东方奥普拉[J]. 今传媒,2010(6).
② 叶丽红. 试析电视谈话类节目主持人的个性特色——以《鲁豫有约》《艺术人生》为例[J]. 佳木斯教育学院报,2009(4).

1. 外形与衣着

鲁豫的外形可以说非常具有自己的特色,简洁干练的偏分娃娃头似乎已经成了她的一个标志性的发型。在《鲁豫有约》中,她经常身着正装或者套装裙,显得端庄而优雅。

从衣着风格来看,鲁豫的打扮介乎城市白领与摩登女郎之间,她既不会放弃最前沿的时尚元素,比如,可爱的高腰裙、典雅的长裙、干练的西裤,等等,也会巧妙地配合当日的访谈嘉宾的类型(包括年龄、职业、性格等)和话题的内容,更重要的是符合《鲁豫有约》的栏目特质,弥补主持人自身的缺点,凸显其独特的知性气质,所以黑色与白色系列仍然是其出镜率相对较高的色彩,也可见鲁豫对自身气质特点

图4-39

的准确拿捏。因此,除了每期节目引人注目的新闻人物和话题故事之外,主持人本身的造型也成为观众的收视期待,甚至是收视亮点或者惊喜。①

2. 表情与眼神

主持人的相貌、服饰、表情、体态等非语言符号能真实地传达无声语言的情感,渲染环境气氛,增强节目的感染力。在表情和神态的运用方面,鲁豫也有独到之处。在节目进程中,鲁豫总是会保持轻松、平和的微笑,自然温和的目光,这些都让嘉宾有被关怀、被肯定、被理解的感受,从而激发了他们的倾诉欲。

图4-40

鲁豫的眼神和笑容也是她的一张名片。相信每个看过她节目的人都会对她那双清澈的大眼睛印象深刻。这双眼睛经常是带着盈盈的浅笑,在嘉宾讲话时,鲁豫总是能够在一旁默默地注视,让嘉宾感受到充分的尊重和关注。每当嘉宾讲到幽默之处,鲁豫总是会发出爽朗的大笑,让嘉宾获得反馈的同时也感染了台下的观众,带动访谈的整体气氛走向高潮。

她的眼神经常是投注在嘉宾的身上,并且会随着谈话内容而发生变化,有时是轻松的表情,有时会变得沉重,有时是欣喜或是理解,有时是哀婉和叹息……总之,这些变化都使嘉宾能够感受到了一种

---

① 金叶.《鲁豫有约》主持人角色的非语言符号解析[J].浙江传媒学院学报,2008(4).

理解与尊重,从而会更加滔滔不绝地讲述自己内心的故事。

3. 姿态与动作

在《鲁豫有约》中,鲁豫的坐姿一般是双腿交叠或是双膝并拢微微右靠,显得端庄自然、大方得体。同时,这种较为自然和生活化的坐姿能够给嘉宾营造一种轻松自然的谈话氛围,让嘉宾觉得仿佛是坐在咖啡馆,和自己的一位老朋友闲聊,避免了正襟危坐、一问一答式的紧张感。

在访谈过程中,鲁豫的坐姿也会随着谈话的进行而发生改变。比如,在嘉宾描述一件事情的时候,鲁豫的身体往往会微微前倾,体现出一种很感兴趣、用心倾听的姿态。这让嘉宾在聊天过程中感受到了足够的尊重,同时感受到主持人对话题的关心,更容易激发谈话的热情。再如,嘉宾讲到令人捧腹的事情,鲁豫会自然地大笑着前仰后合,整个氛围轻松而自然。有时候,面对一些长者或者资深的人士,鲁豫会拖着下巴,认真倾听,仿佛是一个虚心的学生在认真听取老师的教诲……正是这些姿态和动作传达出来很多在主持语言之外的信息,为谈话营造了舒适的空间。

(二)真诚融洽的谈话风格

鲁豫的访谈风格一向以清新自然著称,在节目中,她和嘉宾之间的对话就像生活中朋友之间的聊天一般自然流畅。鲁豫在接受采访时曾经说过:"可能因为我很敏感,对人有种天然的兴趣,善于聆听和沟通,所以从新闻节目转到访谈节目我感到很自然,没有任何困难。"有记者曾经问鲁豫:"你在做节目时能不能完全像生活中聊天一样真实自然,或者心里一直在想:要用什么样的采访技巧?"她回答说:"我在做节目时没想采访技巧,一般就像聊天一样,我一步步地问,可能会有意无意中用到技巧,但自己并没觉察。我通常在与嘉宾采访前完全没有沟通,不见面也不打电话,事先我看完资料后只会准备第一个问题,即如何开场让对方知道我对他很了解,又要让他的话匣子很好地打开。第一期采访毛阿敏时我还准备了一下,后来发现没必要,因为两个人谈话是无须准备的,互相聆听之中就会不断产生新的想法。"[1]当然《鲁豫有约》的成功也离不开背后团队的支持,陈鲁豫曾经说过他们制作节目的流程是:团队一起开选题会,讨论文案,编导会给她一些关于嘉宾的文字提示。

1. 用心倾听、真诚互动

在谈话节目中,倾听对于主持人来说尤为重要,因为倾听首先是主持人和嘉宾平等对话的一种表现。在主持人的认真倾听中,嘉宾感受了一种平等的谈话氛围,才会将自己的真实思想经历全部拿出来与主持人交流;同时,主持人在倾听的过程中也能够捕捉

---

[1] 刘智嘉.从拉里·金、奥普拉·温弗瑞和陈鲁豫看访谈节目主持人的成功要诀[J].新闻天地(下半月刊),2011(2).

到更多新的、有价值的信息,为后面的访谈做更好的准备。

凤凰卫视前总裁刘长乐这样评价鲁豫的访谈:"准确的提问、及时真挚的感叹和温和的聆听。"对此,鲁豫在接受《新闻周刊》总编封新城采访时坦承:"我觉得倾听是一件非常重要的事情。首先,倾听需要足够的自信,我觉得爱抢话的主持人其实是不够自信的主持人。其二,对待不同的人,我会用不同的语言方式去交流。第三,有时候装傻也是很重要的,只有装傻,才能得到嘉宾的证实。还有一点,我很敏感,作为一个采访者,敏感是必须的。我会说'天哪''真好',有时候我会连续地说'真好',我还对一些比我小的人说'大哥你没事吧?'"

图 4-41

在和嘉宾谈话的时候,鲁豫把大多数时间都交给了嘉宾,而自己说话的时间,最多也就占总谈话时间的 20%,这也给了她更大的空间去追问嘉宾。在倾听的过程中,鲁豫还十分注意在倾听中及时给予对方自己在倾听的信号。例如,在采访徐悲鸿之妻廖静文时,有一段是廖静文讲述她在"文革"中的遭遇。在两分钟的时间里,鲁豫点了 6 次头;在采访世界乒乓球前男单冠军庄则栋时,庄则栋讲到了当年在山西的生活,在两分钟的时间里,鲁豫点了 4 次头并不时地报以微笑。这些看似无足轻重的技巧,却表明了主持人正在认真倾听嘉宾说话,传达了主持人对嘉宾尊重和理解的信号,从而鼓励嘉宾的言谈兴致,使其容易敞开心扉、吐露生命体验与心灵秘密。

鲁豫的"倾听"技巧还体现在能及时地对嘉宾的谈话予以回应,这使得嘉宾在谈话过程中能够更明确地感受到鲁豫的倾听和关注,谈话欲望会进一步受到鼓舞。比如在采访董洁和潘粤明的一期节目中,鲁豫和董洁之间有这样一段互动:

董洁:就是某一方面比较迟钝,

鲁豫:嗯。

董洁:然后那个时候就记得特清楚,然后人家都用那个电脑,都用得很熟了,然后我还拿一个特别笨重的大笔记本,

鲁豫:嗯。

董洁:在我的房间好像要传给朋友照片,我拿那个电话连接传照片。哎哟,特别特别久,传一天也不会把照片传过去的,

鲁豫:嗯。

董洁:但是我那时候就根本就没有意识到还要宽带上网。然后他发现了之后,他说,哎呀,火星人你还是回火星去吧。经常说我。然后记得我第一次跟他拍戏的时候,

鲁豫：嗯。
董洁：也特别糟糕。
鲁豫：嗯。

可以看到,在董洁短短的一段叙述过程中,鲁豫给予了5次"嗯"的回应,对董洁的谈话表现出了充分的关注。

鲁豫与嘉宾之间的互动有时不仅仅是一个简单的点头或是简单的"嗯""啊",她还会通过换一种方式复述嘉宾谈话中的关键信息来进一步表达其关注。例如,在《邓亚萍·我华丽的转身》这期节目中,

邓亚萍：从内向外这种转变。但是我觉得好多人都在猜测好像我是做了美容了还是,整容了特别是说。我说倒是没有。
鲁豫：那我倒是觉得没有。
邓亚萍：可能就是因为通过这些年的磨练、学习、经历,人逐渐地在成熟。

对于邓亚萍说自己没有整容这一事实,鲁豫进行了一句附和,这样一方面拉近了双方的距离,让谈话更加融洽,另一方面也表现了她对邓亚萍的关心和尊重。

经常收看《鲁豫有约》的观众可能会发现,鲁豫在和嘉宾交谈的时候,会经常性的出现类似于"呀,真好!""天啊,真的吗?"之类的应和,特别是她说出"真好"二字的时候,你能明显的感受到她由内向外散发出的真诚的态度和由衷的感叹,也正是这份真挚感染了嘉宾,让嘉宾能够和她产生一种心与心的交流。

2. 亲切的态度为嘉宾营造宽松真实的氛围

一个好的谈话节目主持人首先应该是一个良好谈话氛围的营造者。崔永元在《不过如此》中也曾深有体会的写道:"好的谈话就像漫步聊天,话题忽上忽下,忽左忽右,却不会偏离主题。有话则长、无话则断。因为轻松,所以避免了言不由衷。"由此可见,营造一个良好的谈话氛围对于谈话节目的成败有至关重要的作用。鲁豫访谈的成功,很大程度上是因为她非常善于为嘉宾营造一种宽松、真是的谈话氛围,使得嘉宾可以自由的敞开心扉,说出自己的故事。

(1)开场氛围的建立

鲁豫在访谈中非常注重开场时良好氛围的建立。每个嘉宾走入演播室,鲁豫都会热情地与他们握手,亲切地请他们入座。

在采访现代著名儿童文学作家梅志的时候,鲁豫用了这样的开场方式:她对梅志老人说,"来,梅老,您坐这儿,我们打扰您休息了,您是不是一般中午都要睡一会儿啊?"这种体贴温柔的态度给嘉宾留下了很好的印象,有利于开启一种和谐的访谈局面。

在采访张铁林的节目中,鲁豫在采访开始之前,首先播放了一段张铁林十年前做凤凰卫视主持人时的录像片,然后问在场观众：

鲁豫: 傻不傻?

观众: 不傻。

这时,现场的气氛就被迅速地调动了起来,张铁林也在这时走入现场。

张铁林: 为什么说我傻?

鲁豫: 他们说你不傻。

张铁林: 我可没听见"不"字,就听见"傻"了。

这时候,台上、台下已经笑成了一片,一个轻松自然的谈话氛围就迅速地形成了。

(2) 访谈中气氛的维持

鲁豫在采访的过程中非常注重整个场上采访氛围的维持。在她的采访中,经常充满欢声笑语。

在采访都灵冬奥会冠军韩晓鹏时,鲁豫表现得如同在自家的客厅里会见老朋友一样亲切和自然。

鲁豫: 你受伤时想到过放弃吗?

韩晓鹏: 没有,只想等伤好了再试试。

鲁豫: 幸亏没有放弃,要不金牌就不是你的了。

韩晓鹏: 就不知道是谁的了。(大笑)

……

鲁豫: 收到过女士来信吗?

韩晓鹏: 没有。

鲁豫: 不可能。(大笑)是不是都让你爸爸、妈妈、教练收起来了?

在鲁豫的访谈节目中,这样的场景还有很多,她经常会这样和嘉宾开一些善意的玩笑,使场上的气氛迅速活跃起来,而且她自己也非常真诚地加入其中,同嘉宾和观众一起欢笑,一起分享访谈过程中的每一分美好的时光。

(3) 语言的生活化

鲁豫在做访谈的过程中,一个重要的特点就是语言的生活化。这种生活化的语言在不知不觉中就营造出了一种欢快自然的谈话氛围。例如在对《武林外传》剧组的采访中,有一段这样的对话:

鲁豫: 我想问一个问题啊,戏里可能都差不多,戏之外的,私底下,谁最厉害?就性格上,谁比较厉害?

闫妮: 我觉得是导演吧。

导演: 我是被传成这样的,呵。

鲁豫: 那是因为你今天装得还不错吗?我觉得你今天还好。

沙溢：他在拍戏当中和聊天完全是两个人。

鲁豫：他拍戏中什么样的？声色俱厉？财神刚才说天堂地狱。

宁财神：拍戏一旦拍得不顺利，积压到这个临界点的时候……

鲁豫：他怎么着？

沙溢：摔剧本，提裤子，走人！

图 4-42

这段对话可以说是既生动又有感染力。之所以能够有这样一段对话，原因就是鲁豫在采访中使用了极其生活化的一种语言，她在提问中没有进行太多专业问题的探讨，而是使用了几乎是小孩子般的语言一样的提问，"谁最厉害"，看似没有道理的提问却为后面嘉宾的争先回答营造了轻松的生活化的氛围，于是才有了那么多生动的回答。正是由于主持人先用生活化的语言为嘉宾搭建了随心所欲谈话的氛围，才避免了正襟危坐式的一问一答，活跃了全场，也感染了观众。

3. 感性而善解人意的采访

在《鲁豫有约——说出你的故事》这档人物访谈节目中，鲁豫的风格是一种感性的、善解人意的，这也恰恰契合了节目整体平和、舒适的谈心氛围，让嘉宾能够和主持人、节目融为一体，完全地放松自己，打开心扉，说出自己的喜怒哀乐。

比如，在《"神奇教练"马俊仁》这期节目中，鲁豫从马俊仁对弟子的感情出发，替马俊仁说出了反映他心声的一句简单的话，"你觉得都是小孩"。正是这句话，触动了马俊仁的心弦，让他能够顺承着这一情感，顺利而自然地说出了自己心里的很多话。

在采访董洁和潘粤明的一期节目中，有如下一番对话：

董洁：他很好。其实那个时候，我才能真真切切地感受到，就是你的亲人如果他受了意外，然后你去看他，知道他平安无事的时候，生命没有危险的时候，你这个时候已经是最欣慰的了。

鲁豫：我能明白。就是只要这个人还在，只要这个人在，不管怎样都没关系。

短短的一句回应，就足以看到鲁豫在言谈中流露出的对嘉宾的理解和支持。

在采访中，鲁豫始终采取的是一种善意的提问方式，她也曾在采访中说道："我不喜欢把人逼到墙角，请嘉宾上你的节目不是为了折磨他"。对节目的追求，鲁豫只有两个字——"舒服",亲切是她的王牌。① 鲁豫在提问的时候,几乎从来不使用咄咄逼人的方式逼问嘉宾,让嘉宾难以应对,也不会事先设计好圈套来对嘉宾的隐私进行窥探,而是用自己的一颗真诚的心来感染对方,让嘉宾用自己的方式,主动地向她坦露心胸,讲出自己背后感人至深的故事。

采访毛阿敏的时候,鲁豫和毛阿敏之间有这样一段对话:

鲁豫:但是,你想过没有,天啊,我有可能要坐牢,你想过这个没有?

毛阿敏:没有……我的本意从来没有这样,唱歌我不是第一个出名的,中国文艺界也不是我第一个开始演出挣钱的,我都是按前辈怎么做我就怎么做,别人没有事情,我想我应该也没有事情,哪想到都发生在我身上了。

对于《鲁豫有约》这样一档感性的人物访谈类节目,可能需要的不是从法律的角度来纠结事情的是非曲直,而是更多的从感性的角度挖掘人物的心路历程,鲁豫显然把握住了这一主线,所以她并没有从法律角度对毛阿敏进行紧紧的逼问,而是用了一种带有强烈的感情色彩的方式发出了提问,设身处地地"替"毛阿敏发出"天啊,我有可能要坐牢"这样一句内心的独白,这种讲话方式自然不会引起对方的反感,使双方在谈到偷税漏税这一敏感话题的时候,还能保证彼此基本信任感的存在,也保证了嘉宾倾诉欲的存在,从而使访谈可以继续轻松顺利地进行。

鲁豫:你看你有两次税务风波,那我在想除了这些原因,可能会有这么几个因素,第一就是作为女人可能本身对于数字,对于钱不是很精明。

毛阿敏:概念都不是很清楚的,还有模糊的。

鲁豫:对,很模糊,第二对法律不了解,其实当时对法律不了解的应该不只是你,可能了解一部分,但是不太清楚,所以就容易出毛病。再有一种可能,就是觉得大家都是这样的话,那我这样做可能也无所谓,可能这几种原因都有。

鲁豫这种善解人意的对话,获得了毛阿敏心理上的认同感,有利于毛阿敏后面对真相的讲述。

这种从对方角度思考的提问方式在鲁豫的访谈中屡见不鲜。她经常性地会在和嘉宾交流的过程中询问类似于"你是不是产生过这种想法"一类的问题,或者是从嘉宾的角度说出一句心声,这都对创造良好的谈话氛围,获得嘉宾的信任,促使嘉宾敞开心扉产生了重要的促进作用。

鲁豫的善解人意是从言谈中不经意地流露出来的,它体现在每个微小的细节上。例如在采访邓亚萍的过程中,有一段对话,邓亚萍表达不是很连贯:

---

① 徐梅.鲁豫:我不会把谁逼到墙角[J].南方人物周刊,2006(6).

邓亚萍：该做错了，该做对了，那就是表扬，做错了就是要给他说清楚，甚至要有一些罚。那么我想呢，那才能，才能……

鲁豫：他那么小你会罚他呀？

在邓亚萍的语言表达出现了障碍的时候，鲁豫及时地结束邓亚萍的话，避免了节目的冷场和嘉宾的尴尬。正是这份善良和关心，使得鲁豫在嘉宾和自己之间架起了一座信任和友好的桥梁。

4.访谈中注重细节

善于抓住细节、发现细节是鲁豫采访过程中的一大技巧。作为一档四十五分钟的谈话节目的主持人，如何在短时间内挖掘出嘉宾的人生经历和性格气质，让对方真正能够面对镜头说出自己的故事，靠的就是细节化的提问。只有抓住了细节，才能让访谈真正具有故事性、可视性，那些能够揭示深刻主题的要素，往往蕴含在采访的细节当中。

在《师者于丹》中，鲁豫与于丹有这样一段对话：

鲁豫：据说你老公特别可爱。你去好多地方，你老公就写好多封信。

于丹：那是我给他写信！

鲁豫：你给他？那是你很可爱！

于丹：这些细节都是从哪知道的呢？

鲁豫：可能是你老公告诉我们的？

于丹：不可能！

鲁豫：那就是你学生告诉我们的？

于丹：我学生都是从哪知道的？

鲁豫在采访中，经常会利用之前收集到的一些信息，就某些细节进行发问，由此引发嘉宾更加具有故事性和可视性的谈话。

鲁豫的"细节"攻略不仅体现在提问的细节化上，还贯穿于她访谈的每个方面，体现了她对嘉宾无微不至的心灵关怀。例如，在采访刘震云的节目中，谈话里说到了"角色"一词，鲁豫在第一次说到这个词的时候，"角"字使用的是正确的读音"jué"，但当嘉宾后面也说起这个词的时候，出现了误读，念成了"jiǎo"。鲁豫在访谈过程中很敏感地注意到了这一细节，于是她自己在下一次用到"角色"一词时，也改口读作"jiǎo"。这样一个小小细节的变化，在嘉宾并不察觉的情况下，维护了嘉宾的面子，避免了交谈中给嘉宾带来的尴尬，也使谈话并不会因为这样的小事而中断。

三、鲁豫面临的质疑

虽然鲁豫凭借着《鲁豫有约》获得了成功，赢得了很高的社会声誉，但是社会和学界对她的质疑声音也一直存在。学界有人认为,鲁豫一成不变的形象确实是其成功个人品牌的一部分,但是长期不变的形象是否会引起观众的审美疲劳值得怀疑。部分网友质疑其主持能力欠缺,语言空洞乏味,问题肤浅,笑声怪异,甚至在网上列举了鲁豫的"雷人语录",从多方面指出鲁豫在主持方面存在的问题和不足。

1. 准备不充分

【杨丽萍篇】

鲁豫:

你小时挨打吗?

你会杀猪吗?

你会用那个什么东西砸糕吗?

采访中,她问杨丽萍上学吃什么,杨丽萍说就是水煮白菜,加点油。鲁豫竟然问道:"为什么不炒白菜呢?"

网友质疑,鲁豫在采访前根本不做任何功课,采访前连起码的被访者背景都不知道,她问杨丽萍是几岁上大学,杨说12岁,鲁豫竟然随口说,"那是80年代了"。杨说吃饭补助7元,鲁豫竟然说出"是一天7元吗?"。

【周华健篇】

图 4-43 鲁豫在节目中采访周华健

鲁豫问周华健数学成绩好不好?周华健顺口说"不好",鲁豫也就信以为真。

节目播出之后,很多观众在凤凰网论坛和天涯社区等发帖评论此事。因为周华健是台大数学系毕业的,他曾经期待的职业是数学老师。

【易建联篇】

图 4-44　鲁豫在节目中采访易建联

在谈话过程中,可能因为没有亲自收集资料,鲁豫说起一些话题也信心不足。她在节目中对易建联说:"他们说你……"易建联反问:"谁说的?"

鲁豫回答:"不知道,他们说,据说。"

2. 问题肤浅重复

【范伟篇】

图 4-45　鲁豫在节目中采访范伟

鲁豫:你太太的名字跟香港一个港姐是一样的。

范伟:是。(傻笑)

鲁豫:是吧?(怀疑)

范伟:对。(憨厚)

鲁豫:长的也那么漂亮嘛?

范伟:没。那我没见过那人,那港姐。(无奈)

鲁豫：那港姐挺漂亮的。
范伟：没有比较。（忍无可忍）
鲁豫：那港姐挺漂亮的。
范伟：啊。（都懒得回话了）
鲁豫：真是一模一样的名字。
范伟：名字一模一样。（还能说什么呢……）

对于鲁豫在采访中问题的肤浅和重复，网友还特别总结了鲁豫使用频率最高的提问问题，称之为"鲁豫提问必杀技"：

你觉得你帅（漂亮）吗（变化版：你小时候觉得你帅、漂亮吗）？
你和你先生（太太）谁先追的谁（变化版：是一见钟情吗）？
你小时候你爸（妈）打你吗（变化版：打你的时候哭吗）？

3. 临场反应欠敏锐

【张朝阳篇】

张朝阳说他当时事业失败，非常沮丧，坐在飞机上看着夜空，看着月亮，很感慨。鲁豫立刻打断他的话，惊诧地反问：飞机上怎么会看到月亮？张朝阳一时接不上话，用手比画着"有、有窗户……"她恍然大悟："哦，对了，靠窗的位子可以看到月亮！"

图 4-46　鲁豫在节目中采访张朝阳

【赵本山篇】

赵本山：我最受不了专业演员，我喜欢自然一点的。
鲁豫：是吗，我觉得你挺专业的。
赵本山：我不是专业的，你也是非专业主持人吧？
鲁豫：……（愣了几秒）咯咯咯咯咯

这些明显与嘉宾对不上茬的谈话使某些人开始质疑鲁豫在采访过程中的临场反应能力。

4. 人文关怀不足

【蔡康永篇】

蔡康永在说起他的同性爱人时,鲁豫问了一句:"那你父母现在知道你的性取向吗?"节目在这一刻陷入尴尬,因为蔡康永的父母50岁老来得子,蔡康永20多岁时父母就相继过世了。

【留守儿童篇】

鲁豫问他们平时都吃什么,小孩子说青菜什么的。鲁豫又问:"吃肉吗?"小孩子说:"不经常吃。"鲁豫:"为什么? 肉不好吃吗?"淳朴的孩子很尴尬地说:"不是,没有钱……"

5. 遭遇"反采访"

时任美国国务卿希拉里·克林顿与美国财政部长蒂莫西·盖特纳率队抵达北京。他们共同接受了《鲁豫有约》的独家专访。这是他们首次连袂做客中国电视访谈节目,也是他们此次中国行接受的唯一一个电视专访。而访谈播出后网友却纷纷对节目效果表示失望,称鲁豫没能很好地掌握节目气氛和流程,被希拉里反客为主,更嘲讽称"《鲁豫有约》反变成《希拉里有约》"。

图 4-47　节目中接受鲁豫采访的希拉里

陈鲁豫: 希拉里女士、盖特纳先生,你们能来我们的节目,为此我深感荣幸。

希拉里: 我也很高兴能上你的节目。请允许我向你表示祝贺,我听说你的节目很棒。

陈鲁豫: 谢谢。你昨天在上海,听说上海昨天下雨了。

希拉里: 是的,但是我希望这会是一种好运吧。我参观了上海世博会,规模真令人惊叹,让人眼花缭乱。真是这样,你去过世博会吗?

陈鲁豫:我去参观过中国馆,的确很漂亮。

希拉里:中国馆的确很漂亮,尤其是那幅清明上河图的卷轴,的确让人惊叹。

陈鲁豫:你会带你的孩子去上海世博会吗?

盖特纳:这是个好主意,应该带他们去。

陈鲁豫:虽然我不太想这样说,你在电视上看上去就很漂亮,可是见到你真人发现你原来比电视上还漂亮。

希拉里:谢谢你的夸奖,我很爱听。你是从什么时候开始从事电视工作的?已经做了很久了吧?

陈鲁豫:的确做了很久,十六七年前就开始了。

希拉里:你做这个节目多久了?

陈鲁豫:也做了七八年了。

希拉里:你会因为这个节目而去很多不同的地方吗?还是基本上都在香港录制?

陈鲁豫:我现在都是在北京录制节目,我也会去一些其他地方,但是与你相比就差远了。

希拉里:既然我是国务卿,这就成了我工作中不可避免的一部分,这的确有点奇怪。因为从现在看来,我完全可以足不出户就和许多人沟通,但是我认为与其他人面对面的交流更为重要。

从对话中可以明显看出,鲁豫在谈话中明显处于弱势地位,自己的话语也一直在被希拉里"牵着鼻子走"。由此,我们不免要反思,亲切、平和是鲁豫访谈中的优势,但是一味地以这种"邻家女孩"或是"虚心的学生"的形象出现,会不会使得鲁豫在一些强势的被访者面前无法掌控局面?

第六节 理查德·英格尔:最了解阿拉伯世界的美国记者

(美)全国广播公司新闻网(NBC News)首席记者,美国杰出的驻外记者。

1973年9月16日生于美国纽约上东区。

1996年毕业于美国斯坦福大学国际关系专业,获得文学学士学位。

2003年5月加入(美)全国广播公司新闻网。

2006年凭借报道 Baghdad E. R. 获得 Edward R. Murrow Award,是该奖"Feature-Hard News"类的第一位获得者。

2008年4月成为(美国)全国广播公司新闻网首席驻外记者。

2008年,获得the Alfred I. duPont-Columbia University Award和the Medill Medal。获奖纪录片 War Zone Diary,长约一小时,由英格尔在战区的个人视频日记编辑而成,全面记录了伊拉克战争中鲜为人知的场面。这是该奖章第一次授予一位广播记者。

2009年,获得the George Foster Peabody Award,an Edward R. Murrow Award和the Society of Professional Journalism Award。他在阿富汗的系列报道"Tip of the Spear"向人们展示了驻阿美军所面临的艰难和危险。

图4-48　理查德·英格尔(Richard Engel)

2010年,获得Gracie Award。他在"NBC晚间新闻"里的报道"Unlikely Refugees",描述了阿富汗妇女因反抗受虐待的婚姻,而遭遇犯人般对待的状况。

2011年,获得the Daniel Pearl Award,the David Bloom Award和the Overseas Press Club Award,表彰他为新闻事业而做出的杰出贡献。

2011年,因为对埃及革命、利比亚争端和整个阿拉伯世界的不平静所做的杰出报道而备受关注。

一、经验丰富的媒体人

很难想象,几乎参与报道了世界各地的革命事件和政治转型,38岁就已经获奖无数的美国新闻记者领军人物理查德·英格尔小时候竟然因为阅读障碍而让母亲担心不已。

就是这个患有阅读障碍的孩子,长大后,从斯坦福大学毕业,只身带着2000美元从美国加州到了埃及开罗。在开罗一个近乎贫民窟的地方一住就是四年。刚开始,他只能做一个自由撰稿人,常常会为当地的一些小杂志写稿。当然,有些杂志,从未付给他一分钱稿酬。后来他开始为美国一些报纸写文章。他常常要自己打越洋电话给报纸,询问需要怎样的文章,根据报纸的需要写稿,以此获得报酬。通常每篇文章能赚到100—150美元,只要写足够多的文章,就能生存下去。

2001—2003年间,英国广播公司(BBC)、美国国际公众电台(PRI)、美国波士顿公共电台合办了一个栏目《世界》(The World),英格尔在该节目担任驻中东记者。同时他也为《今日美国》(USA Today),以及路透社(Reuters)、法新社(AFP)和《简氏防务周刊》深度板块中涉及埃及、也门和基地组织事务的栏目撰稿。

在美国和伊拉克的战争刚拉开帷幕时,英格尔成为美国广播公司新闻网(ABC News)的一个自由撰稿人,开始关注伊拉克战争。

2003年5月英格尔加入NBC,作为NBC报道伊拉克战争的重要记者之一,他在巴格达一待就是三年。如今,他是唯一一个参与了伊拉克战争全程的西方记者。

2006年,他成为NBC中东报道的高级记者,同时成为贝鲁特分社的首席记者。2006年夏,他还在贝鲁特和黎巴嫩南部报道了以色列和黎巴嫩真主党的战争。

英格尔的报道如今出现在NBC新闻网的各个平台,包括 *NBC Nightly News*(NBC《晚间新闻》)、*Today*(《今日》)、*Meet the Press*(《会见新闻界》)、*Dateline*(《日界线》)、MSNBC以及msnbc.com。

英格尔不仅仅是一个经验丰富的驻外战地记者和撰稿人,他还把自己的经历和体验写成了书籍。所以,他还有另外一个身份,那就是两本书的作者:*A Fist in the Hornet's Nest* 和 *War Journal: My Five Years in Iraq*。两本书都记录了他在伊拉克战争中的经历。

美国"苹果教父"史蒂夫·乔布斯2005年在斯坦福大学毕业典礼上演讲,第一个故事讲到"把点滴串联起来(connecting dots)"。他说:"你在向前展望的时候不可能将这些片段串联起来;你只能在回顾的时候将点点滴滴串连起来。所以你必须相信这些片断会在你未来的某一天串联起来。"

作为斯坦福大学的学生,英格尔很好地践行了这一点。现在回过头去看,他大学毕业去埃及开罗待了四年,帮各种小杂志和报纸做撰稿人,他可能从未想过自己能作为记者,有今天的成就。这些经历让他能讲一口流利的阿拉伯语,让他懂得复杂的阿拉伯世界,让他能精准地描述战争的场面,让他写出了一篇篇好稿子。

二、最了解阿拉伯世界的美国记者

在埃及开罗做自由撰稿人的四年里,理查德·英格尔学会了阿拉伯语。他常常在中东很多地区旅行,这使得他能够在很多种阿拉伯方言之间自由转换。而且,他除了能说流利的阿拉伯语外,还能说流利的意大利语和西班牙语。

如果要看外语能力对于一个驻外记者来说有多重要,那么,英格尔在穆巴拉克下台后对开罗解放广场群众的采访,就是绝佳的例子。

在埃及开罗解放广场18天的抗议游行,终于让统治了埃及30年之久的穆巴拉克决定辞职。全世界都在关注着穆巴拉克下台后的埃及。英格尔当晚在解放广场被激动不已的人群包围着,他采访并报道了现场的情况。这段报道使英格尔成为很多观众心目中的明星。

英格尔被这群埃及人像兄弟一样围在中间,虽然其中很多人只是为了出现在镜头里。刚开始大家只是看着,听着英格尔在做连线,后来,很多人喊起了口号,越来越多人聚拢过来,纷纷想要在镜头前表达自己的心声。

尽管对着镜头，英格尔表情严肃，但是和身边的人交谈时，他总是面带微笑。他就在几乎有点失控的人群中，尽量和他们对话，一边翻译，一边连线给美国的主持人。

和其他驻外记者不同，当他们还在人群中努力寻找会讲英语的人时，英格尔自己就能和当地民众自由交谈。在那样紧张、激动的氛围中，掌握流利的阿拉伯语显得如此重要。

有网友在视频网站上留言：英格尔真是太了不起了，怎么能讲那么流利的阿拉伯语？

图 4-49　英格尔在开罗解放广场做连线报道

2011 年 7 月，英格尔接受 Larry Olson 采访，当被问及怎么能说那么流利的阿拉伯语时，他回答说："只是需要花时间学而已，并没有那么难——我的意思是世界上有 2 亿人在使用阿拉伯语。只是需要花时间而已。"①

英格尔在阿拉伯地区生活工作已经有 20 多年之久。他精通的，不仅仅是这门语言，还有纷繁复杂的阿拉伯世界。

Matt Beynon Rees，前《时代周刊》驻耶路撒冷首席记者，这样评价英格尔：他对外国文化特别着迷，一个优秀的驻外记者要学着了解极端情况下人们脑子里在想什么。②

英格尔了解基地组织的心态。

美国在伊拉克战争的泥潭里挣扎了 10 年，终于决定撤军。很多人可能以为，基地组织同美国人一样欢迎撤军。其实不然。英格尔说："基地组织不希望美国从伊拉克撤军。基地组织最期待和美国在镜头前公开作战。他们希望同美军火拼的画面能出现在电视上。"③他明白，基地组织是想通过这种方式实现对组织的宣传。因此，他也一直认为，美国大规模派军队进驻伊拉克，本身就是个错误的决定。打击基地组织完全可以通过小规模的隐秘战斗来实现。

正是因为他能讲流利的阿拉伯语和多种阿拉伯地区方言，了解真实的阿拉伯世界，所以英格尔才能在中东地区做长时间报道，站在战争的第一线，用镜头真切地记录战争，准确地评价局势。

三、兴趣、勇气与毅力

任何一个合格的战地记者首先都是勇敢的。理查德·英格尔绝对是战地记者的佼

---

① NBC News Chief Foreign Correspondent-Richard Engel http：//blog. workingradio. com/2011/11/07/nbc-news-chief-foreign-correspondent-richard-engel/.

② Why NBC's Engel still wants to be in Baghdad http：//www. marketwatch. com/story/why-nbcs-richard-engel-is-still-based-in-baghdad.

③ Inside Libya：A Conversation with NBC's Richard Engel http：//www. gq. com/news-politics/big-issues/201109/richard-engel-muammar-qaddafi-libya-9-11.

佼者。他不是战士,没有责任把生命放在战场上冒险,但他参与的战争,却远远多于大部分士兵。正是对这份工作的热爱让他无比勇敢和坚韧。

爆炸、枪战、火拼常常在眼前发生。

"爆炸离我实在是太近了,就在我眼前,所以我根本没听到警告的哨声。我的采访对象情急之下把我拉到一边。接下来我又听到清晰的哨声,于是我只想趴下来,再低点,直到我的肚子紧紧贴着地面。"①英格尔后来回忆起那场发生在自己眼前的爆炸还心有余悸。

在报道利比亚战乱时,英格尔差点就中枪了。当时,英格尔正在利比亚班加西采访一名士兵,他向观众展示着士兵使用的一把像玩具一样的塑料手枪。

这时,突然有人朝这里开枪。旁边的士兵迅速把正在连线的英格尔按在地上,才躲过这一枪。他差一点就被击中了。

图 4-50 英格尔在做现场报道　　　　图 4-51 报道中躲避子弹的英格尔

英格尔说:"……我不会放弃我的工作。工作也很有趣。只有工作有趣,生活才会有趣。我工作并不是为了出名、得奖或者赚钱。如果要赚钱的话,有很多其他更简单的方法。"②

"我不想受伤,但是如果你喜欢和深深相信你现在正在做的事情那就不是什么问题了。我喜欢旅行,喜欢看到新的事,认识新的人。我喜欢遇到挑战。如果你真地相信你在做的事情,你会愿意为它担上生命的风险。"③

NBC 新闻网的同事 Campbell Brown 评价英格尔特别勇敢,但是更让他感叹的是英格尔的毅力。很多朋友和家人都跟英格尔讲:够了,别那么玩命。但是他依然回到战场。

---

① Richard Engel: Covering War For A Decadehttp://www.npr.org/2011/09/09/140245106/richard-engel-covering-war-for-a-decade.
② NBC's Richard Engel Launches iPad-Based Series, Tours With Lucifer http://www.thewrap.com/media/column-post/nbcs-richard-engel-launches-ipad-based-series-tours-lucifer-35136?page=0,2.
③ NBC News Chief Foreign Correspondent-Richard Engel http://blog.workingradio.com/2011/11/07/nbc-news-chief-foreign-correspondent-richard-engel/.

对新闻报道无私奉献的精神是独一无二的。

当 Larry Olson 问到他能忍受不洗澡的最长时间是多久时,他记得不是很清楚,大概一个月,但他说一个月不洗澡完全不会对自己有任何困扰。

尽管身处战场,看到的都是战乱、死亡和鲜血,但他依然坚信世界的美好。他说:"不要被周围的世界吓到。的确,那里有恐怖分子,有很坏的事情发生,但是不能因为局部的事件,就觉得这个世界非常危险。如果你愿意花时间探索、欣赏、思考这个世界,就会发现它如此振奋人心,奇妙浪漫。"①

比起一个在外奔波的记者,大多数人更愿意待在演播室,穿着整齐的西装,吹着空调,光鲜亮丽地在聚光灯下展开自己的工作,但理查德·英格尔是个例外。

2010 年 12 月,英格尔第一次有机会坐在主持人的位子上,看着提词器上滚动的字幕为大家播报,有近 20 年媒体经验的他却伤了脑筋。他甚至坦承:"坐在主播台上是令人头疼的经历"。

事实上,在直播过程中,根本看不出来英格尔是第一次做主持人,也没有出现任何问题。但是,当问及他愿不愿意再次尝试做主持人时,他觉得做主持人、了解主持人的工作都是很棒的事情,但是他更愿意把这些工作留给专业主持人来做。

四、客观、公正,态度明确

记者自身的态度往往容易使得对战争和政局的报道有失偏颇。长期生活在阿拉伯世界的理查德·英格尔比任何西方世界的鼓吹者和宣传者都更了解阿拉伯国家的情况。因此,尽管态度明确,但英格尔从未站在任何政权一方,他做评论的依据是自己多年看到、听到和了解到的阿拉伯世界。

发动对阿富汗的战争之后,乔治·华盛顿·布什毅然决定发动对伊拉克的战争。他一直坚持伊拉克、萨达姆与基地组织有关系。

2011 年,英格尔在 NBC 晚间新闻节目和 Brain Williams 做连线时表达了自己对阿富汗战争和伊拉克战争的看法。他认为阿富汗和伊拉克只有在提到所谓的全球反恐战时被放在一起。事实是伊拉克和本·拉登之间没有任何关系,伊拉克也没有大规模杀伤性武器。

美国最终逮捕并处死了本·拉登,报了"9·11""一箭之仇"。然而,美国付出的不仅仅是 10 年的时间,还有几万亿美元的军费开支,超过 4 400 名美国士兵和 15 万伊拉克人民的生命。英格尔坚持认为,美国对"9·11"事件反应过激。本来通过小规模的秘密战争就可以惩罚基地组织,实现反恐的目的。大张旗鼓地发动两场地面战争(阿富汗战争和伊拉克战争),花费上万亿美元,不但削弱了美国实力,而且本来就是不必要的事。

---

① NBC's Richard Engel Launches iPad-Based Series, Tours With Lucifer[EB/OL]. (2011-11-09)[2020-10-09]. http://www.thewrap.com/media/column-post/nbcs-richard-engel-launches-ipad-based-series-tours-lucifer-35136? page = 0,0.

2011年,埃及总统穆巴拉克辞职。受西方媒体影响,很多美国人希望2005年诺贝尔和平奖得主穆罕默德·巴拉迪能取代穆巴拉克成为新总统。英格尔却认为受西方媒体影响,人们把穆罕默德·巴拉迪看得太重要了。其实在埃及,巴拉迪并没有西方媒体所说的那么重要。英格尔还认为即使巴拉迪参选埃及总统,也不会当选。

根据自己对美国和阿拉伯地区的了解,英格尔为美国对中东的政策感到焦急。西方国家在中东事务的错误之路上越行越远,英格尔不禁疾呼:"难道美国看不见(错误)吗?我们的中东问题专家都去哪儿了?"

在卡扎菲被捕前的一次采访中,主持人问英格尔,卡扎菲外逃,利比亚权力真空,国内形势微妙,是不是可能发展成任何一种局面?英格尔这样回答:"利比亚当务之急是让人民有钱赚,这甚至比设定选举议程、选举议会和领导人更加重要。因为利比亚人民已经有六个月没有工作了。利比亚有六百万人口,比纽约还多。管理一个地方从来都不是那么难的事。但是在这六个月,利比亚经历着战乱,人们无法工作。因为无法进入银行,他们的存款也没有了。六个月战乱已经让他们山穷水尽。"[①]

没有站在政府军的立场,也没有站在反对派的立场,更没站在美国的立场,他只是作为一个记者、一个人,关切利比亚全国六百万人口的生活问题。在他心目中,人民比战争输赢、政权更迭更加重要。

五、生活在工作中

理查德·英格尔这样描述自己的工作:我不用专门工作,不用到一个地方,然后说我要开始工作了。其实我有点像生活在工作中。很幸运,我不用每天去办公室,打开灯,然后对自己说,好,我要从9点工作到5点。有时候我24小时在工作,有时候我只需要看看别人发的邮件,写写报道。我的工作不像其他工作那么受管制。[②]

尽管英格尔很专业,但是作为一个出镜记者,站在镜头前连线时,他仍然很像自己采访对象中的一分子。他总是能以生活的方式,而不是以采访的方式融入到采访对象中,看到最真实最自然的真相。

很多记者在埃及开罗做连线报道时,我们看到他们的身后,是看似平静的开罗夜景,而英格尔做连线报道时被一群激动的人围着,让观众感受到一个不平静的开罗夜晚。

爆炸中一位老人受伤,连线中的英格尔一边做报道,一边转身帮助医生扶着老人。

利比亚街头抗议者反对萨达姆统治,他站在拥挤的人群中做报道。

---

① Inside Libya:A Conversation with NBC's Richard Engel[EB/OL].(2011-09-05)[2020-10-09].http://www.gq.com/news-politics/big-issues/201109/richard-engel-muammar-qaddafi-libya-9-11.
② NBC News Chief Foreign Correspondent—Richard Engel[EB/OL].(2011-11-07)[2020-10-09].http://blog.workingradio.com/2011/11/07/nbc-news-chief-foreign-correspondent-richard-engel/.

图 4-52　英格尔在采访当地群众

图 4-53　英格尔在采访中与当地群众交流

英格尔不仅仅用生活的方式采访,也在采访中感受着生活。在阿富汗战争的采访中,他发现了一个有趣的规律:越是贫穷的村子,那里的面包就越好吃。他不懂得为什么,但是他认为阿富汗有世界上最好吃的面包。

第七节　安德森·海斯·库珀:灾难丛林中的"银狐"

美国著名记者、新闻主播和作家。

1967 年出生于纽约曼哈顿。

1989 年毕业于耶鲁大学政治学专业。

1995 年,在 ABC(美国广播公司)新闻台担任通讯记者。

1999—2000 年担任晚间新闻节目 *World News Now* 的联合主持人。

2001—2002 年主持 ABC 真人秀节目 *The Mole*。

2001 年 12 月加入美国有线新闻网,成为 CNN 周末黄金时段的主持人。

2003 年,开始主持新闻时事评论节目《安德森·库珀 360 度观点》(*Anderson Cooper 360°*)。

图 4-54　安德森·海斯·库珀
(Anderson Hays Cooper)

2007 年起,担任新闻杂志节目《60 分钟》(*60 Minutes*)的记者。

2011—2013 年,主持以他名字命名的脱口秀节目 *Anderson Live*。

库珀负责报道了许多世界性重大新闻,包括斯里兰卡海啸、新奥尔良飓风、尼日尔饥荒和戴安娜王妃的葬礼等。他 9 次获得艾美奖,2010 年因报道海底地震获得海地政府颁发的国家荣誉骑士勋章,2011 年《安德森·库珀 360 度观点》关于海地地震的报道《废墟中的海地》和《海地的危机》分别获得艾美奖常态性新闻节目杰出突发新闻报道奖和杰出当前新闻长篇现场报道奖。

安德森·库珀因有一头银白色的头发被人称为"银狐",他是 CNN 的金牌主播,也是美国家喻户晓的主持人。他打破了 CNN 原本冷静客观的报道方式,将主播自身的个人情感融入节目之中,使新闻报道具有了更浓重的人情味。

一、直面死亡的新闻之路

库珀出身名门,家世显赫,父亲怀亚特·库珀是著名作家,母亲葛洛丽亚·范德比尔特是传奇名媛、艺术家和时尚设计师。母亲是范德比尔特家族的后代,范德比尔特家族是美国最富有的家族之一,因经营铁路和水上运输致富,在 2007 年《福布斯》网站公布的"美国史上 15 大富豪"排行榜中,该家族创始人科尼利尔斯·范德比尔特位列第三,仅次于约翰·洛克菲勒和安德鲁·卡内基。

含着金钥匙出生的库珀,成长的过程却并不是一帆风顺的,两位至亲的死亡成为影响他人生轨迹的重要因素,也使得直面死亡成为他新闻主播职业生涯中的主题之一。

库珀十岁的时候,父亲去世,尽管那时库珀年纪尚小,但父亲的离开所带来的绵长伤痛给他留下了不可磨灭的记忆。在自传中,库珀写到:"父亲去世时我十岁,对此之前的事情,我没有太多的记忆。这突如其来的无声的打击将我生命的时钟进行了重新调整。只剩一些支离破碎的记忆,就像锋利的玻璃碎片,片段地留在脑海中。"这是库珀第一次与死亡进行近距离接触,失去父亲的他第一次开始思考生命与死亡的关系,死亡带来的"失去感"让当时只有 10 岁的库珀开始学着去保护自己,去处理失去亲人所留下的伤痛。21 岁那年,比库珀年长两岁的哥哥卡特从他们居住的 14 层公寓跳楼自杀,库珀无法理解他为什么选择结束自己的生命。

哥哥离世后一年,库珀大学毕业,在选择工作时,母亲建议他做自己喜欢的事情,库珀认为他并不能感受到自己兴趣所在,而父亲和哥哥的先后离世给他留下了关于死亡的深刻痛感,因此在工作的选择方面,他最终决定去寻找"一个能够流露感情的地方",从幸存者身上寻找能够学到的东西,逃离死亡带来的阴影,而直面死亡无疑是最好的方式,他觉得,除了战争,似乎"别无选择"。对战争的报道,成为库珀新闻生涯的起点。

库珀对新闻行业的兴趣源自大学时阅读的有关越南战争和美国驻外记者写的报道,但由于大学所学专业并非与传媒相关,他的新闻之路走得并不平坦。毕业初库珀应聘 ABC 的工作,被拒绝后,在一家较小的电视台"一频道"(Channel One)做新闻节目核对事实的工作。1991 年他辞去"一频道"的工作,带着假记者证和借来的摄像机只身前往泰国并偷渡至缅甸,在缅甸战争前线边采访边进行拍摄,战地医院里士兵们的残肢断臂让他真正体会到了死亡的残酷,此片后被"一频道"买下,而库珀也将此视为自己真正的兴趣所在。

之后他在越南待了半年,紧接着独自一人去到正在经历军阀混战的索马里,触及惨烈的战争带来的死亡画面。索马里的经历使他成为电视台的正式记者,此后他出现在世界各地战乱频仍的地方进行报道。

2005年对于库珀而言是意义非凡的一年。在2001年加入CNN之后,他参加了包括"9·11"和伊拉克战争在内的重大事件的报道,这些事件都是"人祸"造成的大规模伤亡,而2005年,斯里兰卡的海啸、尼日尔的饥荒和新奥尔良的飓风,使得库珀接触到无情"天灾"带来的死亡。

库珀目睹战争、海啸、飓风、地震、饥荒,见证生离死别、国仇家恨和恐惧愤怒,他将个人经历中关于死亡的感知与镜头中的事件连接,在世界这个更大的背景下重新审视生与死,敬畏生命是贯穿其中的主题。

灾难报道不是库珀作为新闻主播的全部,政治、经济和社会新闻等都是他的报道所涵盖的范畴,而他直面死亡进行的新闻报道渗透了强烈的个人色彩,其中的细腻和情感的克制也体现在他日常的新闻节目中,成为他报道中最动人的部分。

二、"银狐"的成功之道

作为CNN的当家新闻主播,安德森·库珀的新闻报道能够获得民众认可并产生广泛的影响力与其身上所具有的职业素养和个人特质是分不开的。库珀常年深入新闻报道一线进行采访和拍摄,在世界各地的战争前线、自然灾害现场等进行现场报道,具有极为丰富的工作经验。同时他能够将目光投向普通的民众,聚焦他们的生活和感受,从细节进行新闻的挖掘,呈现出充分的人情味。在新闻报道中,他经常需要在极度危险的环境中进行工作,如战场和受灾地区等,在镜头面前的他,沉着冷静地进行采访和报道,展现出较高的职业素养,面对各种恶劣的环境,他始终坚守职业精神,高质量地完成报道。

(一)深入一线,经验丰富

库珀作为记者的职业生涯开端始于缅甸,此后的他出现在各种各样危险的地方:波斯尼亚、克罗地亚、俄罗斯、乌克兰、格鲁吉亚、以色列、柬埔寨、海地、印度尼西亚、南非,其中既包括危险的战乱之地,也包括发生飓风、海啸等自然灾害的地方。他既报道战争、灾害,也报道政治、社会性的新闻,覆盖面广,种类较多,多年的新闻从业使得他积累了丰富的采访和报道经验,而数次面对生死交织的场景也使得他对生命的理解更为深入,这样的理解能够通过他的镜头和报道传达给电视机前的观众。

(二)聚焦普通民众,善于捕捉细节

悲悯和共情是库珀在报道中的突出特点,他常将报道的关注点放在普通民众的身上,关心他们的生活状况和受到的影响。在对新奥尔良卡特里娜飓风灾害进行报道时,他对当地受灾的状况进行了描述,包括建筑的状况、民众的伤亡情况、救援情况和生活现状等,并在报道中提到民众对于联邦政府在救援方面的不作为所表达出的愤怒。作为出镜记者,库珀也对政府进行了质疑,表示尽管当地有妇女儿童组织在进行相关的救援工作,但政府却并未派出军队等进行救助,当地的民众在受灾后处于极为糟糕的境况,没有水,没有电,也没有食物,他将民众的呼声放在了报道中进行发问:"救援在哪里?"

2018年1月,美国总统特朗普用"粪坑"来形容海地和一些非洲国家,引发了国际社会的强烈指责,库珀在当天的节目中回忆了自己八年前往海地参与大地震报道时的情景,并表示海地这个国家和当地人民都曾饱受磨难,但他们勇敢面对灾情,毫不畏惧,他们不应当被如此评价,这是不公平的。

库珀说:"八年前海地发生大地震造成了约22万到30万人死亡,实际数字无从知晓,当地三分之一的人都无家可归。在连续几天甚至几周的时间里,在没有政府和警察援助的情况下,当地人徒手搬开瓦砾抢救生还者,现场哭喊声不断,死伤无数,我深深地记得有一个小女孩被埋在废墟下一整天,最终被当地人救了出来。他们没有重型援救设备,只有他们的决心与勇气凝聚成的力量。我更记得一个五岁的小男孩被埋了七天七夜最终被救了出来,你知道这需要多大的力量支撑一个五岁的小男孩在没有水的废墟里熬过七天七夜吗?"

库珀对海地人的精神进行了赞赏,同时也毫不客气地对白宫的态度进行了批评:"海地人在地震面前没有退缩,连眼睛都不眨一下,他们站得笔直,活得有尊严,这种尊严值得我们白宫的许多人学习。"

(三)冷静理智,从容镇定

库珀的报道经常需要在极其恶劣的环境中进行,其中包括炮火纷飞的战场,也包括海啸和飓风席卷过后的城市或者村庄,大风、暴雨乃至呼啸而过的子弹等都是库珀在进行新闻报道时需要面对的,而他在镜头前进行报道时,声音平稳,语调适中,从容不迫地对当时的环境和事件发展的背景以及进展进行详细的说明,在报道饥荒、飓风和地震时,常常会遇到死亡的情景,库珀用冷静的方式从旁观者的角度进行故事的讲述和新闻的报道,节目因此而呈现出理智而克制的力量感。在伊拉克战争期间,库珀在对着镜头报道时,身旁的瓦片被子弹击中落地,而他则抓拍了几个镜头,并对着镜头前看到的一切进行解说。

(四)不畏困苦的职业精神

库珀的成功离不开他作为新闻人的职业精神,他敢闯敢拼,不怕吃苦,不畏惧危险。在职业生涯的最初阶段,库珀带着一张假记者证,只身前往缅甸报道当地学生和政府的冲突,这一报道后来被"一频道"使用。在萨拉热窝进行波斯尼亚战争的报道时,库珀只有 25 岁,他独自在被炮火包围的机场进行采访,穿着无法防护狙击步枪的防弹衣,而在萨拉热窝,士兵都是用狙击枪从远处进行射杀的。时值冬日,库珀躺在饭店的地板上睡觉,而他所在的假日饭店一大半的玻璃已经被震裂或者震碎,没有玻璃的地方装着塑料板,无法抵御寒风,而他就在这样随时可能被炮弹夺走生命的环境中坚持进行新闻报道工作。

在采访的过程中,库珀会寻找各种方式拉近与采访对象的距离。在萨拉热窝的最初几天,他每天穿着防弹背心,甚至睡觉时候也不脱下,后来他观察到周围的波斯尼亚人没有任何保护措施,于是接下来的时间里,他几乎不穿防弹背心,而是放在车里。他认为只有先取下自己身上的保护层,被采访的对象才能够袒露心扉。

第八节 克雷格·萨格尔:NBA 赛场边的"彩装先生"

美国著名 NBA 记者、解说员,曾在 TNT(特纳电视网)担任记者、播报员。萨格尔以作为 NBA 场边记者而为人熟知,色彩鲜艳而花哨的西装是其标志性的个人特色,他也因此被人称作"彩装先生"(Mr. FancySuit)。

1951 年生于美国伊利诺伊州巴达维亚。

1973 年毕业于西北大学,之后正式开始记者生涯。

图 4-55 克雷格·萨格尔在采访球员

1981 年签约 CNN,成为 CNN《每日体育》节目的主持人。

1990 年加入特纳体育。他的报道领域非常广,除了 NBA,他还报道高尔夫、NFL(美式橄榄球联盟)、大学足球和篮球以及 MLB(美国职棒大联盟),他报道过的重大国际赛事包括 1990 年意大利足球世界杯大赛、2006 年日本男篮世锦赛、2008 年北京奥运会等。

在正式成为一名 NBA 现场记者前,萨格尔在一家广播电视台担任天气播报员,那时他就喜欢穿着色彩鲜艳的西装播报天气,并搭配亮眼的花领带拍摄宣传照。在加入 TNT 之后萨格尔在 NBA 现场采访时会穿上颜色花哨夸张的西装,这让他获得了"彩装先生"的绰号。

萨格尔在 44 年的记者生涯中,有 17 个赛季是以 TNT 记者的身份在 NBA 进行场边采访的。

2014 年萨格尔因为身患白血病住院,此后两度复出,在与癌症斗争的过程中坚持进行采访报道,并在 2016 年获得 NBA 特许,首次采访总决赛。

萨格尔专业的报道和职业精神使他获得了美国电视界的多项荣誉奖项。他曾获得体育节目艾美奖最佳体育记者、有"体育界奥斯卡"之称的ESPY JimmyV 毅力奖和史密斯名人堂科特-高迪电子媒体奖。2017年，萨格尔在接受ESPY颁奖时说："时间是不能买到的，它无法成为和上帝对赌的筹码，更不会源源不绝地被供应。时间只取决于你如何度过你的一生。"

一、外形：场边的花蝴蝶

夸张的穿着是萨格尔的标志性特色。

萨格尔在NBA赛场进行采访报道时，喜欢穿色彩艳丽、图案花哨的西装，并打上同样吸引人眼球的领带。他喜欢穿着淡紫色、橙色、橘色、香蕉黄、黑色和淡绿色的西装出现在NBA场边，上面有各种颜色混杂的条状、格子状、漩涡状的图案，他的西装和领带搭配很少重复。"我的衣服反映了我的性格。"他在自传《快意生活：体育、癌症和值得奋斗的事》中写道："我认为人生应当是快乐的，所以衣服也是。"

极具个性化的穿衣打扮让他区别于其他场边记者。在一场NBA比赛中，记者需要提前至少一个小时到现场，一晚上工作3—4个小时，实际出镜进行采访的时间主要集中在节间休息、半场休息和赛后，有两到三次出镜采访，每次1—2分钟。这也意味着观众看到记者的时间，平均仅有5分钟左右。记者需要在有限的时间内抓住观众的注意力，并向被采访的教练和球员问出有价值的问题。大多数体育记者在着装方面偏重于深色，萨格尔穿着颜色鲜艳的服装，在球场和人群中极具辨识度。而在采访期间，记者通常需要面对大汗淋漓的球员和脾气暴躁的主教练，萨格尔对采访问题的准备和他对服装的挑选同样精心，这让他成为球员和教练最喜爱的记者，坐在现场的球迷也喜欢看他穿着华丽的衣服从眼前走过。

萨格尔的衣服不仅是个性化的镜头表达，更是作为记者专业性的展现。他对衣服的选择和搭配并不是随意进行，而是力求符合主场球队所在的城市文化和球队风格，也包括特殊节日或者纪念日。他有几十件外套和几百条领带，并且很少穿同一件超过两次，每次赛前他都精心挑选衣服的质地和颜色，以便使自己在人群中显眼且与当地文化相协调。

2011年的一场东部决赛前，萨格尔穿着一套橙色西装来到公牛主场进行采访，对他较为熟悉的现场球迷表示这不是主队公牛队的颜色，萨格尔回答："这是迪卡橙"，之后他受到全场观众的热烈欢呼。这是因为尽管公牛队的主场颜色是红色，但迈克·迪卡曾分别以球员和教练的身份在芝加哥小熊队夺得美国职业棒球联盟总冠军。芝加哥小熊队的主色调就是橙色，橙色是除了红色以外，芝加哥球迷最喜爱的颜色。

二、表情：微笑常在

萨格尔在镜头前，始终面带微笑，具有极强的亲和力，能够拉近他与观众的距离。

微笑是萨格尔职业素养的重要体现,无论在报道过程中采访对象做出怎样的举动,说出怎样的语言,萨格尔总是以微笑面对,并保持采访的顺利进行。

前凯尔特人球星凯文·加内特总喜欢拿萨格尔的花西装这个话题开玩笑,在2009年全明星赛后的采访中,加内特对萨格尔说:"我从没针对过你的打扮,但是今天我得跟你强调一下,把你这身西服带回家烧了吧,我不想再看到它了。我不管你这衣服是什么牌子的,烧了吧!把这身衣服脱了,你什么都不要穿了,然后烧了你的衣服吧,还有你那双观众看不见的红袜子。皮鞋和奇怪的腰带,都烧了吧,彻底烧掉。"尽管加内特百般调侃,但是萨格尔依然保持着微笑表示:"感谢你的忠告。"

马刺的教练波波维奇也喜欢在被采访时开萨格尔的玩笑。在一次赛后采访中,萨格尔提问后,波波维奇没有回答问题,而是从萨格尔的西装口袋中拿出他的方巾擤了鼻涕,之后放回萨格尔的口袋中。萨格尔不为所动,没有受到波波维奇的影响,而是微笑之后,将问题再次重复了一遍,在维持恶作剧之前的欢乐气氛的同时,确保了采访的顺利进行。

微笑也是萨格尔职业态度的体现,是他的一面旗帜。在患癌症之后,萨格尔两年进行了三次化疗,两次复出到赛场进行采访工作。尽管经历病痛折磨,萨格尔一直在坚持工作,他曾谈道:"世界上很多人都深受癌症的煎熬,我希望可以代表那些还不屈服于癌症的人们。大家都希望能够看见我,看到我永不放弃以及坚强勇敢的精神。我觉得我有义务为那些人奋斗下去,所以我会带着百分之百的努力以及勇气活下去,为了他们而活下去。医生跟我说,我可能还能活一周,也可能是3—5个月,但也有机会能活五年,我要成为活五年的那个人。"他的头发因化疗剪短,在镜头前的形象受到了影响,但在与演播室连线以及对球员和教练进行采访时,萨格尔保持了充足的精神,身着标志性的亮眼夸张的西装,用微笑贯穿始终,笑容中带着平静和力量,赢得了场内球迷的欢呼和鼓励。

三、采访:关注细节,逻辑清晰

萨格尔的场边报道对细节非常关注,他特别重视场上比赛中间微小但可能影响到整个比赛走势的地方,并对球员及教练进行提问。

萨格尔曾对NBA赛场经典的"麦迪时刻"进行了报道。"麦迪时刻"指的是麦迪在35秒内得到13分的时刻。2004年12月9日,在火箭主场休斯敦丰田中心球场,火箭依靠麦迪的神奇表现逆转马刺。全场比赛时间还剩44.2秒时,火箭落后8分,在比赛最后时刻,特雷西·麦克格雷迪在35秒拿到13分,分别是35秒时一个3分,24.3秒时一个3分加一个罚球,11.2秒时一个3分,及最后1.7秒时一个3分绝杀,火箭奇迹般以81∶80战胜马刺。赛后萨格尔对麦迪进行了采访,他提问的特点可以从以下他与麦迪的对话中窥见一斑。

萨格尔：T-Mac，今天的比赛打得非常艰难，不过突然间你在35秒内得了13分！当时到底发生了什么？

麦迪：我尝试做一切能让球进入篮筐的事情，这很难，毕竟防我的是布鲁斯·鲍文，一个非常顽强的防守者，但我的意志一直支持着我投进那些球。

萨格尔：在最后一分钟还落后10分，是邓肯对你犯规促成你打成的那记3+1让你觉得有了"嘿，这场我们能赢"的信心吗？

麦迪：确实，那记打4分给了我很大的信心，让我继续投之后的3分，只要有一点出手空间我都会果断地投篮。

萨格尔：最后关头你们还落后，直到他们（布朗）的一个失误，当时你怎么拿到球的？当时的感觉是什么？

麦迪：我们在防守策略上做了个陷阱，幸运的是他们上当了，幸运的是布朗滑倒了，我拿到了球，我就带着球推进，当时想的是我不要平局，我要赢，于是我投了3分，然后，球进了。我从来没有过这样的经历，所以请原谅我（有些语无伦次）。

萨格尔：我们可以再通过回放看看到底发生了什么，不过这也是作为得分王的高光时刻的展现，好的，谢谢 T-Mac。

在有限的采访时间内，萨格尔的提问全部围绕最后的35秒13分这样具有历史意义的时刻进行。首先他针对当时的大致情形进行了采访，试图让麦迪说出在那样的时刻心理活动是怎样的，而之后麦迪的回答也表明萨格尔达到了提问的目的。麦迪的13分中，包含了3记3分，萨格尔极为精准地对那记可以左右比赛局势的3+1进行了提问，因为这次"打4分"不仅迫近了比分，更重要的是会对场上球员的心理产生微妙的影响。在最后时刻布朗的致命失误成就了麦迪最后的3分绝杀，这个失误是在火箭球员成功执行战术进行防守之后促成的，为火箭最后的进攻争取了时间和机会。萨格尔对麦迪拿到球权的过程进行了提问，而不是对那个3分球本身进行提问，展现了他作为记者的新闻嗅觉和对于比赛细节的把握，用专业的方式将这一经典时刻呈现给观众。

除了把握细节外，萨格尔会依据采访对象的回答，不断对问题进行调整。

2015—2016赛季，在3月12日圣安东尼奥马刺与孟菲斯灰熊常规赛结束之后，萨格尔对场上表现最佳的马刺球员莱昂纳德进行了采访。

萨格尔：27分，连续7记3分，一如既往的高强度防守，你对自己今天的表现满意吗？

莱昂纳德：我对自己的表现是非常满意的，我们整个球队都保持了足够的侵略性，这也是我们获胜的原因之一。

萨格尔：对手83分，你帮助球队将对手得分限制在90分以下，是马刺本赛季第16次将对手得分限制在100分以下，本赛季联盟最佳，为什么今年防守做得比以往更好？

莱昂纳德：我不确定，我们只是准备得比较充分，并且在防守上保持了足够的注意力。

第九节 《新闻调查》与《60分钟》：调查揭示真相

《新闻调查》是中央电视台唯一一档深度调查类节目，时长45分钟，每周一期，1996年开播，以记者的调查行为为表现手段，以探寻事实真相为基本内容，崇尚理性、平衡和深入的精神气质。

所播节目《南丹矿难内幕》《透视运城渗灌工程》《农民连续自杀调查》《派出所里的坠楼事件》《山阴的枪声》等在社会上产生极大影响力。

节目获得亚洲—太平洋地区广播联盟特别奖、蒙特卡洛电视节纪录片类女神银质奖、中国广播电视大奖之优秀纪录片奖、中国影视作品叙事艺术年度大奖等多项大奖。

图4-56 《新闻调查》截图

栏目实行记者中心制，曾涌现白岩松、敬一丹、杨春等多位优秀出镜记者。

《60分钟》是美国哥伦比亚广播公司（CBS）的一档电视新闻杂志栏目，创办于1968年9月，固定在每周日晚间7点至8点段播出，每期节目基本由3个独立的新闻深度报道和1个新闻评论板块组成，深度报道各13分钟左右，评论板块4分钟左右，加上片头导视、片花和广告，总共60分钟整。在娱乐节目一统天下的竞争中连续23年名列美国联播网黄金时段收视率的前十位。

《60分钟》不设固定的栏目主持人，只让当期节目的出镜记者在演播室做简短述评。它的主持人都是记者，主要有迈克·华莱士、丹·拉瑟、哈里·里森纳、莫利·塞弗、莱丝莉·斯塔尔和埃德·布莱德利等。

图4-57 《60分钟》截图

社会学的研究认为，角色是与人们的某种社会地位、身份相一致的一套权利和义务的规范与行为模式，是人们对具有特定身份的人的行为期望，它构成整个社会群体或组织的基础。① 当调查性报道进入电视媒介之后,由于这类报道的选题具有极强的社会与现实意义,又采用具有强烈事件性与冲突性的叙述手段,因此,调查性报道在树立电视栏目形象、提高电视收视率方面功不可没,强调"新闻立台"的电视台都重视这类节目的建设。② 这对电视出镜记者提出了更多的要求,其角色内涵也发生着相应的变化。

审视中西方电视调查性报道出镜记者的角色差异,可以帮助我们更好地理解电视调查性报道中出镜记者与新闻主持的特征,探究当前全球范围内两者的演变规律,最终为我们预测中西方出镜记者与新闻主持未来走向提供有益的思考和建议。

《60分钟》是电视调查性节目的鼻祖,对其他同类节目有很大的影响。而作为中央电视台最具深度的调查类栏目,《新闻调查》几乎代表着中央电视台乃至中国电视新闻栏目和出镜记者的最高水准。从叙事理念的确立到叙事手段的综合运用,再到叙事结构的精心安排,《新闻调查》的专业品质几乎成了其他类似节目模仿的典范。③ 因此,选取中国的《新闻调查》和美国的《60分钟》进行比较研究,有一定的代表性。

一、中西方电视调查性报道出镜记者的角色定位与表达差异

中西方关于电视调查性报道的概念界定和实践操作这两个层面的差异,赋予了中西方电视调查性出镜记者角色不同的内涵,他们的角色定位与表达方式也形成了不同的形态。为了直观地审视这些差异,本书拟从CBS《60分钟》和CCTV《新闻调查》播出节目中分别选取一个较为典型的调查性报道,剖析其出镜记者角色定位与表达的不同。

(一)CBS《60分钟》出镜记者角色定位与表达特征

《60分钟》采用的是杂志型电视新闻的编排方式④,每期节目三个板块,往往有三至四位风格各异的主持人。第一位主持人的报道具有较强的政治性和时效性,第二位报道也较为严肃,相比之下,收尾的报道安排融入了更多人情味,结尾是主持人标志性的简洁而不失幽默的评论。⑤ 本书选择2015年4月19日播出的《60分钟》中的一个独立报道为分析对象,解析斯科特·佩里(Scott Pelley)作为出镜记者的角色定位与表达方式特征。这个报道时长13分钟33秒,内容是在叙利亚战争中使用神经毒气沙林的事件以及事件带来的巨大影响。该报道在2015年8月23日进行了重播。

1. 出镜记者建构主题及认知视角

当出镜记者佩里坐在演播室里时,他说的第一段话,就鲜明地抛出自我观点与立场:

---

① 李蓓.出镜记者角色失调现象分析[J].新闻实践,2009(3):62.
② 李媛.从《新闻调查》和《60分钟》比较中美电视调查性报道之异同[J].东南传播,2009(6):150.
③ 葛翔,敖绍平.电视新闻调查性报道的叙事学解读——CCTV《新闻调查》个案研究[J].现代视听,2008(6):36.
④ 史可扬.电视栏目和频道辨析[M].广州:中山大学出版社,2007.
⑤ 周粟.晚间战场的"深度"战壕如何挖掘——电视新闻类栏目《60分钟》与《新闻调查》之比较[J].青年作家·中外文艺,2010(2):68.

如果你年幼的孩子在看这个节目,通常这是一件好事,但这个报道不适合他们。你即将看到的画面是痛苦的。这将令人不忍直视,但却应该被公众知晓。通常,人类不会禁止武器,任何军队所能想到的武器都在军火库中存放着。但也有一些例外,其中有一种武器

图4-58　佩里在主持节目

非常可怕,以至于每一个国家都禁止使用,甚至连拥有它都是违法的。这种武器就是沙林,一种神经毒气。2013年,沙林被释放到叙利亚平民头上,联合国秘书长称之为"反人类的罪行"。一年半后,仍然无人对此负责。几个月来,我们都在收集证据,您即将看到的大多都是未公开过的内容。我们将把发现的内容无一遗漏地展示出来。

在这段导语中,佩里首先提出战争与武器的主题,将整个报道的基调锁定在"痛苦"二字上,紧接着表明这一"痛苦"的来源是非人道的"神经毒气",从人道主义的角度去揭露事情发生的真相,然后接着播放2013年毒气袭击叙利亚平民时的影像。在整段导语中,从主题到解读视角,再到呈现的影像内容,出镜记者始终提出自己的观点和立场,并带着这种主题与视角,引领观众进入现实世界的环境之中。

2. 出镜记者组织多方观点和信息

我们从镜头中看到了2013年8月21日平民遇袭后的纪实影像,孩子的哭喊、人们倒在地上等待援助、担架的快速移动、尝试救治受害者等,一系列有冲击性的画面让观众了解了当时的场景。随着镜头的切换,佩里用解说词解释了由于语言不通、信息量有限而造成的难以理解的画面:"他们的神经被沙林激活,不停放电,肌肉痉挛,直至死亡让他们解脱。"

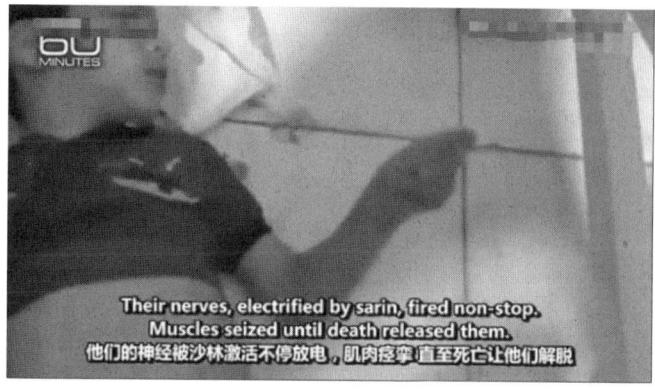

图4-59　《60分钟》节目截图1

《60分钟》出镜记者在进行事件报道和相关人员访问之前，能够保证观众对于必要背景知识的了解，在合适的时间点进行信息的介绍，起到了良好的转折作用，便于提升报道的可信度和接受度。

受访对象 Kassem Eid 是这场袭击的亲历者。在受访开始时，佩里通过画外音的方式介绍了 Eid 的身份以及 Eid 几年来拍摄的战时影像，使得随后的访谈具有较强的可信度。在访问"世界禁止化学武器组织"（OPCW）的首席监察员 Scott Carins 之前，节目同样以画外音配合影像的方式介绍了被禁用的化学武器沙林以及 OPCW 组织成立的背景。

图 4-60 《60分钟》节目截图 2

《60分钟》的出镜记者一向以"挑战冲突、抓取细节"的提问风格著称，往往一针见血地向新闻当事人发问，抓住最能表现事实的细节点。我们看到佩里接下来变身为多方观点和信息的组织者，在访谈中揭示事件的经过。

在访问 OPCW 监察员 Scott Carins 时，他提的问题我们大体整理如下：

图 4-61 《60分钟》节目截图 3

接触到沙林毒气的人会是什么感受？
死因是什么？
（Carins 乘坐联合国的车辆前往调查的途中遭到了枪击）发生了什么？
车子中弹了？
你们查明是谁开枪了吗？
你觉得他们为何向你们开枪？
值得冒着生命危险查明并记录真相吗？
你们的工作是怎么进行的？
你目击的那些人里有哪些是你无法忘怀的？

每一个问题都是根据上一个问题延伸拓展提出的，问题的设计具有非常强的层次性。在呈现这些信息的同时，佩里的解说配合一些现场拍摄的资料画面，将关于神经性毒气沙林袭击的调查过程及结果呈现出来。这种实时的采访和画面的交叉组接,使观众认识到科学家等调查人员对此次事件的深刻解读,而这更加引发人们对于使用大规模生化武器的愤慨,对于无辜平民的同情,甚至是对于这种战争形态的憎恶。

逻辑严谨的提问以及解说画面的呈现手段,使出镜记者原本的观点和立场更加鲜明。而在这种对话的组织和观点的呈现过程中,出镜记者完成了对于该报道主题的事实论证,使其先前的观点和质疑得到了证实和回答。

3. 出镜记者坚守职业道德

佩里前往难民营访问从叙利亚地区逃脱的毒气事件幸存者,在访问开始之前,他强调:"这些人要求我们不要显示他们的面孔和姓名,因为他们还有家人在叙利亚。"在整个访谈过程中,所有受访难民都是蒙面出镜,除了介绍必要的人物与事件关系之外,没有透露任何个人信息。

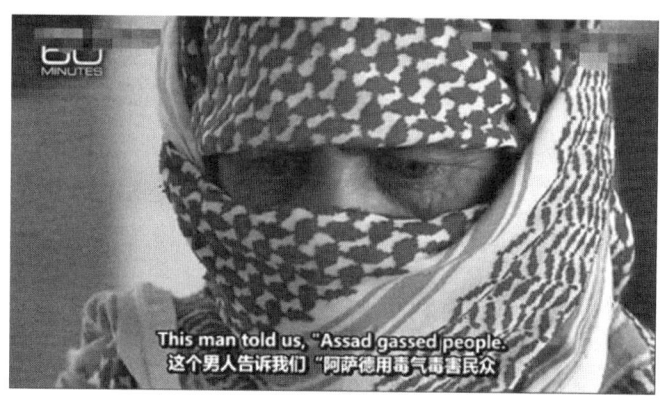

图 4-62 《60 分钟》节目截图 4

4. 出镜记者积极引导公共舆论

在抛出主题及其报道视角,并在多方对话中论证主题之后,佩里并没有到此结束报道,而是继续展示新的内容,进一步彰显报道者的价值取向与立场。

解说词提到,"那些火箭是叙利亚军队使用的类型……但如果是阿萨德发动了这次袭击,时机似乎很奇怪"。他在访问中向监察员凯恩斯(Carins)抛出了这个问题:"怎么会有人在化学武器调查员就在当地的时候发动几十年来最大规模的化学武器袭击呢?"凯恩斯回答:"我们不知道原因,我也不认为最终能得到答案。"由此我们看到了对于这一事件发动者究竟是谁的思辨过程。这一引导性的思考消解了先前对于叙利亚政府的极端看法,给人另一方面思考的可能性。这种理性的思辨和判断是节目制作者所提倡和希望的。佩里强调,"我们也不知道到底有多少人死去……要对于这一暴行进行诉讼,必须等到这片废墟里出现文明,无论哪种。但是死者会等待的"。

在报道的最后部分,佩里以一种人道主义的视角,说明此类反人类罪行终将受到正义的审判,最终给观众一种"道路曲折但前景光明"的印象。这种建设性的说明是出镜记者积极引导社会舆论的努力,而他们通过这种努力,使该调查性报道的态度和立场得到进一步强化。

图 4-63 《60 分钟》节目截图 5

(二) CCTV《新闻调查》出镜记者角色定位与表达特征

与《60 分钟》相比,CCTV《新闻调查》在 45 分钟的调查中一般只安排一个新闻事件,出镜记者于逐步深入中获取真相,这种过程感十足的展现方式,留给观众比较充裕的思考空间,激发出受众收看事件的本能欲望,而这种时间维度上的完整性,亦增加了节目的可信度和观赏性。[①] 本节选取《新闻调查》于 2018 年 9 月 15 日播出的节目——《错案之链》,分析出镜记者孙宝印的角色定位与角色表达特征。本期节目的导语,向观众大体描述了 19 年前一对姐妹被杀案,其凶手在案发 19 年后被判无罪的事件。导语中涉及三方角度:受害者家属、被判定的凶手以及了解这个事件的其他人。不同的人对于此事的不同说辞,建构出多条叙事线索,将事件叙述的路径打开,开启了事件调查过程。

1. 出镜记者是叙事逻辑主线的建构者

一般情况下,《新闻调查》的出镜记者首先会用一分钟的导语,或交待播出由头,或简单勾勒背景,或关注人物命运,或预先提出问题,但不做评论。本期节目出镜记者孙宝印的开场语如下:

> 河北省唐山市迁西县新集村,1999 年 1 月,这里发生了一起凶杀案,年仅 9 岁的陆姓姐妹双双被害。8 天后,案件告破,嫌疑人是本村 17 岁少年廖海军。2003 年,廖海军被判处无期徒刑,他的父母因协助抛尸,以包庇罪被判处 5 年徒刑。19 年后案件反转,唐山市中级人民法院再审判定廖海军和他的父母无罪。那么,当初案件是怎么侦办的、原审是怎么判定的,而在 19 年后的再审当中,又

---

① 周粟. 晚间战场的"深度"战壕如何挖掘——电视新闻类栏目《60 分钟》与《新闻调查》之比较[J]. 青年作家·中外文艺,2010(2):68.

是怎么被改判无罪的呢?

在该开场白中,出镜记者孙宝印以标准的新闻五要素概括出了事件的大致内容。然后通过提出原审和再审过程究竟如何进行的问题,引出了整个叙事的起点:错案是如何酿成的。进而通过无罪判决书,引出接下来的叙事逻辑主线。在这个涉及错判、检察机关、凶杀案等敏感字眼的事件介绍中,孙宝印始终没有对这个事件作出任

图4-64 《错案之链》截图1

何的判断和评价。同时他通过抛出"案件是如何判决和改判的?"这样一系列简单而直接的问题,开启了全片的调查过程。

2. 出镜记者是承载事件悬念的讲述者

《新闻调查》主持人在镜头前的调查行为属于"漂流式调查",即主持人的调查活动是融获取信息和传播信息于一体的过程,主持人在完成整个调查过程之前,也是以一种未知的状态来探寻事实真相的。① 而这种未知的状态,使得出镜记者在讲述事件时承载着事件诸多的悬念。

这个事件本身就存有很多的悬念:这个案件真的是错判的吗?法医是如何认定凶手家中有一个中年妇女和一个青年男子的?警察又是如何在没有证据的前提下找上廖海军一家的?当年负责刑侦的警察为什么劝说被害人家属承认原本不存在的事?一件案子为什么拖了19年? 如果廖海军不是真凶,真正的杀人凶手又是谁?

除了这些事件本身的疑问之外,出镜记者作为一个现场的介入者与事件的讲述者,他自身的行为也增添了叙事的悬念元素:孙宝印是否能够找到案件当事人?他在现场是否有自己的发现?周围的群众是否愿意提供给他相关的线索?检察院和公安局是否能给孙宝印提供合理有用的信息?当出镜记者带着对于事件的疑问,去寻找答案的时候,这种对未知结果的调查过程,也建构出一个个事件的悬念。

3. 出镜记者是社会公共议题的践行者

随着调查的深入,出镜记者开始在事件的现象表层下面,努力挖掘不同的人在该案中的过往遭遇和现今态度。种种证据表明,"错案"确实为"错",为什么会"错"也在抽丝剥茧的线索收集中渐渐浮出水面。所有答案的获得和确定,主要是事件当事人的讲述、出镜记者的引导和观众的思考合力作用的结果。

在节目最后,出镜记者促使19年未曾交往过的受害人家属与错判的凶手展开交流,有这样一段采访:

---

① 张龙.记者型主持人角色论[M].北京:中国广播电视出版社,2009:91.

记者：这个（所谓的）第一现场和你想象的一样吗？

陆母：……我不明白警察怎么办的案，我真的不懂，如果真是第一现场，水泥缝（应该）能渗进去（血迹）。

陆母对廖说：公安局破案说你杀的，当时我们挺恨你。后来公安局把这个案子来回破案，证据菜刀什么都没有就结案了，我们也怀疑过。

整个节目的结尾，采用的是陆母走远的背影，出镜记者孙宝印并没有进行总结性的发言，选择给观众一个开放式的思考空间。由于限制因素的存在，整个节目并未能采访到当时直接经手办案的公安局和司法人员，缺乏第三方的事实性陈述，但促成错案双方当事人形成交流这一举动，在一定程度上也为这起案件提供一种新的结局走向。虽未有总结，但这种叙事方式，也暗含着"错案之责由谁承担"的公共议题。

图 4-65 《错案之链》截图 2

二、中西方电视调查性报道的不同表现与理念差异

通过对比分析 CBS《60 分钟》和 CCTV《新闻调查》的出镜记者角色定位与角色表达特征，我们可以简单总结出中西方电视调查性报道的理念差异，而这些差异背后蕴含着媒体体制与社会环境等深层次原因。

我们看到，西方媒体更加凸显记者的个人评判与价值取向，强调批判性；倾向于靠解说配画面的方式呈现事实，进而以现场采访当事人的方式呈现多方观点，最终得出结论。因此，西方的电视调查性报道更像是"杂文"，述评结合，思辨有力。西方的电视调查性报道更多地关注公共领域的，他们强调对信息的采集，强调好奇心、逻辑和文笔。[1]

相比之下，中国的电视调查性报道更倾向于凸显记者的参与和表现，强调可看性；追求以记者的行动层层剥笋式呈现事实，通过采访与段落化的叙事手段，引导观众自我判断。因而，中国的电视调查性报道更像是"小说"，精雕细琢，内涵深刻。中国的媒体常常处在多重角色之间，很难找到最平衡的角色定位。"在中国新闻改革的现实环境中，党的宣传管理机制、市场经济下的商业利润逻辑和掺杂了中国传统知识分子道义责任又深受来自西方的以服务社会公共利益为本的新闻专业主义影响的职业理念，这三重逻辑的相互作用，是理解中国新闻改革的重要起点"[2]。因而，中国的电视调查性报道更加寻求与生存环境适应的策略，小心处理着自身复杂的角色身份。

---

[1] 黄钦. 比较视野中的中国调查性报道[J]. 新闻爱好者, 2010(12):81.
[2] 陆晔. 社会控制与自主性——新闻从业者工作满意度与角色冲突分析, 新闻学十年——现代传播[C]. 北京: 中国传媒大学出版社.

近年来，我国新闻调查类节目的正面宣传比例有所提升，负面报道能够得到有效回复的比例有所下降，甚至出现某些媒体"失语"现象。为此，如何真正体现媒体社会职责，如何优化媒体发展环境，如何有效构建媒体与公众交流的公共空间，如何始终保持媒体为人民发声的不变初心，是未来需要思考的重要问题。

第五章
出镜记者胜任素质及其培养

第一节 出镜记者的胜任素质

美国著名心理学家麦克利兰认为,"胜任素质是指特质、动机、态度、价值观、知识和技能等能够测量,并可以把高绩效员工与一般绩效员工区分开来的任何个体特征,其特征主要在于:人的综合特质、与绩效高度相关、以行为的方式体现、可持续的、可预测未来的行为表现"。①

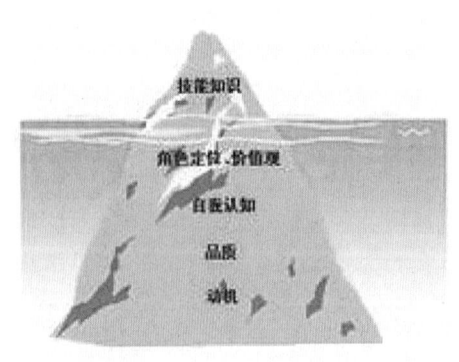

图5-1 麦克利兰素质冰山模型

1973年,麦克利兰提出了著名的素质冰山模型(如图5-1),将个体素质的不同表现划分为表面的"冰山以上部分"和深藏的"冰山以下部分"。其中,显露于水面外的冰山上层,包括与工作所要求资质直接相关的知识与技能,是易了解与测量的部分,也比较容易通过培训来改变和发展。而埋于水中的冰山下层(社会角色、自我形象、特质和动机)相对而言是内在的、难以测量的部分,只有在个体的主观能动性产生强烈变化时,它对工作的影响才会体现出来。

尽管对于胜任素质模型的定义不同,但是被广泛接受的是,胜任素质模型是为了完成某项工作、达成绩效目标所必需的一系列不同素质要素的组合。

作为人力资源管理体系核心工具,胜任素质模型已被广泛用于新闻业之外的其他行

---

① 严正,卜安康.能力素质模型构建与应用[M].北京:机械工业出版社,2011:6.

业,并形成统一的专家访谈法、BEI(行为事件访谈法)[①]、问卷调查、工作分析等多种科学分析方法,及模型建构的详细路径。考虑到记者队伍的日益成熟完善、电视新闻业的蓬勃发展,及目前出镜记者培养与评价方法欠缺的现象,引入系统专业的管理学理论对出镜记者胜任素质进行相应分析,是可行的也是必要的。

因此,我们将致力于从胜任素质模型理论这一独特视角对出镜记者群体的胜任素质进行分析。具体来说,就是运用科学成熟的模型构建方法,探讨出镜记者岗位的胜任素质,并将之运用于出镜记者考核管理的社会实践之中。

一、胜任素质模型构建的步骤及原则

(一)胜任素质模型的构建步骤

为了减少采用单一方法可能导致的结论偏差,我们采用多种素质模型构建方法进行多维度的素质项目遴选、检验、修正,用以得出出镜记者胜任素质的基本要素项目,再依据相关统计分析方法,进行信度与效度的检验,以及项目要素的降维、归类。根据相关素质模型建构理论,结合电视新闻传播学特点及出镜记者岗位特征,本书关于出镜记者胜任素质模型建构的具体步骤如下:

1. 遴选素质项目。根据我们长时间对于出镜记者、电视新闻学、人力资源管理、素质模型等相关文献的整理研究,结合出镜记者的岗位特征,整理、初步归纳出出镜记者所需的基本素质要素。

2. 利用专家访谈进行调整与修正。对4名电视新闻学界专家、7名电视媒体机构的资深编辑、制片等进行不同形式的访谈,根据学界、业界两种维度的视角对上一步形成的胜任素质要素做进一步增删,第二次明确胜任素质要素。

3. 对7位出镜记者进行匿名问卷访谈,选取其中4位的访谈资料,利用主题分析法整理归纳,对胜任素质要素进行第三次修正。

4. 根据所得各胜任素质要素进行问卷设计,调查对象包括学界专家、电视从业人员、电视专业学生、普通观众,问卷内容是要求调查对象根据李克特五分量表对各要素项目进行打分。

5. 生成胜任素质模型。根据问卷调查结果,对胜任素质要素进行降维,进行信度效度检验,得出最终的出镜记者胜任素质模型,并对各要素进行定义,对行为表现进行描述。然后,将胜任素质理论模型应用于BEI访谈资料中进行检验,去评价几个样本,以验证胜任素质模型的可行性。

---

① 麦克利兰首创的行为事件访谈法,是一种揭示胜任素质的开放式的行为回顾式探索工具,是构建岗位胜任素质模型最常用也是最精准的方法。这种方法将目标岗位的任职者作为访谈对象,通过访谈者详尽描述其职业生涯中的一些关键事件,挖掘出影响目标岗位绩效的细节行为及其反映出的素质要素。

(二)胜任素质模型的构建原则

1. 确保搜集资料的真实可信,以及访谈对象所做回答是真实可靠的。
2. 确保素质要素之间的差异性;将具有相同含义、相似行为表现的素质要素进行合并同类项。
3. 确保素质要素的典型性。即要素是多数绩优人员都具备、专家学者都承认的,而不是只有一部分人员具备,或者是具有偶然性的因素。

二、胜任素质模型的具体构建过程

(一)遴选素质项目

正如怀勒·卡赛欧所说:"工作分析对于人力资源专家来说,就如同钳子对于管道维修工。作为人力资源管理的基础地位,工作分析不会动摇!"①如前文所述,出镜报道的范畴不仅限于播报和提问式采访,还包括现场观察发现、背景梳理及相关的分析与评论等所有报道活动。因此,我们在遴选出镜记者胜任素质项目之时,将工作分析法放在第一步的基础工作之中。带着工作分析法的六大问题(工作的职责、工作的目的、工作的时间、工作的地点、工作的流程、完成工作的条件),进行文献梳理及素质项目归纳,并将之应用于随后的专家访谈及BEI访谈中。根据前期的标杆模型分析、工作分析、文献整理与抽取,我们初步整理出如下43项出镜记者的基本胜任素质条目(详见表5-1)。

表5-1 初次整理出的出镜记者胜任素质要素(43项)

1	语言表达能力	11	肢体语言的使用	21	信息综合分析能力
2	信息整理充分全面	12	现场画面呈现	22	职业道德
3	现场适应能力	13	团队意识(与其他工种的配合)	23	观众意识强
4	热情开朗	14	突发情况处理得当	24	吃苦耐劳
5	亲和力	15	创新力	25	身体素质好
6	情绪控制力	16	兴趣爱好广泛	26	积极自信
7	无过度煽情	17	有职业追求	27	风险控制
8	保护采访对象	18	自律	28	出镜意愿
9	慎用形容词、副词	19	高智商	29	丰富的专业知识(记者所负责领域)
10	现场道具使用	20	形象出众	30	基础的电视新闻专业知识

---

① 朱勇国.工作分析与研究[M].北京:中国劳动社会保障出版社,2006:5.

续表

31	记忆力	36	决断能力	41	全局观
32	想象力	37	关注细节	42	感召力
33	学习能力	38	内省	43	把握新闻的核心内容
34	心理承受能力	39	思路清晰		
35	事业心	40	思维活跃		

(二)通过专家访谈法进行修正

在素质模型建构理论中,当模型建构的目标岗位明确单一时,适合采用专家小组的访谈方法,它具有花费少、时间短以及信度高的特点。因此我们从两个方面对专家进行访谈,一是如表5-2的开放式问题访谈,二是让专家对上一步骤形成的43项出镜记者胜任素质按重要性进行李克特量表打分。为排除干扰,保证访谈的科学性,先进行开放式访谈(表5-2),再进行闭合式访谈(附录)。

表5-2 专家访谈问卷中的开放式问题

1.请问您认为出镜报道最重要的工作任务和职责是什么?
2.根据您对电视新闻业的研究或从业经验,请介绍1~2个成功的出镜报道案例,并指出您认为成功的关键是什么?
3.根据您对电视新闻业的研究或从业经验,请介绍1~2个出镜报道不顺利的案例,受挫的原因是什么?
4.请问若要做好出镜报道,您认为记者最需要哪些特质、素质或者技巧?
5.请问,您认为该如何对出镜记者进行培训、选拔?
6.请问,您认为出镜记者的合格标准是什么?工作中,单位该如何对出镜记者进行考核评价?
7.请您列举出您认为的国内出镜报道做得比较好的记者两名,并说明原因。

在对访谈内容进行文本转换后,展开主题分析,一方面基于上步骤遴选的素质项目,提炼访谈中的素质信息,对其进行编码和归类整理;同时,记录各胜任素质要素出现的频次,按大小顺序排列,并对要素项目进行增删。另一方面在遴选的素质项目之外,对访谈过程中新出现的独特素质进行分析、提炼与概念化。根据访谈结果,采用用词、语式、语气等统一的语言进行素质的概念化。

综上所述,根据此次专家访谈,在原有43项胜任素质要素的基础上,提炼归纳出独立思考能力、快速反应能力等21项新的素质要目,并对"形象出众"等要素的名称进行了调整与修正。

考虑到胜任素质要素含义的相互涵盖性,在进行各要素频度统计的基础上(剔除频次小于3的要素,与专家打分后十位的要素),我们又邀请新闻联播编辑部制片人及出镜报道研究学者对上述素质要素进行审核讨论,做一定程度的删减。

专家讨论认为,扎实的电视业务功底包括一定的电视技术知识要项,良好的职业道德包括真实、公正、客观报道要素,吃苦耐劳;现场控制力与突发事件的处理能力具有相互涵盖性;现场观察力可涵盖关注细节;把握新闻的核心内容与迅速抓住事件核心的判断力有重复之处;可将独立思考能力修正为"独立思考分析能力"以涵盖信息综合分析能力;与现场观察能力相比,新闻敏感性更多体现在选题上,因此,建议留下现场观察能力。此外,现场画面呈现所指意义不清,需斟酌修正。

结合上述频度分析结果与专家建议,剔除具有重复意义与指代不明的胜任素质要素,最后整理得出胜任素质要素共28项,如表5-3:

表5-3　二次整理出的28项胜任素质

语言表达能力;获取背景及相关信息能力;独立思考分析能力;
适应能力;现场观察能力;快速反应、到达现场的能力;
情绪控制力;报道目的明确;团队意识(与摄像等其他工种的配合、后期编辑的沟通)

突发情况处理得当;采访能力;镜头表现力;
敬业、有职业追求;形象大方得体;良好的职业道德;
吃苦耐劳;积极自信;丰富的专业知识(记者所负责领域);

扎实的电视新闻基本功底;学习能力;抗压能力;
迅速抓住事件核心的判断能力;内省;思路清晰;
全局观;与现场人物的快速沟通能力;感召力;
有效传达现场气氛。

(三)通过行为事件访谈法(BEI)进行再次修正

对上步筛选出的素质项目进行统计与检验工作。从前期BEI访谈中选取4名出镜记者,运用主题分析方法,将素质要目演绎运用到具体的案例事件中,对素质项目进一步进行概念上的调整完善。

根据实践操作,在将总结出的胜任素质要素应用到实际案例分析之时,语言表达能力等25项胜任素质被很好体现在出镜记者的行为表现上,但"与现场人物的快速沟通能力""感召力与有效传达现场气氛"相对不好辨识,并且分别与"采访能力"与"镜头表现力"在行为表现上具有相似性,因此剔除这3项胜任素质。

根据上述详细的要素筛选过程,我们认为,剩余的25项胜任素质对于记者出镜报道起到重要作用,是构成出镜记者胜任素质模型的基本要项。

(四)问卷调查

经过上述研究得出25项出镜记者胜任素质要素,接下来,采用统计分析学的相关方法,做进一步的论证和筛选,主要用于要素项目的信度、效度检验,以及进行维度归类,即检验25项要素对于出镜记者产生优秀绩效的重要程度,并对各个要素之间的相互关系进行梳理,确定出镜记者胜任素质的要素类型。

(五)模型的生成

1. 基本结果统计

根据对样本的数据统计,共有 23 项出镜记者的胜任素质要项得分在 3.5 分以上,其中语言表达能力与快速反应能力等 18 项高于 4 分。形象大方得体、吃苦耐劳两项素质要项评定的平均值小于 3.5(远小于其他素质要项),在此次模型建构中的重要程度相对较低,将其剔除,留下 23 个素质要项。

根据统计分析结果,以各因子所包含的胜任素质要项意义为基础,对各因子大类进行主成分的命名,具体六个维度如下:

第一维度主成分内容包括丰富的专业知识、扎实的电视功底、适应能力、学习能力、抗压能力、内省共 6 个胜任素质要项,主要涉及个人知识积累及发展潜力,这里将其命名为"个人发展特征"。

第二维度主成分内容包括快速反应能力、现场观察能力、获取背景及相关信息能力、独立思考分析能力共 4 个胜任素质要项,主要涉及快速、全面解决具体问题的潜力,这里将其命名为"执行力特征"。

第三维度主成分内容包括采访能力、镜头表现力、语言表达能力、突发情况处理能力共 4 个胜任素质要项,主要涉及具体的电视业务能力特征,这里将其命名为"职业技能特征"。

第四维度主成分内容包括思路清晰、迅速抓住事件核心的判断力、全局观共 3 个胜任素质要项,主要是指抓大放小的现场控制力,这里将其命名为"控制能力特征"。

第五维度主成分内容包括积极自信、良好的职业道德、敬业有职业追求、团队意识共 4 个胜任素质要项,主要涉及个人品格,这里将其命名为"个体人格特征"。

第六维度主成分内容包括报道目的明确、情绪控制力共 2 个胜任素质要项,是关于出镜报道进程的掌控,因此命名为"目的导向特征"。

2. 模型权重的确定及要素分析

根据上述因子分析的结果,六类因子均是具有较高载荷的因子,因此,这里在尝试确定各个素质项的权重时,将 23 项素质以相同权重计算,那么各因子包含的要素数量便决定了它的权重,具体如下(表 5-4):

表 5-4 胜任素质因子权重

序号	能力素质	权重(%)
1	个人发展特征	26.1
2	执行力特征	17.4
3	职业技能特征	17.4

续表

序号	能力素质	权重(%)
4	控制能力特征	13.0
5	人格定位特征	17.4
6	目的导向特征	8.7

至此,出镜记者岗位的素质模型框架基本形成,共6个维度,包括23项素质,其中素质定义、级别划分,以及相应行为表现的描述如表5-5。

表5-5 出镜记者胜任素质模型

素质类别		要项	行为表现
个人发展特征	1	丰富的专业知识	熟悉所报道领域的专业知识
	2	扎实的电视功底	具备扎实的电视新闻业务基础,并对电视相关技术有基本了解
	3	适应能力	能够快速适应不同报道环境,进行角色调整
	4	抗压能力	在高度紧张、形势危急之类的报道条件下,具有强大的心理承受能力,仍然能进行正常出镜报道
	5	学习能力	具备学习新知识、新技能及其他优秀出镜报道的动力与能力
	6	内省	总结自己采访报道的经验与不足
执行力特征	7	快速反应能力	(1)能够快速反应、到达新闻现场;(2)在出镜报道中的随机应变能力
	8	现场观察能力	能够察觉出镜报道现场的新鲜、独特之处,善于发现细节与亮点
	9	获取背景及相关信息能力	在出镜报道之前,短时间内获取新闻事件的背景及相关信息的能力
	10	独立思考分析能力	快速有效地分析梳理所获信息,提出独特的出镜报道视角
职业技能特征	11	采访能力	(1)出镜前,快速与新闻现场人物进行沟通;(2)出镜时,掌握采访节奏与方向
	12	镜头表现力	通过非语言符号传播与现场画面呈现,能够准确传达出镜现场的气氛,感染观众
	13	语言表达能力	(1)语言流畅清晰;(2)快速组织语言的能力;(3)细节描述能力和提炼概括能力
	14	突发情况处理能力	在发生突发情况时,能够快速判断其新闻价值,采取适宜的出镜报道方案
控制能力特征	15	思路清晰	在出镜报道的过程中,能够清晰地掌控报道过程,把握报道节奏
	16	迅速抓住事件核心的判断力	能够迅速判断新闻事件的核心所在,从而选择最具代表性的出镜地点、采访对象与报道内容等
	17	全局观	了解整体新闻报道的计划、进展与后续报道的需求

续表

素质类别		要项	行为表现
个体人格特征	18	积极自信	在报道中积极主动寻找问题、解决问题,保持自信的精神风貌
	19	良好的职业道德	真实、客观、公正地进行出镜报道,慎用形容词、副词,在画面呈现时,保护未成年人等弱势采访群体
	20	敬业、有职业追求	认真对待出镜报道工作的每一个问题,主动通过学习、交流等方法追求出镜报道能力的提升
	21	团队意识	与摄像等工种进行积极配合,与编辑等后期人员沟通交流,选取最佳的出镜地点与画面呈现,及可行的出镜方案
目的导向特征	22	报道目的明确	知道出镜的意义,并懂得用目的引领出镜报道的方向
	23	情绪控制力	理性进行出镜报道,情绪不可大喜大悲或波动太大

如果用冰山模型图来表现,这六个维度的胜任素质同样可以分为冰山上面显露的、易被观察测量改变的部分,以及冰山下面隐藏的不易被观察测量改变的部分。就出镜记者胜任素质模型而言,如镜头表现力、采访能力这些职业技能特征位于冰山的上方,是浮在水面之上的,这些素质在行为上的表现更容易被观察,也方便被测量;较之而言,执行力特征、控制能力特征与目的导向特征的行为表现并没有这么直观,而个体人格特征,如敬业、团队意识、良好的职业道德等素质要

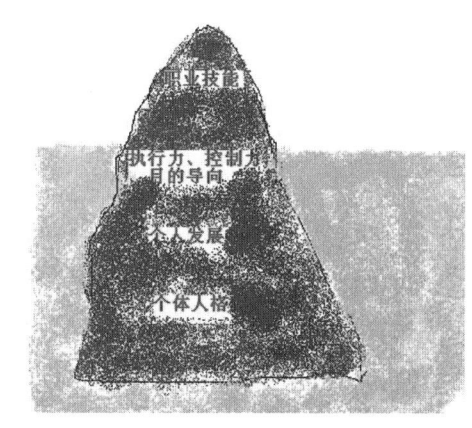

图5-2 出镜记者胜任素质模型的冰山图

素,则是人内在的、相对难以测量的部分,但同时它们又对出镜记者的行为与表现起着至关重要的作用。

5. 应用BEI法取得的出镜记者案例,分析检验胜任素质模型

接下来,我们又选取剩余的三名出镜记者的BEI访谈记录,根据上一步筛选出的素质项目去评价分析三名出镜记者的胜任素质特征,以检验所提炼的胜任素质模型可信度的高低。

由于出镜记者岗位不像销售等岗位那样有直接对应的绩效表现,因此,我们主要采用该职位的上级、同级的评价,以及个人的成功出镜报道数量来评定。

根据三名出镜记者所提供的访谈资料,我们按照胜任素质模型对其在出镜报道方面的胜任素质做出如下分析(表5-6):

表 5-6　BEI 检验的分析汇总

序号	胜任素质特质
出镜记者 A	控制力特征、职业技能特征、执行力特征与目的导向特征明显;个人发展特征与人格定位特征有一定表现;无任何特征的负面行为表现。
出镜记者 B	职业技能特征、人格定位特征、个人发展特征明显,个人发展特征表现尤其明显;执行能力特征、目的导向特征有一定表现;控制力特征表现不明显。
出镜记者 C	职业技能特征、人格定位特征有一定表现;个人发展特征、执行力特征表现不明显;控制力特征与目的导向特征有负面行为表现(体现在思路混乱、无法抓住事件核心、报道目的不明确等)。

根据上述分析,三位记者的表现水平依次为出镜记者 A 表现优于出镜记者 B,出镜记者 B 表现优于出镜记者 C。其中出镜记者 B 的人格定位特征与个人发展特征明显,体现在有职业追求、乐于团队合作,有着较强的抗压能力、学习能力与内省习惯等,因此具有优异出镜报道的潜在特质。相对而言,出镜记者 C 在各个方面的表现弱一些,比如在执行力特征维度上,没有观察的意识与敏锐度;在具体出镜报道中,目的导向不明确,容易走偏。

在对三位检验者进行梳理分析之后,我们找出三位的真实记者身份分别为:A,朱虹(中央电视台新闻中心首席出镜记者、8 年出镜报道经验、做过上海世博会等优秀出镜报道)、B,冯芳(江苏电视台城市频道记者、4 年出镜报道年限、做过"梅花"来袭等优秀的突发事件出镜报道);C,陶某(安徽电视台新闻中心记者、1 年出镜报道经验)。仔细比对分析之后,发现基于胜任素质模型对于三位出镜记者的分析判断基本准确,尤其是江苏电视台城市频道的记者冯芳的突发事件处理能力方面的优异素质,更证明我们所列出的出镜记者的胜任素质的可靠性。

第二节　出镜记者胜任素质培养

从出镜记者队伍管理和素质培养的角度来说,胜任素质模型的应用非常广泛,几乎涉及人力资源管理的各个方面,科学可靠的素质模型不仅能为出镜记者的选拔调配提供参考依据,在绩效管理与薪酬管理时,明确绩效标准,并界定支付薪酬的标准,还可以根据成熟的胜任素质模型,为出镜记者群体提供专业的培训内容与规划。而实际上,要想成为一名优秀的出镜记者,具备我们所列出的这些胜任素质,也必须从出镜记者的选聘、培养和绩效考评等各个环节入手。

一、出镜记者的选聘任用

(一)出镜记者目前选聘任用情况

就目前国内的出镜记者队伍而言,并没有专门针对出镜记者的招聘,传统出镜记者招聘选拔基本是在现有记者队伍中进行挑选,但如何选拔却没有明确的规定。比如中央电视台的新闻记者若要获得出镜报道的资格,需要事先刻录个人拟出镜报道的光盘,交给部门领导审核,而各部门没有统一的选人标准,基本是依靠经验来检验记者的知识与技能。地方台的情况就更是简之又简。各地方电视台由于出镜记者人数本身就少,所以对于出镜报道的记者基本不设门槛,只要愿意出镜报道,都有出镜报道的资格,即使是还未离开学校的实习生,都有机会面向镜头做出镜报道。

近年来,就电视媒体机构的发展情况而言,电视媒体已越来越重视人力资源管理系统的引进和应用,它的科学化、便捷化的优势和意义是显而易见的。但是,在出镜记者报道的影响力与日俱增之时,出镜记者的选拔任用显然仍停留在较浅的层次上,尚缺少科学、系统、有效的本土化技术工具。在这种形势下,出镜记者的个人职业发展与电视机构的整体发展都无法达到最优化的水平。

从一定程度上来说,出镜记者的选拔任用过程就是全面收集与评估记者个人信息的过程,它通过对动机、个性、能力等深层素质的测量去选择最适合出镜岗位的人才。通过这种系统化、科学化的管理选聘,可以最大限度地发展电视媒体机构的核心竞争力。

(二)基于胜任素质模型招聘任用出镜记者

在电视新闻出镜记者的任用上,仅仅考察电视新闻记者胜任特征的共性是不够的,还需要考虑出镜记者这一职业的工作胜任特征,才能达到人、岗位与单位之间的最大匹配度。通过明确出镜记者岗位能力胜任素质要求,做出详细的岗位工作说明及评估标准,可以实现人员选拔选聘的客观性和公平性。基于胜任素质模型的招聘所强调的便是据此建立一套科学、系统、高效的评价方法,全面、科学地将候选人具备的素质与岗位所需、单位发展挂钩。

与传统的出镜记者任用过程相比,将胜任素质模型理论应用于招聘中,就是指在整个招聘流程上不仅考察记者的知识、技能等外显特征,而且更要关注对记者的出镜胜任素质进行评价,使最终确定的出镜记者人员是最具有出镜报道潜质与能力的人选。出镜记者的选拔任用可以沿着下图(图5-3)所示的流程来进行。

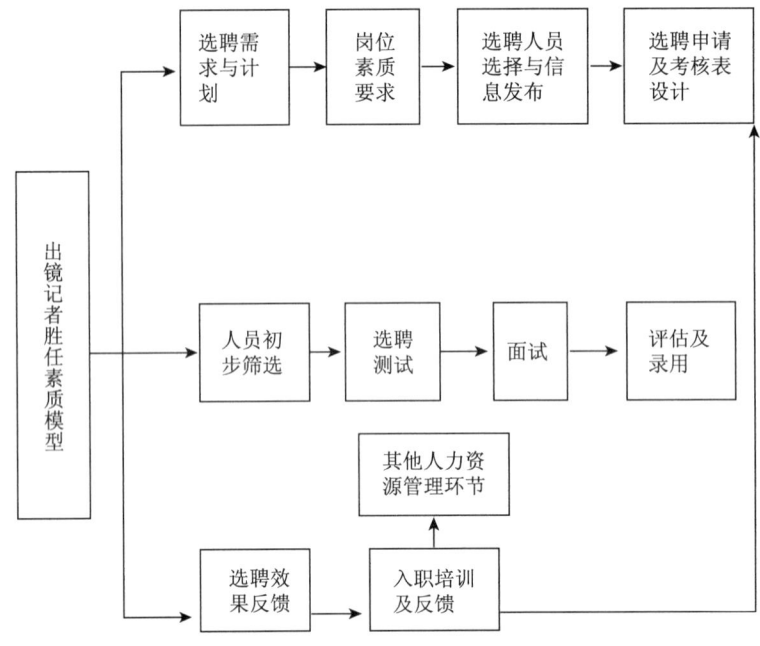

图 5-3　基于胜任素质模型的出镜记者选聘任用流程图

1. 准备阶段

电视媒体机构需要从思想上认识出镜记者选拔任用的科学性与专业性,包括人力资源部门以及各用人部门,双方在相互配合下进行充分的准备工作:一是根据各部门发展规划确定出镜记者的需要与计划;二是根据胜任素质模型结构编制所需岗位的任职说明书、评价标准及模型;三是基于胜任素质模型理论,明确实施的具体步骤(包括时间地点、经费预算)、招聘团队与选拔申请表。

伴随着社会的发展,人员流动速度逐步加大。出镜记者的选拔任用也是如此,不仅面向电视机构的内部记者,外部招聘也是适宜的选择。特别要强调的是在招聘信息发布之时,除去强调传统的学历、专业等要求外,还需要强调对人员胜任素质能力的要求。

此外,为了保证出镜记者选拔任用等人力资源管理环节的系统性与科学性,在选拔任用出镜记者时,应要求应聘人员填写申请表以备考核。申请表的内容除了传统的个人信息、工作经历、教育背景等内容外,可加入如下表(表5-7)中的胜任素质描述,为后期招聘做充分准备。这种行为事件的开放性描述问题目前已广泛应用在外企的招聘过程中。

2. 实施阶段

通过申请表筛选得出进入下轮的人员名单,本阶段的选拔任务是通过心理测验、能力测验、人格测验等考察应聘者的知识水平、心理素质和性格特点。因此,在这个阶段,如何根据确立的出镜记者胜任素质模型编制一套具有高区分度、能真实全面反映答题者水平的试卷是至关重要的。在考虑到成本的基础上,正式测试之前可以对试卷的信度与效度进行小范围的样本检验。

表 5-7　基于胜任素质模型的出镜记者选聘申请表（开放式回答部分）

请根据您的认识如实回答以下问题：
1. 您认为出镜报道最重要的工作任务和职责是什么？
2. 您是否有过出镜报道经验，请列举一个您亲历的事例，详细描述事件发生的过程，包括当时的起因、自己的行动与感受、出镜报道的效果，等等。
3. 若要做好出镜报道，您认为记者最需要哪些特质、素质或者技巧？
4. 您认为出镜报道前需要做哪些特别的准备吗？
5. 您认为影响出镜报道水平最关键的因素是什么？
6. 请列举出您认为的国内出镜报道做得比较好的记者两名，并说明原因。

作为信息的传播者，出镜记者的人际交流能力非常重要，因此直接接触的面试环节就非常重要。通过结构化、标准化的面试程序，可以对应聘人员的能力、性格等胜任素质进行全面的了解与评价。在人力资源管理招聘中，面试主要分为结构化面试、非结构化面试与混合式面试三种。因此，不同电视机构单位应结合各自发展情况、出镜记者队伍现状，对胜任素质模型中六大类因子进行区别化的权重设定，并在此基础上确定相应的面试方法，分析求职者是否具备出镜报道所需要的胜任素质能力。在情景设定、无领导小组讨论等不同环节中，则需要依据胜任素质模型理论做出定量的分数评价以及描述性的文字评价，作为人员录用参考。

3. 效果反馈

在胜任素质模型的初试阶段，效果反馈对于整个人力资源系统的可持续发展非常重要。在招聘工作完成以后，根据对招聘环节、招聘人员的评估，对招聘工作进行调整。

常用的方法是对入职的出镜记者进行跟踪调查，在一段时间后，对出镜记者的业务表现进行多方面评估。通过这种反馈与调整，让胜任素质模型更贴近电视媒体机构的实际情况，具有更大的科学性与操作性。

二、出镜记者的培养

（一）出镜记者培养现状

出镜记者胜任素质的培养是个大范围的工程，涉及校园培养、单位培训、个人发展三个维度，只有三方朝着清晰的方向共同努力，才能形成效果。

就目前国内的出镜记者培养发展情况来看，高校并没有专门的出镜记者专业，相关方向的课程设置也还在几所高校处于摸索阶段，且这些课程多以理论或基础性技巧为主，很难提升未来出镜记者人员的素质。真正进入电视媒体机构之后，相关培训也很少，在这方面，中央电视台和江苏电视台做得稍微好些，比如江苏电视台不定期组织学习，邀请国外一些专家和国内知名主持人、出镜记者来讲课、交流。但是这些交流与培训都是零散的，没有明确的目的和规划，在效果上是很难保证的。在个人发展方面，可能因为电视新闻记者工作繁忙的原因,许多记者坦承只是偶尔会进行经验总结与回顾,但是那些具有出色表现的出镜记者都表示会进行知识积累的学习。

个人发展方面,一些工作表现出色的记者会认真总结经验得失,找出自我能力与胜任能力之间的差距,及时弥补,有效纠偏。而多数记者只是偶尔总结工作心得,并未形成全面、系统的工作能力自我养成模式。因此,为了能更系统有效地培养出镜记者的出镜报道能力,基于胜任素质模型,高校与电视媒体机构都应不断调整培养,构建科学有效的人才培养路径。

(二)基于胜任素质模型的出镜记者培养

1. 高校中定向培养

目前,工作在一线的主持人很多是播音专业毕业的,记者则多毕业于新闻传播学专业。对于出镜记者而言,至今未有相关学科做支撑。

从岗位分析来看,主持人与出镜记者,作为电视新闻传播中最重要的两个"人"的因素,在信息传播中都扮演着关键角色。然而,出镜记者却没有像主持行业这样有着系统的高校培养体系,更没有像播音与主持艺术这样的专业。从国外的电视新闻业发展中不难窥见,优秀的主持人其实多是记者出身,尤其多是出镜记者出身。因此,出镜记者的高校培养问题具有一定的现实意义。

我们可以在胜任素质模型理论的基础上,借鉴现阶段比较成熟的双轨制主持人培养路径,也就是从理论培养与实践培养两个方面共同着手。

具体来说,理论培养可以借鉴目前高校新闻学院的经验,采取必修与选修相结合的方式,开设《电视新闻业务基础》《出镜记者报道》《电视新闻采访与写作》,以及经济、法律相关专业基础课程(根据兴趣选修一门专业课程),对出镜记者胜任素质中显性的职业技能等因子进行针对性培养。

而对于执行力特征因子等隐性胜任素质,则宜多采用实践课程,让学生们亲身体验与应用,在模拟性的出镜报道中提升学生的出镜报道能力。[1]

如表5-8所列出镜记者培养课程,在一定程度上使胜任素质模型的意义不仅仅体现在它是课程设置的参考依据,更体现在它对出镜记者专业的学生的评价考察,不仅要进行书面考试,而且要将他们放到实战训练中考察,考察他们是否具备一名合格的出镜记者应有的出镜报道胜任素质。

---

[1] 隆麒.基于素质模型的大学生创业能力培养分析[D].电子科技大学,2010.

表 5-8　基于胜任素质模型的出镜记者高校培养的课程设置

素质类别	要项	对应课程形式
个人发展特征	丰富的专业知识	经济、法律等专业基础知识（根据感兴趣领域选修一门）
	扎实的电视功底	《电视新闻业务基础》
	适应能力	《心理学》等基础学科
	抗压能力	
	学习能力	
	内省	
执行力特征	快速反应能力	实践课程（设置不同情境的出镜报道训练；优秀出镜报道案例学习）
	现场观察能力	
	获取背景及相关信息能力	
	独立思考分析能力	
职业技能特征	采访能力	《新闻采访》，实践课程
	镜头表现力	《出镜报道》，实践课程
	语言表达能力	
	突发情况处理能力	实践课程（设置不同情境的出镜报道训练；优秀出镜报道案例学习）
控制能力特征	思路清晰	实践课程（出镜报道训练、优秀出镜记者实践经验讲座）
	迅速抓住事件核心的判断力	
	全局观	
人格定位特征	积极自信	
	良好的职业道德	《电视新闻职业道德》
	敬业有职业追求	《出镜记者职业生涯规划》
	团队意识	实践课程（设置不同情境的出镜报道训练；优秀出镜报道案例学习）
目的导向特征	报道目的明确	
	情绪控制力	《情绪管理》、实践课程（出镜报道训练、优秀出镜记者实践经验讲座）

2.媒体机构中的针对性培养

在合理科学的素质项目基础上，制定岗位完善的发展培训体系，让电视媒体机构内的出镜记者增强适应未来环境的胜任素质能力，能够可持续性地又快又好发展，与媒体的整体发展目标及核心竞争力保持一致。

具体而言，培训若要达到好的效果，首先就要认真分析出镜记者队伍培养的需求与目的。在电视媒体机构内部，根据定期考核，对出镜记者人员的知识、技能等胜任素质水平进行鉴别、分析与记录，了解出镜记者队伍整体胜任素质的现状。

其次根据当前电视新闻业务的发展现状，确定急需提升的胜任素质顺序，确定培训内容与优先次序。培养的内容主要包括两个方面：一方面是课程开发，针对性提升出镜记者的业务素质；另一方面可通过户外活动等模拟情景，提升出镜记者的团队意识、突发情况处理等隐性且不易在课堂中培养的胜任素质能力。

同时需要注意的是,培训计划应该根据电视媒体机构及各部门的发展战略,设立远、中、近不同的出镜记者培训方案,而不是应急应景似的培训,只有这样才能充分利用培训时间,提高培训效率。当然,效果的评估与反馈同样必不可少,任何一个培训方案的实施都需要通过实践的结果进行反馈,并据此进行后续培养计划的调整与改进。

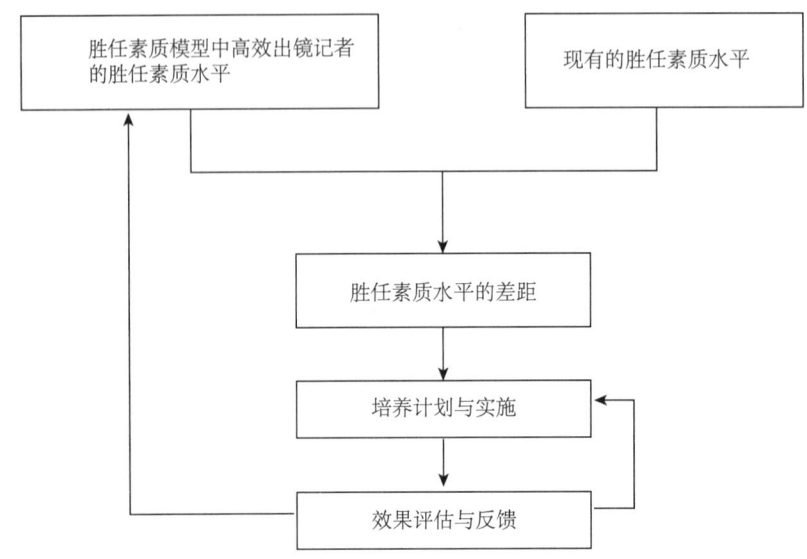

图5-4 基于胜任素质模型的媒体机构内出镜记者培养的流程图

三、出镜记者的考核评价

(一)出镜记者考核评价现状

目前出镜记者人员的考核与评价主要分为两个部分:一是定期的绩效考核,与其他记者岗位没有区别,通过对新闻条数进行统计与打分,主要依据工作经验进行打分。二是一些周期的评选评奖活动,由专家领导小组进行节目观看评选,没有统一的打分依据。在地方电视台,人力资源部门将出镜记者视作普通工种,没有特别的考核办法。

为了让出镜记者的考核与评价趋于规范化、制度化、科学化,可以根据出镜记者胜任素质模型,指导出镜记者的业务考核,实现量化考评的公正与公平。

(二)基于胜任素质模型的出镜记者考核评价建议

具体而言,可将六维的胜任素质模型应用到具体的报道打分之中,其中评价的要素便是23项胜任素质模型及其行为表现,评价的标尺则是不同行为等级表现所对应的分数,最后再根据前期所设定的权重进行分值累计,实现对出镜记者的进一步量化考评。①

根据具体的指标体系进行考核,既能全方位区分出镜记者表现的水平,又能帮助电视媒体机构科学制定培训计划、职业生涯发展计划及薪酬工资等。从某种程度上而言,这也是对出镜记者胜任素质模型的再次检验。

当然,如同胜任素质模型在其他人力资源管理环节的应用,当利用模型进行出镜记者考核之后,评价信息的反馈一样很重要。主要通过面谈形式,告知被评价者他的绩效评估结果及日常工作表现的记录,帮助被测评人员找到优势与不足,并通过双方交流在评价结果上达成共识。

根据测评结果,推动被测评的出镜记者挖掘潜在的胜任素质,快速发展。另外,通过双方的有效沟通,管理者能够明确下一步培训计划的内容所需,完善激励与晋升制度等。

---

① 殷翔云.基于素质模型的饭店人才测评研究[D].中国海洋大学,2010.

第六章
新媒体时代出镜报道与新闻主持发展趋势

第一节 新媒体时代出镜报道与新闻主持的机遇与挑战

从媒介发展的历史来看,人类的信息传播经历了三次大的变革,电子媒介通过编码与解码对信息和存储媒介进行分离,大大提高了传播速度和传播范围,同时大大提高了可传输的信息量,从单向传播向自然状态的双向和多向传播回归,各种屏幕摆脱了时间空间的掣肘。从非语言媒介到语言媒介,从纸质媒介到电子媒介,人的需求从根本上推动了媒介形态的变迁。同时,随着科学技术发展而不断演化的媒介形态,也对传播以及人类社会产生着深刻的影响。

随着视频媒介的迅猛发展,人类的需求推动媒介最终回归到超越生物学限制而又符合自然世界的形态,而对于大多数人来说,视觉和听觉是获取和记忆信息的最主要通道。视频媒介的终端不断发展,出现了智能手机、平板电脑,在电视上看视频已经不再是受众获取信息的最主要方式。当前,如何发挥电视新闻的时效性和电视新闻记者的人际交往特性,是电视新闻记者和电视新闻节目主持人面临的重要课题。

出镜报道和新闻主持已是当今电视新闻报道的常见形式,作为大众传播与人际传播的结合,恰到好处的出镜报道,可以把观众带到新闻事件的现场,使整个报道更逼真、更鲜活。而对传播者来讲,出镜记者是绝佳的新闻"眼",是新闻现场直接的观察者、记录者和叙述者,甚至是直播的调度者,是现场直播的灵魂人物。现在的新闻,尤其是重大新闻事件的发生,其传播方式对于时效性的要求,已不仅仅是对"新近发生的事实的报道",而是对"正在发生"的事实的报道,现场新闻信息量的多少,直接关系到电视新闻节目的成败。对受众来讲,出镜记者是"我在现场"的一只眼,它大大提高了新闻的真实性和时效性。

媒介形态更迭与出镜报道发展之间的关系是相辅相成、相互影响、相互作用的。媒介的发展和受众的需求决定了出镜记者和主持人需要具备相应的专业素质,出镜记者和主持人自身的素质和形象直接影响着节目内容的品质和媒介影响力。在新媒体发展的背景下,出镜不再是简单地出现在镜头之前,主持也不再仅是在演播室中正襟而立,视频互动下的出镜报道记者和新闻主持人出现了哪些新的特点,同时又存在哪些问题,在新媒介环境下,电视出镜报道记者和新闻主持人面临怎样的机遇和挑战,又应该具备哪些综合素质和专业素质?本书针对目前我国出镜报道记者和新闻主持人的现状,结合国外媒介发展状况,对其进行个案式的对比分析,以期总结归纳新时期出镜报道和新闻主持特点,同时对我国出镜报道和新闻主持发展与人才培养等提出建议。

一、新媒体时代媒介和受众特点与电视出镜报道和新闻主持

罗杰·菲德勒(Roger Fidler,2000)在研究新媒介的发展中提出,"传播的历史是越来越多的历史",这里的越来越多,指的就是媒介形态积累得越来越多,从简单的生活用品到复杂多变的电子媒介,从最初的依靠视觉、听觉进行传播,到依赖抽象的文字和符号,再到以科技还原视觉、听觉,人类的需求推动媒介最终回归到超越生物学限制而又符合自然世界的形态中(保罗·莱文森,2004)。对于大多数人而言,视觉和听觉是获取和记忆信息的最主要通道,人类获取信息83%来自视觉,11%来自听觉,人类最自然的信息交流方式就是视听结合且没有阻碍地交流,媒介技术的介入使我们可以跨越空间和时间。

电视出镜报道的发展与媒介形态的发展息息相关,相辅相成,要探讨新媒体时代的出镜报道与主持传播,首先要明晰何谓新媒体,何谓视频互动媒介,新媒体的媒介特点与受众特点又是怎样的。

(一)新媒体的含义与特点

随着科技的飞速发展,新媒体越来越受到人们的关注,成为人们讨论的热门话题。新媒体在业界的繁荣也使得学界加强了对它的研究,然而国内外对于新媒体的定义并没有统一的认识。有人将新媒体定义为在计算机信息处理技术基础之上出现和影响的媒体形态。也有学者认为:"只有媒体构成的基本要素有别于传统媒体,才能称得上是新媒体。否则,最多也就是在原来的基础上的变形或改进提高。"[①]

实际上,无论从什么角度去定义和解析,都可以发现,"新媒体"是一个不断变化的概念,随着媒介形态的发展它还在不断拓展延伸,新媒体就是能为不同受众群体同时提供个性化内容的媒体,它使传播者和接受者形成融会贯通、平等对话的交流模式,而无数的交流者相互间可以同时进行个性化交流。新媒体是新的技术支撑体系下出现的媒体形态,如数字杂志、数字报纸、数字广播、手机短信、移动电视、桌面视窗、数字电视、数字电影、触摸媒体等。新媒体因此被称为除报刊、广播、电视、户外传媒之外的"第五媒体"。

---

① 蔡哲.新媒体环境下的广告专题片文案写作艺术研究[J].媒体时代,2011(5).

(二)媒介信息传播模式的发展——视频互动媒介

对于出镜报道或主持传播而言,视频是其传播信息的主要形式,而对媒介而言,新媒体在本质上即是互动媒介。学者雷建军从数字化对媒介形态、媒介内容和媒介效果的影响角度,归纳了以视频互动为主要特点的视频互动媒介的形态、信息呈现方式等。他把视频互动媒介定义为一类传播方式,这种传播方式可以实现音频信号和视频信号同时双向甚至多项互动,使得人们的信息交流可以跨越时空,又可以回归自然。互动电视、网络视频、视频邮件、视频电话和带有视频聊天功能的即时通信软件、播客等都属于视频互动媒介。

对于视频互动媒介的分类有各种不同方式,有学者以互动界面的物理形态为标准,将其分为手机、电脑、电视等,它们都属于有"屏"媒介,这属于视频互动媒介的物理形态,这种分类标准忽视了物理形态内部的关系。雷建军则以界面两端参与互动的角色身份作为抽象分类的标准,抽象出视频互动媒介的传播过程,把视频互动媒介分为人机互动式和人际互动式。

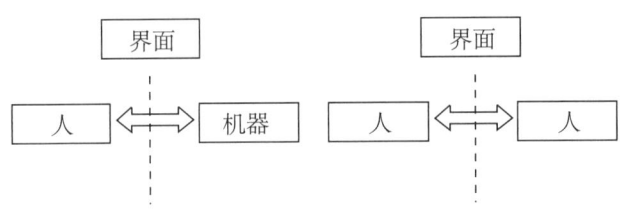

图 6-1 人机互动与人际互动媒介模式

人机互动指的是在以媒介为中介进行传播的过程中,界面两端的人与机器所发生的相互依存的行为。机器一般是电子设备、网站、软件或者数据库,而传播所使用的语言主要是视听语言。具体形态包括 IPTV、数字电视、网络视频、手机电视等。而人际互动视频媒介在大众传播领域尚无应用实例,不在本研究范围内。

电视新闻的发展一直和技术的进步密不可分,由最初的电影胶片拍摄到后来的 ENG(电子新闻采集),再到如今广泛采用 SNG(卫星新闻采集),电视新闻的报道手段不断地更新和完善,使电视新闻的报道从过去的 TNT(今天的新闻今天报道)发展到了如今的 NNN(现在的新闻现在报道),电视传播的现场优势得到了极大的发挥,而出镜记者作为新闻现场的观察者、参与者和感受者,用有声语言、肢体语言等多种符号进行信息传递的报道方式,则让整个现场更加鲜活地展现在观众面前。

(三)受众信息接收方式的发展——无处不在的屏幕

随着科技的发展和各种电子产品的普及,视频类媒体已延伸出数字电视、网络电视、户外视频电视、楼宇电视、车载电视、地铁视频、公交视频、手机电视等多种类型。数字电视收视效果好,可选择频道多;网络电视以其自主性和互动性受到网民的热捧;户外视频电视也见缝插针地占领用户的闲暇时间。

越来越多的人开始选择用最为适合的移动终端设备消费视频文本。多样的收视终端,使得原始的电视受众早已不满足于定时坐在电视机前收看电视节目了。新型多样的信息接收方式,给电视新闻记者和主持人带来新的挑战。

二、新媒体媒介受众需求为电视出镜报道和新闻主持带来的机遇与挑战

如上文所述,在新媒体大爆发的背景之下,多样化的媒介形态、高度即时反馈的互动模式和无处不在的全新接收终端,使媒介的受众早已不满足于坐在电视机前看新闻的信息接收方式,它给电视新闻出镜报道记者和新闻主持带来的,既有发展创新的新机遇,也有空前的生死攸关的媒介生存竞争。

(一)视频媒介的高度发展和激烈竞争下的传统优势媒体

虽然新媒介不断出现,但是传统媒介仍然以其独特的优势而拥有自己的存在空间。从信息传播的媒介发展历史来看,从来没有任何一种媒介像电视这样,其力量已经达到了诱引和支配人的地步,电视已经让人们对它产生了依赖性。而相对于旧媒体,新媒体的第一个特点是它的消解力量——消解传统媒体电视、广播、报纸、通信之间的边界,消解地域之间、社群之间、产业之间的边界,消解信息发送者与接收者之间的边界,等等。但在这样一种媒介融合的背景中,依托既有优势最强大的电视媒体,电视新闻记者和主持人,有机会利用新媒介形态的特点,深入渗透到其他各种新媒介形态中去,把"无处不在"的新媒体,变成"无处不在"的"电视新闻"。

尼葛洛庞帝在《数字化生存》中说:"比特就是比特。"在数字语言里,所有的文本、声音和影像都只是0和1的组合。传播的信息从传播的意义中抽象出来,使"把关人"的能力被大大削弱。在新媒介的这一特点之下,电视出镜报道与新闻主持需要改变自身的定位。每个人都可以拿起手机成为新闻的制造者,成为事件的报道者和主持人,而这正是体现专业电视新闻出镜记者和主持人的优势的机会。例如在2008年四川汶川大地震中,有一段广为流传的网络视频,是地震发生时成都大学生在宿舍楼内拍摄的,这段视频不仅在作为视频互动媒介受众人数最为广泛的网络视频上流传,同时也被各大主流电视媒体播出。在这段视频中,学生以第一人称介绍地震现场的情况,俨然成了新闻事件的报道者,而这类新型的报道在突发事件中出现较多。这种报道虽然及时,却往往画面不清晰,表达不具体,同时由于是受众自发上传,可信度等级也非常低。如果电视新闻记者和主持人能够吸收这种优势,则完全可以做到让出镜报道和新闻主持"无处不在,无时不在"。

(二) 被超越的时间与空间

从非语言媒介到语言媒介,从纸质媒介到电子媒介,人的需求从根本上推动了媒介形态的变迁。同时,随着科学技术发展而不断演化的媒介形态,也对人类社会产生着深刻的影响。媒体形态的不断变化,媒体内容、渠道、功能层面的融合,使得人们在使用媒体的概念时需要意义涵盖更广阔的词语,新媒体时代就是"全媒体"时代。

在这种特性的影响下,出镜报道与新闻主持也相应地产生了一些新的变化。无处不在的屏幕,让人们在不同空间、时间下需要不同的报道方式。例如移动新媒体相适应,在报道方式上要信息集中,而同时在娱乐化和个性化上要表现突出才能赢得受众。节目对于记者的要求也相应地适应"全媒体"而要求"全能记者",一个人要能够完成从拍摄到报道的整个过程,不仅用视频,还可用同期声和图片等多种互动媒介形式进行。

(三) 传媒角色定位的转换

喻国明教授提出,我们今天所面对的一个最为重要的事实是,传统社会建立在信息资源垄断基础上的社会治理模式发生了从"全景监狱"到"共景监狱"的根本性转换。今天我们所面对的真正变化是,传播的技术革命正在促成一种新的社会结构——"共景监狱"。与"全景监狱"相对,"共景监狱"是一种围观结构,是众人对个体展开的凝视和控制。他们之间信息的分配已经比较对称了,管理者在信息资源把控方面的优势已经不复存在,试图通过信息的不对称所实现的社会管理遭遇到前所未有的危机。人们不再一如既往地凝神聆听管理者和传媒的声音,人们在"交头接耳"中沟通着彼此的信息,设置着社会的公共议程,质询甚至嘲笑着处于公共视野之中的领导者或者媒体[①]。

在这样一个众声喧哗的新媒体时代,电视新闻记者出镜报道和主持虽然在一定程度上具有了人际传播的部分特点,但现状是大多数节目目前还达不到真正的人际传播要求,有时候也存在传播者所传递的信息不满足受众需求的情况,而在这种人人皆可发声的"共景监狱"模式下,媒体如何掌握主动权,如何利用出镜报道和新闻主持缩短传播者与受众之间的距离,加大反馈和交互力度,比如在持续事件报道中,以网络为平台,以演播室为中转,将受众意见反馈给前方记者,从而传递受众真正想知道的信息,使记者出镜报道能够更加高效,目前仍是值得思考的问题。

三、新媒体环境下出镜报道与新闻主持的新气象与新特点

在竞争激烈的新媒体时代,新闻栏目的记者及其主持人的受欢迎程度至关重要。尽管近来有一些学者认为电视新闻节目应该拒绝主持人,理由是主持人的出现会干扰受众

---

① 喻国明.媒体变革:从"全景监狱"到"共景监狱"[J].人民论坛杂志.

对信息的自我把握,但是对于绝大多数人来说,每天从自己喜爱的主持人那里听到、看到关于国家、社会和个人切身利益的信息及其分析与预测是他们信息获取的主要方式之一。在新媒体时代下,出镜报道和新闻主持出现了很多新的特点,接下来我们将对这些特点进行简要分析,以期为我国培养优秀的新闻节目记者和主持人提供一些借鉴与参考。

(一)即时化——记者主持即是第一现场

出镜报道和新闻主持之所以被广泛采用,除了符合"时间同步,空间接近"的电视传播特点外,更重要的是它将既有的传播活动结构化为一个具体的人在屏幕上向观众报道新闻,形成直接的人际化交流,有效地拉近了传播者和受众双方的心理距离。报道形式不再冷冰冰,而是充满了鲜活而具体的"人"的个性,使观众的收视过程恢复为最原始的人与人的、面对面式的交流,同时增加了事件的真实性和连续性。

出镜报道和新闻主持传递信息的渠道更多,方式更灵活。传统的"解说词+画面"报道方式,只能调动观众的听觉和视觉,出镜报道可充分发挥记者在新闻现场作为观察者、参与者的角色,他可以调动自身感官,传递摄像机无法捕捉到的信息,如气味、触感等,并在可能的情况下进行有声语言或画面语言的转化,正如麦克卢汉所说,"媒介是人的延伸"。

而新媒体的边界消弭的特性,使得事件和受众几乎同步,即时性达到了一个极高的水平,几乎是同时传回实时报道,现场直播在新闻节目中已经属于常态。而在突发事件报道中,出镜报道和主持人的"出镜"不再单纯意味着在记者镜头中出现,而是在现场记者真正变成了受众的"眼睛"。

以日本"3·11"大地震中的现场报道为例。NHK电视台记者在岩手市海啸来袭时进行了现场报道,整个报道以主观镜头进行,记录了海啸到来的整个过程和周围居民撤离的情况,在报道中记者以声音出镜,描述现场状况。

表6-1 NHK记者报道中的画面与记者话语表达

画 面	记 者
岩手县港口的警报	我现在在岩手市内,海啸警报一直在鸣响
街道上行走的人群	民众目前正在迅速撤离
楼顶上聚集的人群	我们集中在山上的屋顶(喘息)
海啸过来的画面	现在海水正在灌入城市

这条新闻以现场画面为主、记者解说为辅,相辅相成,从受众的视角展开,以现场直播的方式实时直播了灾难事件,引起了人们的极大震撼,而同时,这条新闻在互联网上以网络视频的方式得到了大规模传播和互动评论,然后再次进入传统媒介,被各国主流媒体解说分析,可见其影响力之大。

海啸来袭警报的画面

往高处转移的市民的画面

海啸来袭画面

高处避难的市民在祈祷的画面

图6-2　上海东方卫视转播 NHK 新闻视频截图

然而,这种即时化的以受众为主的报道方式,目前也存在一些问题,首先是即时性与精确性的矛盾。在报道中,为了追求即时更新,记者往往第一时间发布所得信息,这些信息的准确性难以保证。比如在汶川地震和日本地震中,各国媒体多次更改相关数据信息,其中除了随着事件发展而进行的事件更新外,也包含对一部分错误信息的纠正。其次,即时化的受众视角与社会责任的冲突也是一个突出问题。在新媒体报道中,为了满足新闻的冲击性而直接播出血腥的、非人道的画面等,使得媒介的社会责任在一定程度上被忽视和消解。

(二)个人化——评述结合型的记者与主持

虽然出镜报道和新闻主持都具有一定的人际传播特点,但毕竟它不是真正的人际传播,比如传播单向,缺少及时反馈,无交互,等等。而人际传播过程的首要特征便是双向和高频率的交互,其间伴随着大量的反馈。电视新闻现在无法做到与观众的反馈,存在的反馈也只是来自后方主持人或导播。由于业务水平等原因,有时候后方给前方的反馈是无用的,这种反馈无法引导前方记者给出观众真正想知道的信息。

然而新媒体的全民参与性极大地缩小了出镜报道和新闻主持与人际传播的差距。在新媒体语境下,新闻报道的出镜和主持都显示出极强的体验式和个人化表达的特点,它通过对新闻事件的事实陈述,进行相关的个人化表述的评论,以此寻求受众的共鸣和人际化传播效果。

《新闻周刊》是2003年起在中央电视台新闻频道播出的新闻节目,在45分钟的时间里,一周之内国内最重要的新闻、观众最关注的人物都将在节目中出现,它以电视新闻杂志型节目出现,由主持人串联其中的每个部分。在新媒体时代下,作为传统大众媒介主流新闻节目的《新闻周刊》也在悄然发生改变。

图6-3　CCTV《新闻周刊本周视点:城市"堵"局》截图

以2010年9月25日的《新闻周刊·本周视点:城市"堵"局》为例,主持人白岩松的串联词如下:

> 本周,北京中秋节这一天,无论是天上还是人间,都可以打高分,天上白天碧空如洗,晚上皓月当空,气温是秋凉,真是有中秋的意境。再看人间,让人担心的堵车并没有出现,马路上好走得不得了,"首堵"又变回了"首都",让人心情舒畅。然而或许在北京,无论在天上还是在人间,这样打高分的情况可都不多见,尤其中秋前的这一周,马路堵得是一塌糊涂,尤其是上周五,下班的人们几乎被堵疯了,晚上6点到8点,五环以内可以说是全城道路一片红,这意味着寸步难行,甚至很多交警都已经被迫放弃疏导,只能三三两两待在车流中,陪着回家的人们一起痛苦。然而不仅是北京,很多一线、二线甚至是三线城市都出现了大堵车,这究竟是怎么回事,这病还能治吗?

从这段串联词中,不难看出非常强烈的个人色彩,夹叙夹议的新闻主持已经成为当前媒体的主要报道方式。同时,节目通过对报纸、网站新闻、交通广播、微博、手机、网友等各种信息资源的综合,将北京乃至其他城市的"堵"局描绘出来,体现了电视新闻整合其他媒介资源的能力,凸显了碎片化背景下电视媒体对受众群体心声的倾听。此外,主持人在评论中将自身经历与同事的言论穿插入进来,描绘出一幅鲜活的社会生活图景,体现了电视新闻主持对碎片化信息的收集与对个性化、私人化生活的观照。

这种方式不但能够体现出主持人的个人特色,同时也能够使人际传播发挥到极致,符合受众本位的新媒体时代特点。但是这种特点也带来相应的问题,这种个人化的主持会使节目依赖特别的人员,而人员流动成为影响节目成败的主要原因。通常记者和主持人的观点会代表媒体的观点,但是这种个人化的播报是否能够保证公正客观和准确则存在较大的风险。

(三)全民记者时代——公民记者

新世纪头十年,中国网民的数量从开始的仅几百万,迅速膨胀发展到数亿。中国互联网络信息中心(CNNIC)截至2010年6月底统计公布,我国网民规模达4.2亿人,互联网普及率持续上升增至31.8%。其中,手机网民成为拉动中国总体网民规模攀升的主要动力,半年内新增4334万,达到2.77亿人,增幅为18.6%。中国网民从发邮件、看新闻等转变成为意识参与互动,加速了"全民记者"的诞生。

"公民记者"是指在新闻事件的报道和传播中发挥新闻报道作用,却非专业新闻传播者的普通民众。"公民记者"背后所体现的是"参与式新闻"的理念,即"民众在收集、报道、分析和传播新闻和信息的过程中发挥主动作用"。作为"公民记者"应该具备以下条件:首先,身份是非专业新闻传播者的普通民众;其次,在新闻事件中发挥了新闻报道的作用,也就是他必须具备发现线索、记录事件和传播信息三个特质。目前在很多突发事件中都有全民记者出现。如在2011年2月25日《东方时空》关于新西兰地震的报道中就使用了网民的自拍视频作为新闻画面,画面中有"公民记者"出镜报道。又如在CNN关于"9·11"事件当天的突发新闻报道中,CNN的财务副总裁就近做直播报道,可以说是公民记者的一种很好体现。

(四)、娱乐化、互动性——参与体验

在新媒体的娱乐戏谑文化刺激下,新闻的播报方式悄然发生了改变,从播新闻到说新闻再到侃新闻,轻松、自然的主持风格得到了观众广泛的认可。同时新闻节目也尝试各种风格,从虚拟主持人到美女主持人再到平民主持人,娱乐化、互动性也成为了新闻节目的一大特点。

不同的节目内容需要不同风格的主持人。新闻节目和娱乐节目对主持人的要求存在很大的差异。娱乐节目的主持人需要有很强的驾驭现场的能力,必须具备一定的表演基础和才艺,有一定的娱乐精神,但这些素质未必是一个新闻主播必段具备的;同样的,新闻主播对新闻的敏感和分析问题的独特视角也未必是综艺娱乐节目主持人必要的素质,在新媒体发展并未成型的情况下,这种单纯以技术至上、以形式取代内容的娱乐与新闻混搭的方式仍然值得讨论。

四、新媒体主持传播和出镜报道的发展方向

新媒体时代的出镜报道和主持传播经历了大众媒体与个性化群体崛起的博弈,也正经历着个体的记者与主持人向公民记者群体转化的历史过程,从单一的媒介使用到融合媒介使用,各种新的媒介形态体现了媒介的发展,并随着媒介的发展不断产生新的现象和特点,在新媒体时代,镜报道和主持传播如何发展,是我们面临的主要问题。

(一)全职全能——全能型公民记者

在2006年,普利策奖首次将实况报道奖给予了在纽约《时代》周刊工作的一位多媒

体新闻工作者尼古拉斯,他的影片、文章和博客都出现在报纸的在线版。并且《时代》周刊没有将年度尊敬的人物这个奖项颁发给个体,而是将它颁发给了"你们"——就是最普遍的大众。

这是一个全民记者的时代,它要求记者全能化,从信息的发布权到信息的解释权,从意见的表达者到意见的平衡者,从社会守望者到社会对话的组织者,出镜记者的任务不再是在镜头前讲述"我在哪儿",而是要让观众看到他想要看的画面。而无论主持人或者记者,在这样一个时代,必需的技能就是"全知全能",拍摄、采访、叙述、评论,每一个记者和主持人都必须具备这些基本能力,才能在这个全民记者的时代符合受众的要求。

(二)全景全方位——立体报道,友好接收

新媒体环境下的出镜报道和新闻主持,要全面运用视听符号,画面不再只是声音的附属品,节目需要视听高度结合,全方位展现,打破摄像机框架选择的樊篱。随着技术的发展,视听符号的实时互动即将成为新闻报道的主要方式,这也体现了人们对于新型的出镜报道和新闻主持的要求,以更接近人际传播的视听方式,辅以打破时空阻碍的电子设备,达到全景全方位的立体报道效果。

(三)个性发挥——内外兼修

在当今信息爆炸的时代,人们对于信息的摄取不仅仅只有口耳相传、官方的报纸等单一渠道。设想一个上班族的一天,早上一起床,手机中的手机报按时到达,出门下楼的电梯中各种电梯视频播放器的广告不堪其扰,上了地铁、公交车,各种公交电视的声音抵挡不住,到了公司开了电脑,各种垃圾邮件不断蹦出来。新媒体技术造成信息爆炸,人们对于信息处于应接不暇的窘迫状态,然而这些信息有很多是无用的,因此在这个时候就需要一个人或者机构来总结归纳这些信息,让疲于应付信息爆炸的受众能够有所选择地收看到自己感兴趣的信息。

美国社会学家拉扎斯菲尔德20世纪40年代在俄亥俄州伊里县调查竞选宣传对选民的投票选择的影响时,提出了传播学中著名的"二级传播理论"。主持人作为节目的最后一棒,其作用就是通过电视屏幕将节目组想向受众呈现的节目主旨传达给受众,成为信息纷杂的新媒体时代的意见领袖。而这个意见领袖需要的不仅是吸引受众的外在包装,即上文提到的娱乐化、个性化包装,同时还需要呈现有个性、有代表性和说服力的观点,只有在信息爆炸的浪潮中发出声音,才能真正发挥出镜记者和主持人的作用。

五、小结

出镜记者和主持人是媒体的最重要的标识和符号,是电视台重要的宝贵资源,在新媒体不断发展，媒介竞争日趋激烈，急功近利成为普遍存在的情况下，如何放大出镜记者和新闻主持人的效应是电视台需要认真思考的问题。媒介的形态发展与出镜报道和主持人的发展之间的关系是相辅相成、相互影响、相互作用的。媒介的发展和受众的需求决定了出镜记者和主持人需要具备相应的专业素质。在新媒体环境下，出镜记者和新闻主持人只有根据媒介发展的特性和受众的需求去训练应该具备的综合素质和专业素质，才能获得不断的发展，才能适应不断变化发展的媒介和受众需求。

第二节　新媒体时代出镜报道与新闻主持的发展

以5G为代表的新媒体技术已成为当前传播事业发展的巨大引擎，它不仅深刻变革了媒介从业理念与格局，同时赋予了媒介领域以前所未有的生机活力。在这一变革潮流中，出镜报道和新闻主持亦顺势而动，从多层面多向度构建新媒体报道全新格局，引领新时代新闻传播事业的新趋向。

新媒体出镜报道和新闻主持相较传统媒体而言，其传播广度、深度和力度都是后者无法比拟的，它具有全息化、智能化和场景化特征，以原本无法实现的报道理念、方式和语言呈现于受众面前，深刻改变了传者和受者二元式的传播分界，传受一体的报道模式成为其重要传播方式，具体可从以下几方面加以理解：

一、传播理念的更新

新媒体在快速发展进程中出现多种表现形态，如网络媒体、手机媒体、数字媒体等，它们既有大众传播覆盖面广、影响力大等特点，也有人际传播个性化、碎片化和去中心化等特征，是网络传播在社会领域的深度应用。相应的，新媒体出镜报道和新闻主持在传播理念方面更新更快、辐射范围更广，在强化受众需求导向的同时，它以媒介融合为指针向度，着重于发挥各类媒体特有优势，提高媒介资源使用效率。

1. 以受众需求为出发点的媒体策划

传播者和接收者作为传播链条的重要两端，两者的关系生动折射出媒介发展的进程走向。这其中，受众需求成为媒体关注的重点，新媒体传播转变了受众被动接收信息的固定模式，受众所思所想、意愿诉求、心理动态、收视喜好等正在成为媒体策划的基本前提和主要依据。央视新闻客户端、人民网、新浪网、《新京报》《光明日报》《中国青年报》等多家媒体广泛开展新媒体选题策划，强调受众本位意识，深化主持人或记者的受众观照情怀。例如，《光明日报》、光明网推出"钢铁侠"三代，《人民日报》购置融媒体报道设备、CGTN重磅打造数据新闻，各大卫视也积极建设云媒体播出平台。它们都直接面向受众,以受众的收听收看诉求为基本落脚点,以受众对新闻事件的评析为主要着眼点,在策划全程突显受众本位意识的重要性、受众信息接收的生动性,力求实现受众个性化需求与媒体大众化报道的深度结合。这一策划理念体现出微传播的巨大力量,呈现出多维向度的裂变式扩散,有效突破了新闻报道的时空局限,适应了用户心理诉求各异的接受实际,激活了主持人或记者潜在的传播动力,增强了以社交媒体为代表的新媒体网络关系的凝聚力。

图 6-4　人民日报手机客户端直播截图

2. 以媒体融合为指针的鲜明向度

在传统媒体和新媒体交织共存的生态格局中,媒介融合已然成为两者发展的重要走向,它们正在从技术融合、内容融合、组织融合、产业融合、文化融合层面极速扩展传播新空间。人民日报社全媒体报道、中央广播电视总台融媒报道、腾讯视频和新浪视频等播出平台的实践探索都在说明,推动媒体融合发展、加快建设全媒体传播格局已成为媒体发展的方向。这为出镜报道记者和新闻主持提供了良好的发展环境。中央广播电视总台积极整合既有的电视传播优势资源,在此基础上大力开拓央视新闻客户端发展空间,把电视直播节目转为网络直播和点播、多机位直播和听电视直播相结合的融媒报道形式,如 2019 年第七届世界军人运动会、第六届世界互联网大会、中国国际进口博览会等报道,主持人或记者可在专设的栏目与受众讨论相关话题,及时反馈受众对新闻事件的评论分析,并伴随视频的弹幕互动、电视与手机联动的大小屏互动等融媒交流样式,有效体现出融媒传播主持人、记者与受众三者互动的新高度;在主持人或记者传播信息时,坚持新闻产品的丰富性和厚重性,着力表现出主持人或记者良好的职业道德操守,正确的舆论导向意识。

图 6-5　央视新闻客户端及荆楚网客户端直播截图

二、传播方式的演进

新媒体报道相较传统媒体而言,在传播方式上具有智能化、移动化特征,它突出了媒介技术与人的交流互动,强化了移动场景中报道方式的灵活多样,使受众在接收、理解、反馈新闻内容的信息链条上更具个性化、主体化特征,出镜报道和新闻主持的人本色彩渐趋浓重,以受众需求为主要导向的新闻报道正在成为播出常态。

1. 智能媒体成为新闻报道的"宠儿"

集互联网、大数据和虚拟现实于一体的智媒体,实现了传播者与接收者信息加工整合的智能匹配。它具有人机交互、信息检索、数据处理、可视化呈现等诸多优势,被广泛应用于财经、科教、文化、医疗等多个领域。与此同时,它在新闻报道方面也展现出前所未有的巨大潜质。新华社、《人民日报》《新京报》、中央电视台等多家媒体快速集结优势传播资源,凭借强大新技术有效运行,开拓出智能媒体报道的崭新格局。2019 年"两会"报道便是生动的例证。"5G、4K、AI 主播、VLOG 等初亮相,为两会报道注入新活力;H5、VR、直播、短视频等更成熟,渐成两会报道常规模式;各媒体间深度融合,亮点频出。整体而言,今年新媒体报道实现了技术革新,多元传播助推媒体深度融合。"①各大媒体竞相推出新媒体报道,整合新媒体传播优势资源。在2019年年初成功尝试"两会"新媒体报道后,第二届"一带一路"国际合作高峰论坛、第二届中国国际进口博览会、2019北京世界园艺博览会、庆祝中华人民共和国成立70周年大会、庆祝中华人民共和国成立70周年阅兵式和群众游行报道也运用新媒体技术讲述新闻事件的台前幕后,主持人或记者将麦克风交给广大群众,在腾讯新闻、新浪微博、bilibili等平台开展多样活动,通过文字、音频、短视频吸引观众积极参与到报道中来,深化了新媒体报道的传播优势,赋予了新媒体多元化的传播意义,助推了新媒体报道向更为广阔领域的扩展延伸。

2. 移动传播构建新闻报道平台

与智能媒体相应的是移动传播,它随着媒介融合的快速推进、全媒体建设的深入拓展和自媒体播出平台的渐趋成熟而成为新媒体报道的主要呈现方式,并构建出新闻报道的崭新平台。"目前我国的移动新闻客户端主体由'媒体系'和'门户系'两大类组成。媒体系新闻客户端如'央视新闻''人民日报',根植于中央电视台和人民日报社等传统媒体的土壤中,拥有丰富的运作经验和原创资源,在制播时政新闻方面具有先天优势。"②多屏化、场景化成为移动客户端传播的突出特点。首先,新闻信息在不同媒介间传播,跨越了时间与空间障碍,由固定的场所传播演变为移动的空间传播,由单一的演播室传播转变为多样的场景传播。新闻信息在电视、电脑、手机等不同屏幕的接收端自如往来、切换,主持人或记者传播空间的维度和尺度大为拓宽,新闻报道的呈现方式也更为灵活多样;其次,主持人或记者可根据移动接收端场景切换,进行不同主题、不同内容和不同指向的新闻报道。报道者通过场景把握用户接收信息的心理状态和环境氛围,重塑了传统媒体主持人或记者的报道方式,实现了现实与虚拟、单向与多向的交织融合。用户在主持人或记者的报道中,也重塑时空观念,培养了新的信息接受模式。

三、传播语言的多元呈现

以多元媒介为传播平台,以有声语言和副语言为传播方式,以生动、可感、立体、动态的表达样态为传播路径,传播语言依托上述要素发挥自身特有优势,在出镜报道和新闻主持领域构建了新的媒介生态系统。从新媒体发展现状来看,传播语言主要以播音员主持人的有声语言和副语言为主,同时融合机器语言的人文化、技术化表现元素,向受众传播社会信息、勾勒社会图景、建构社会文化。

1. 人机互动的表达样态

有声语言和机器语言的和谐共生,为出镜报道和新闻主持开辟出更为广阔的发展空

---

① 黄楚新. 技术革新 多元传播 深度融合——2019两会新媒体报道观察[J]. 新闻战线, 2019(4):52.
② 石长顺. "移动优先"背景下电视时政新闻的微传播路径[J]. 视听界, 2018(11):67.

间。具有代表性的便是人机互动,它已然在传播实践中形成了多种表达样态,真实生动地传播社会信息表达着广大民众意愿诉求。近几年,在传媒一线,人机互动表达样态主要有人工智能语音、人声语言识别与转化、有声语言存储与加工、场景转化与动态表达等。相较传统媒体而言,人工智能语音具有更强的计算机语言处理能力、不同情境整合能力、不同语义转化能力和不同空间创建能力。

2018年11月7日,在第五届世界互联网大会上,一个"主持人"成为大家关注的热点,他流畅自如、可感可亲地播报新闻,让在场观者全然感觉他就是一个真人主持。其实,它是新华社与搜狗联合研发的全球首个全仿真智能主持人,原型来自新华社主播邱浩。它依托强大的网络技术和计算机技术,在采集海量人声素材的基础上,通过语音合成、唇形合成、表情合成以及深度学习等技术,克隆出和真人主播一样的播报能力。它是人机互动的典型代表,说明人类与机器实现深层次互动正在成为可能,人类的思维语言可以通过机器转化为数字图谱存储于机器之中,实践运用时即随境调用,架设起人类与机器对话的生动桥梁。

2. 不可替代的人工话语

出镜报道以鲜活生动的新闻事件作为报道素材,于多视角、多层面展现事件发生原因、经过和结果。主持人的话语表达可有效推进报道进程,展现事件更具人文特质的表现元素,以主持人的亲切、自然的语言传播向受众展现新闻事件的生动图景。习近平总书记力倡建立清朗网络空间,新媒体传播作为网络传播的重要组成部分,亦应积极创建文明、健康、和谐、向上的话语阐发,中央电视台、《人民日报》等多家媒体在此做了大量工作。如在2019年9月29日,中央广播电视总台在@央视新闻微博启动70小时不间断直播。从9月29日6点到10月2号凌晨4点,在70小时直播中,出镜记者和主持人通过广播、电视、微博与广大民众展开多种多样的交流互动,与全世界人民共同见证了庄严壮阔的国庆阅兵式、群众游行和广场文艺演出,以贴近生活的话语表达呈现出最具时代魅力的庆典盛况。

中央广播电视总台记者潘涛10月1日下午在天安门城楼下关于文艺晚会筹备情况的报道,注入了很多富有感召力和凝聚力的表达元素,如他说道:

> 有几个细节特别想和大家分享,第一个细节,我在现场感受到,很多都是年轻的脸庞,细细了解,确实都是90后甚至00后。的确有一组数字,63%来到现场参加联欢的群众都是90后,30%是00后,年轻的脸庞、灿烂的笑容和充满期待的眼神以及他们的欢愉都感染着我们。我们也特别期待今天他们青春朝气的演出呈现在我们面前。另外一个细节就是我曾经走进一个团体,他们的道具吸引了我,就是80头狮子、160个舞狮者。他们特别自豪,他们说我们来自于河北沧州,我们是鎏金舞狮团,网上一搜就能搜到,我们是非遗文化。

潘涛通过亲和流畅的语言表达,对现场两个细节做出有效挖掘与提炼,使观众在新媒体传播中并未有隔绝千里之外之感,反而更加增强了天安门广场全民欢腾的现场感受。亲切、自然的话语传达出主持人对现场环境的细致观察,对人员构成的有效识别,对演出亮点的实时报道,同时也刻画出新时代蓬勃奋发的精神风貌,

图6-6　总台记者潘涛在直播报道

书写下中华非遗文化的闪光篇章。它不仅展现出新媒体传播快捷、具象、如临其境的优势,同时也承接了传统媒体的既有特点,以深厚的人文气息烘托出中华文化的精彩纷呈。

四、传播效果的集群映射

1. 以点带面、点面结合的传播网络

新媒体时代的新闻报道在传播理念、方式和语言不断创新的同时,其传播效果亦发生深刻变革,传者与受者结合为不可分割的共同体,两者相互建构了集群与个体并存、聚合与分散同在的传播效果集群映射。

主持人、记者、评论员与受众一同在多类型媒体的报道网络中进行点面结合的信息循环流动。2019年"两会期间,中央广播电视总台首次启用机器人记者'小度'和专为两会服务的AI记者助理'小白'。此次参加两会的'小度'是专门定制的机器人,在上岗之前学习和储备了很多有关两会的知识,'小度'智能'预测记招热词'通过搜索全网相关文章、网友评论和热搜,回答记者提出的问题,预测记者招待会的热词"[①]。智能机器人参与新闻报道,有效推进了传播网络的点面结合和深度覆盖。

其实在2014年,中央电视台就采用大数据可视化报道方式,向广大观众展现不同题材、不同内容和不同风格的精彩节目,主持人或记者在《据说春运》《据说两会》《据说APEC》《数说澳门》《据说过年》中与观众进行直接交流,他们充分运用新媒体音视频传播优势,围绕受众收视需求这一核心点,运用声音画面的传播特点,构建出如临其境的传播情景,深化了观众对新闻事件的认知体验。主持人、记者与观众一同进入可视可听的交际语境中,三者形成关系紧密的传播有机体,实景拍摄与虚拟合成的有效整合、出镜报道与节目特效的无缝链接、有声语言与数据语言的双重表达,使新媒体报道在多个放射线上衍生出新的传播延伸点,传播效果及时可见,生动可感,立体多维,有效带动了收视率上升。

---

① 黄楚新. 技术革新　多元传播　深度融合——2019两会新媒体报道观察[J]. 2019(4):53.

2. 你中有我、我中有你的传播空间

新媒体传播创造出多主体交际互动的全新传播空间。于传播效果而言，它构建起传播者与接收者人际交流的新形态，开辟出新媒体时代人际传播的新路径。传播效果的人际性更为凸显。主持人、记者与受众借助新媒体工具，如社交媒体、智能手机、电子邮件等进行如面与非如面交织的人际沟通，存在于传统媒体的你我分离，彼此不知等状态在新媒体平台全然不见，你我互为一体的多元化人际性关系模式，使主持人、记者与受众的交流成为一种高效的精神共振，人与人之间交流的生动、至真和亲切被展现得淋漓尽致。

如上文提到的央视新闻70小时直播首都北京国庆盛况，就鲜明体现出人际交流的空间延伸拓展。在高达12亿次之多的观看人次里，观众之间跨越时空藩篱，进入共同关注的传播空间，形成了"你我合为一体"的交流样态。观礼台上透过华表看分列式、长安街高点中线视角看阅兵以及贴地、仰视镜头看战车铁流轰鸣而过，多视角多点位的新媒体报道将不同地域、不同空间的人们聚合于大屏小屏间，使人们在自如切换观看内容的同时，与相应的观者进行真实与虚拟交织的话语互动、情感交流。新媒体同时也赋予主持人、记者以多种权力，使他们能够向亿万观者传递视角各异的庆典活动，回应人们多样的观看感受，同时给予观众更多真实体验感、情境沉浸感和观看收获感，不仅使观众对直播内容有更加深入的认识，对庆典活动的意义价值有更加明晰的理解，而且增强了观众与主持人、记者的即时互动，内化了观众与记者的交流内容，提升了观众与主持人的交流质量。

五、新媒体出镜报道和新闻主持主要问题

以上分析了新媒体报道的优势所在，但它在多个领域取得良好传播效果的同时，也带来了一些问题，如人机互动如何把握情感、现场环境与报道主题如何调控、多类型媒体如何高效合作、场景呈现与语言表达如何相互融合等。解决问题的思路、方式、路径是什么，这些是值得我们深入思考的。

1. 人机深度互动表达的把握调控有待细化

主持人、记者与新媒体技术的融合程度，直接关系到新闻报道能否取得预期效果，直接关系到受众能否接收到真实有效的信息。从目前我国新媒体报道现状来看，人与机器如何实现深度互动表达，如何有效调控细化内容，是值得关注的问题。当前新媒体报道对可视、可听内容报道较多，对观点评析、价值判定、未来展望等深层次内容的呈现则有待深化。一些主持人和记者在报道中一味依赖拍摄技术、网络技术等报道新闻，内容乏味、单调暗淡、缺少生机，究其原因在于忽视了主持人和记者是主导新闻报道的决定性因素，没有将人的决定性力量置于技术之上，利用技术的同时忽视了人的

情感因素，轻视了人对技术的先导与管理作用。因此，只有正确认识人与机器的主从关系，把握好人与机器的报道比例，构建人机互动的深度表达模态，积极实践情感体验与技术作用的深度融合，准确把握报道话语与事件结构的彼此呼应，人机互动才会更具时代意义和报道深度。

2. 场景呈现与语言表达的彼此呼应有待深化

新闻情景有特定元素呈现，特定指向延展，特定内涵外化，不同新闻事件根据上述不同内容发展走向构建出不同的场景呈现。与之相应的便是报道者的语言表达，此方面出现的问题主要有主持人或记者对主要场景要素交待不详实、主要场景空间方位解析不明确、自身身体感知与场景实际不相符等。由于新媒体传播快捷，相对易于展现新闻事件某一场景要素，而主要场景要素在很多报道中一闪而过，甚至被忽略。如主要人物、建筑、街道、实物，或能体现报道价值的事物，均应在主持人或记者的语言表达中有所体现。然而，由于一些主持人或记者对空间知识了解不多，致使报道中关于空间方位的说明出现错误，解析模糊，忘却自身所处方位与可参照物的感知关系，对场景包含哪些物理空间认识不明确，分析不到位；对不同场景的空间方位无法正确辨识，出现语言表达指向模糊、难以认知、层次错乱、结构不明等问题，给受众正确理解新闻内容、把握场景方位带来一定阻碍，也无法真正体现出现场在报道中的价值。

3. 多类型媒体之间的相互配合有待优化

2019年10月12日，19号超强台风"海贝思"侵袭日本东部地区，日本长野县长野市的津野地区灾情严重，台风造成当地千曲川决堤，损毁房屋民舍、果园田地，给当地造成巨大损失。央视新闻客户端对此进行了24分钟的现场报道，从河流决堤、住宅一楼几乎完全损坏，到道路受损、外部救援力量难以进入；从地盘松软、灾区难以再承受降雨天气，到果园树木连根拔起、农业经济受损严重，受众跟随记者和镜头详细了解了受灾一周后的津野地区现状。但在广播、报纸等新媒体平台上，则对此事件报道较少或没有报道，并未发挥新媒体在深度报道上的优势。相关报道如玉林化工厂爆炸事故、四川大邑西岭雪山人员抢修疏散通道、土叙边境战争冲突频繁等，也只见少数媒体进行报道，未见多媒体联动式融合式报道，未见以新媒体为中心的扩展式报道，各类媒体的优势力量没有得到充分运用，报道素材没有得到充分整合。

六、新媒体报道优化策略

1. 注重前期报道的选题组织与策划

成功出色的新闻报道非常注重前期选题的组织与策划工作，它如同人类的大脑中枢一般调控报道的整体推进。在林林总总的新闻事件中，如何挑选出能时效性、观赏性、教育性和启示性于一体的有报道价值的新闻，如何像大浪淘沙一样过滤掉无价值、不健康、

图 6-7 央视新闻客户端直播截屏

导向偏差的新闻,向广大群众集中展现反映时代新风貌的先进人物和事迹,就成为媒体工作者,特别是主持人和记者应该认真思考的问题。

首先,主持人和记者应把握报道总体定位,即定好"调子",可以从"移动传播、细化受众、特色融入、情感召唤"的维度来确定策划基调。移动传播,由于能体现出新媒体报道的鲜明特点,由此选题策划时应坚持移动优先的原则,侧重新闻素材的流动性特点,不拘泥于一时一地的新闻素材采集,而是调控整体流程的素材汇集。

其次,细化受众,着眼于受众的分众化、小众化特征,根据不同年龄层次、受教育程度、专业知识背景、从业经历等划定出选题的不同侧重面,运用主持人或记者的"脚力、眼力、脑力、笔力"来满足不同层面受众的信息需求。

再次,特色融入,即在选题策划阶段,把具有人物、事件、场景、影响力、辐射力等特色的要素优先整合进来,同时兼顾地域特色、行业特色、民族特征、事迹特征等要素,将其有效融入新闻报道各环节中。

最后,情感召唤,是新媒体报道值得深挖的侧重点,个性化的信息需求、大众化的传播平台为有效开掘受众情感创设了良好环境,善于从报道中提取情感升华点,从受众反馈中凝练情感延伸处,从传播链条中发现情感表征点,皆是有效提升选题策划质量。

2.注重报道语言的现场调控与阐发

在新闻出镜报道中,现场情况有多种不确定因素,如人物构成、事件经过、周围环境和时空叠加等,这给主持人或记者带来了报道难度,如何在恪守真实性、时效性的基础上,对现场环境有较好的把握,通过语言表达阐发观点见解,就成为主持人或记者必须思考的问题。它需要主持人或记者掌握报道语言的情境分析、空间区分和语料组成能力。中央广播电视总台于2019年春节之际推出的系列报道《新春走基层》中,浙江莫干山乡村振兴带动"回村潮"、贵州安顺"菜单式"扶贫助农民创收、中国最大页岩气田上的建设者等报道,运用方位性和空间性较强的报道语言对现场情况进行有效调控,做出了深度、广度相结合的观点阐发,集中体现出现场细节发掘到位、主要人物勾勒清晰、主要事件交代完整等特点。如在报道贵州安顺"菜单式"扶贫工作时,记者蹲在田间与村民罗有胜交谈起本村种植的儿菜,记者随即拿起一颗儿菜与罗有胜一同品尝起来,他边吃边说道:"儿菜的心儿很清甜!""儿菜的种植得益于当地政府推行的'菜单式'扶贫政策,过去,当地农民只种植水稻和玉米,收入很低。如今,农民们可以直接根据市场需求种植农作物,并受政府担保,避免了价格波动的风险。"记者的报道语言使原本零碎无序的报道现场具有了层次性和可观性,使受众对新闻事件的现场要素有了直观、立体的认识,使报道样态更具人文情怀和借鉴意义,充分体现出新媒体报道的情境感、互动感和交流感。

3. 强化现场场景的空间信息"筛选"

空间意识是新闻从业者应知应会的一种认知能力,它是准确判定事件发生地点、事件进展过程和事件延伸范围的必备能力,是正确区分不同采访对象方位差异的基本能力,也是构建报道事件全局场景的关键能力。因此,主持人、记者做好此方面工作,对提高新媒体出镜报道和新闻主持有着重要的实践价值。空间意识增强具体可从以下几方面着眼:首先,增强主持人、记者的地理区位识别意识。如何准确区分采访的主要环境和次要环境是报道成功的要素之一。例如,在2019年中央广播电视总台对国庆70周年阅兵、群众联欢活动的出镜报道中,多位记者表现出明确的空间方位意识,给观众以具象、直观、清晰的空间体验。以天安门核心区域为中心报道区,在此辐射下的多点位报道布局生动勾勒出庆典活动的空间错落、排位、叠加与整合特征。刚强在天安门城楼的全景式报道,蒋林在天安门东观礼台西侧平台和天安门广场核心区域的报道,何盈从空中俯瞰庆典全貌的报道,王言在人民英雄纪念碑前的报道,李梓萌在天安门东西华表之间的长安街区域的报道,郑连凯在北京北四环附近安徽大厦前的报道,何岩柯在天安门广场表演台南区的报道,潘涛在西长安街北侧区域的报道,罗子瑛在中心表演区以西第二个群众联欢区块的报道,皆体现出专业性的报道空间识别认知水准,使报道整体感知更为深刻、立体观感更为生动、流动铺展更为清晰、元素叠合更为具象,使观众身临其境般地获得翔实、真切、亲和、跃动的空间体验。其次,主持人、记者要培养自己的社会空间想象能力。作为一种较为抽象的空间类型,社会空间集合了社会文化、社会信息的各种表现元素,是社会生活的"万花筒"。根据有效信息构建社会空间,形成报道的多维拓展延伸向度,是新媒体报道必备的能力素养。建立在真实信息之上的空间想象,可根据新闻事件的发展进程、新闻要素的表现形式和新闻舆论的影响力度进行合理开掘。主持人和记者要将合理的空间想象转化为外在表达,向受众传播准确、丰富、多元的报道信息。

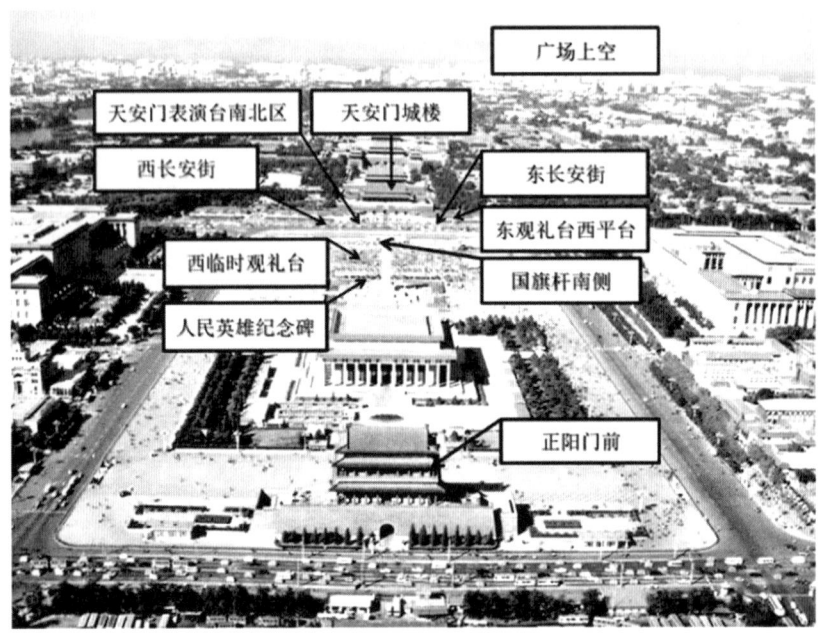

图6-8　国庆70周年庆典中央广播电视总台记者现场报道区位图

后　记

　　有做这样一本书或这样一个研究的念头是在阳春三月，当这本书最终要付梓出版时，时光又一次走过了春天。春天永远是让人充满欣喜和希望的日子，虽然时隔一年，万物又有了一个新的轮回，那些去年还是新生的研究生们此刻已作为老生在忙着开始毕业前的事情，但随着春天的到来，他们想必也在做着更新的打算，憧憬着美好的未来。春天里的万物无疑也是稚嫩的，正如我们所做的这样一份研究，由于这方领地尚缺少更多巨人的肩膀，本书在许多方面仍然捉襟见肘，需要经历更多的阳光和风雨去见证它的成长。

　　感谢我那些可爱的研究生们，给他们上课、与他们进行讨论使我充分享受到了身为教师的幸福和快乐，而在他们为工作、为毕业论文焦虑的时候我却还在一遍遍地催稿，向他们施加着新的压力。

　　感谢中国人民大学"985"项目。

　　感谢中国传媒大学出版社的责任编辑李唯梁先生，冒昧的一次电话竟拉开了我们之间真诚对话的序幕，他的勤勉、认真和真知灼见都是这本书得以出版的关键，感谢他为这本书所付出的巨大艰辛。

　　感谢这个世界有春夏秋冬，有那么多让人温暖和感怀的东西。

高贵武
2012 年 5 月于北京寓所

修订版后记

当一本书完成之后,它跟作者之间便应该没了什么关系,这一向是我很顽固的一个想法。所以,在《出镜报道与新闻主持》一书于2012年由中国传媒大学出版社出版之后,我便好似了却了一件大的心事,除了感到浑身轻松,根本不去想它有一天还会不会再版。倏忽几年之后,当已经离开中国传媒大学出版社到西南大学执教的该书责编李唯梁先生又嘱我要对其重新修订的时候,我除了有一点点惊喜之外,便再一次陷入了无尽的焦虑和惶恐当中。焦虑的是一旦与出版社签了合同,约了交稿时间,我忙乱的生活中就又多了一项重负,时时会担心能否按时完成;惶恐的是,随着近几年媒体的飞速发展,特别是新媒体的日新月异,又有了太多新鲜的东西,而我不知自己是否有能力在修订中将这些新鲜东西全部加入进来? 更让人犯难的是,当初书中所收录案例中的一些出镜记者和主持人或已离开了原来的工作岗位,或已消失在了人们的视野之中,再修订时我该如何来处理这些案例的去留?

在和唯梁先生几经商议之后,我最终根据他的建议决定:此次教材修订,主要的任务是将第一版出版后的相关业务发展变化,特别是新媒体中有关出镜报道和新闻主持的内容尽量加入进来,至于书中旧有的某些案例,如果能以近几年的典型案例进行替换的就尽量选取新的案例加以替换,而既有案例如仍具有较大的代表性和说服力,具有一定的典型意义,则即便是多年前的案例,哪怕是案例的主角眼下已不为人知,这次修订依然保留了一些当初的原貌。这或许也算是对过去的一种记录和留恋吧。

为了减轻我的焦虑和惶恐,在本次教材修订中,对新媒体颇有研究的华中科技大学新闻与信息传播学院在读博士生李强先生不仅帮我完成了本书中关于新媒体出镜报道和新闻主持的部分内容写作,而且对本书的全部内容进行了细致入微的修改和校订,避免了书中的许多错误,也为本书的文字增加了许多光彩,在此我要向他表示最诚挚的谢意,并衷心祝愿他早日完成博士学业、实现心中的学术理想。本书中一些新加入的章节和部分文稿的修订则由我系研究生张学蕾、虎穆村、李峰以及我的研究生姜思宇、白光迪、杨航等协助完成,在此也向他们表示最诚挚的谢意。

最后还要再次向本书第一版的责任编辑李唯梁先生和本版责任编辑黄松毅女士表示最诚挚的感谢,感谢二位老师在本书自诞生之始就一直所给予的指导和关爱,也希望本书在未来的日子里仍然能够得到他们的关照和指正。

高贵武

2019年12月9日

图书在版编目(CIP)数据

出镜报道与新闻主持 / 高贵武著. -- 2版. -- 北京：中国传媒大学出版社，2021.12（2025.6重印）
普通高等教育"十四五"规划教材　播音主持艺术专业核心教材
ISBN 978-7-5657-3058-0

Ⅰ.①出… Ⅱ.①高… Ⅲ.①电视新闻—新闻报道—高等学校—教材　②电视新闻—主持人—高等学校—教材　Ⅳ.①G222.2

中国版本图书馆CIP数据核字(2021)第209280号

出镜报道与新闻主持（第二版）
CHUJING BAODAO YU XINWEN ZHUCHI（DI-ER BAN）

编　　著	高贵武
责任编辑	黄松毅
封面设计	拓美设计
责任印制	李志鹏
出版发行	中国传媒大学出版社
社　　址	北京市朝阳区定福庄东街1号　邮　编　100024
电　　话	86-10-65450528　65450532　传　真　65779405
网　　址	http://cucp.cuc.edu.cn
经　　销	全国新华书店
印　　刷	北京中科印刷有限公司
开　　本	787mm×1092mm　1/16
印　　张	15
字　　数	319千字
版　　次	2021年12月第2版
印　　次	2025年6月第3次印刷
书　　号	ISBN 978-7-5657-3058-0　　定　价　58.00元

本社法律顾问：北京嘉润律师事务所　郭建平